給食実務必携

第2版

実践給食実務研究会　編

JN098152

第一出版

編著者紹介

編者 ••

実践給食実務研究会

著者 ••

*飯田　範子　　金沢学院大学栄養学部栄養学科　教授

鈴木　三枝　　金沢学院大学栄養学部栄養学科　教授

宮本佳代子　　金沢学院大学栄養学部栄養学科　特任教授

安藤　秀子　　金沢学院短期大学食物栄養学科　准教授

佐川　敦子　　昭和女子大学食健康科学部管理栄養学科　准教授

細山田洋子　　関東学院大学栄養学部管理栄養学科　教授

*会代表

序

　給食の運営を巡る環境変化は著しく，健康日本 21（第二次）では目標が設定され，栄養管理の考え方も国際的に標準化されるなど，より健全な社会生活を営むためには給食の質が重要です。

　また，「学校給食法」，「入院時食事療養・入院時生活療養」に関する基準，「大量調理施設衛生管理マニュアル」，「日本人の食事摂取基準」，「日本食品標準成分表」などが改正されるため，給食業務を遂行する上で最新情報を確認する必要があります。

　一方で，食材料費高騰の影響を受ける中で給食の質の低下を回避し，栄養量を確保するためには，相当の工夫と新しい発想での対応が重要です。生産・加工・流通の変化の中で，大量調理施設用機器の性能も著しく進化しています。あわせて給食のオペレーションについては，社会の要請に応じて変化する必要があります。その運営管理をする管理栄養士・栄養士の役割は，ますます高度化することが予測されます。

　現在，最も多くの管理栄養士・栄養士が就業しているのは，医療機関や事業所，学校，福祉施設などの特定給食施設です。これらの現場では，「給食の運営」の理論を基礎として，その応用による実務実践能力がなければ評価されません。

　本書は，初版の構成を見直し，給食実務の流れに沿って改訂を行い，改めて章ごとに設定しました。各特定給食施設に対応する最適な方法を判断する力を養い，管理栄養士・栄養士としての役割を果たすために，理解を深めていただけることを期待しています。

　養成施設で学び，管理栄養士・栄養士を目指す皆さんにとって，本書に示された事項を予習しておくことが，校外実習や臨地実習で学ぶ意義をより理解する一助になります。

　養成施設卒業後，特定給食施設に勤務してからも PDCA サイクルを回すために本書を活用し，効率的に業務を行うためのマネジメント本として活用していただきたいと願っています。

　本書を多くの方々の業務改善に役立てていただければ幸いに存じます。

　最後に，本書の出版にあたり，多大なご尽力を賜りました第一出版の皆様に心より感謝申し上げます。

2022 年 9 月

実践給食実務研究会

代表　飯田範子

●●●●本書の使い方●●●●

本書は，「給食の実務」能力が強化できるよう，実際の業務に即した資料や事例を収載しています。

	構成	/ 理解できること
1 章	給食施設の開設	施設で給食を提供する場合の事前準備や保健所への提出書類の種類
2 章	給食関連組織	給食の規模を考慮した組織編制，栄養・給食部門の組織的な位置づけ
3 章	給食施設・設備	給食の生産方式や食数に適した施設・設備の事例紹介
4 章	給食管理業務内容	給食の契約方法とポイント，業務分担区分
5 章	研修計画・評価	職位や職能別の研修内容の事例紹介
6 章	栄養管理業務	対象集団の特性に合わせた栄養計画を作成し食事計画へ展開
7 章	栄養食事指導	栄養指導記録及び報告書の作成
8 章	食数管理業務	食数・食形態の管理方法，オーダリングシステムと給食管理システム
9 章	食材料の購買管理	食材料の発注・検収・保管・購買の方法
10 章	納入食材料の検収・判別	食材料検収時のポイント
11 章	安全・衛生管理	大量調理施設衛生管理マニュアルに対応してチェックリスト作成事例
12 章	経営管理	給食部門での適正かつ利益が得られる費用の指標，メニューの改善方法
13 章	災害時の対応	食材料の備蓄と保管，時系列での食支援対応

1

給食施設の開設

まずは，フローツリー図で把握しましょう

フローツリー図を把握することで，取り巻く全体像が見えてきます。どこから取り組めばよいのか，順位をつけやすくなります

要点をつかみましょう

各項目を学習するにあたり，理解してほしいポイントをまとめています。まずはここに目を通し，要点をつかみましょう

給食開始（再開）届け，平面図	健康増進法第20条第1項の規定により，1か月以内に提出する必要がある。各管轄保健所を通じて本章に示す書類が必要となる
栄養管理報告書	
入院時食事療養届出書	医療機関の場合は，提出する必要がある

目次

5　研修計画・評価

6　栄養管理計画

7　栄養食事指導

8　食数管理業務

9　食材料の購買管理

10　納入食材料の検収・判別

給食施設の開設

給食開始（再開）届け，平面図	健康増進法第20条第1項の規定により，1か月以内に提出する必要がある。各管轄保健所を通じて本章に示す書類が必要となる
栄養管理報告書	
入院時食事療養届出書	医療機関の場合は，提出する必要がある

特定給食施設の種類

種　類	該当施設	根拠法令など
児童福祉施設	認可保育所，乳児院，母子生活支援施設，児童養護施設，福祉型障害児入所施設，児童自立支援施設，児童家庭支援センター，幼保連携型認定こども園，保育所型認定こども園，地方裁量型認定こども園	児童福祉法第7条の規定施設及び社会福祉法第2条の規定事業に係る施設で，児童福祉に関するもの及び就学前の子どもに関する教育，保育等の総合的な提供の推進に関する法律第2条第6項の規定認定こども園（当該施設が幼稚園である場合を除く）
学校（公・私）	公立学校，私立学校，公立幼稚園，私立幼稚園，各種学校，幼稚園型認定こども園	学校教育法第1条の規定学校，第124条の2の規定専修学校，第134条第1項の規定各種学校，学校給食法第6条の規定学校給食共同調理場，就学前の子どもに関する教育，保育等の総合的な提供の推進に関する法律第2条第6項の規定認定こども園（当該施設が幼稚園である場合）
事業所	事業所	労働基準法別紙1の規定事業所
一般給食センター	特定施設（複数の場合も含む）に対して継続的に食事を供給している施設	
寄宿舎	学生または労働者の寄宿施設	事業附属寄宿舎規程，労働基準法
病院	病院	医療法第1条の5第1項の規定病院
老人福祉施設	特別養護老人ホーム，老人デイサービスセンター，老人短期入所施設，老人介護支援センター，老人福祉センター，軽費老人ホーム，養護老人ホーム	老人福祉法第5条の3の規定施設
介護老人保健施設	介護老人保健施設	介護保険法第8条第28項の規定介護保険施設
介護医療院	介護医療院	介護保険法第8条第29項の規定介護保険施設
社会福祉施設	救護施設，更生施設，障害者支援施設，婦人保護施設等	生活保護法第38条，身体障害者福祉法第5条第1項及び売春防止法第36条の規定施設並びに社会福祉法第2条の規定事業に係る施設で社会福祉に関するもの
矯正施設	刑務所，少年刑務所，拘置所，少年院，少年鑑別所	刑事収容施設及び被収容者の処遇に関する法律第3条の規定刑事施設（刑務所，少年刑務所，拘置所）並びに少年法第2条の規定少年院及び第16条に規定する少年鑑別所
自衛隊	自衛隊	自衛隊法
その他	上記に含まれない施設，警察学校，認可外保育所，地域型保育事業，有料老人ホーム等	

給食開始届

記入例

第2号様式（第3条関係）

平成○○年　○月　○日

東京都知事　　殿

郵便番号　○○○－××△△

① 設置者　住　所　**東京都○○市（区）○○町○－△×－△**
　　　　　　　　　東京○○株式会社

（ふりがな）
氏　名　**代表取締役社長　東京　太郎**

電話番号　○○○－×××－△△△△

法人の場合は，その名称，主たる事務所の
所在地及び電話番号並びに代表者の氏名

給食開始（再開）届

下記のとおり，給食を開始した（する）ので，健康増進法第20条第1項の
規定により届け出ます。

【記】

	ふりがな	とうきょうまるまるかぶしきがいしゃ　とうきょうこうじょう				
②	給食施設の名称	**東京○○株式会社　東京工場**				
③	給食施設の所在地	郵便番号　○○○－××△△　**東京都○○市（区）○○町○－△×－△**				
④	給食施設の種類	**事業所**				
⑤	給食の開始日または開始予定日	平成○○年　△月　△日				
⑥	1日の予定給食数及び各食ごとの予定給食数	朝食	昼食 400	夕食	その他	1日の合計 400
⑦	管理栄養士の員数	1	栄養士の員数			1

添付書類　1　給食運営状況票
　　　　　2　給食施設の平面図

（日本工業規格A列4番）

記入方法

①設置者

住所，氏名，電話番号を記入する。法人の場合は，名称，主たる事務所の所在地，電話番号と代表者の氏名を記入する。

例　市立保育所の場合，「○○市 市長○○」，事業所の場合，「○○株式会社 代表取締役社長○○」，民間の医療機関の場合，「○○医療法人 理事長○○」など。

②給食施設の名称

略さず正式名称で記入する。

③給食施設の所在地

給食を調理する施設の所在地を記入する。

④給食施設の種類

「給食施設の種類」（p.2）の分類名に基づき記入する。その他の場合は，具体的な施設の種類を（　）で併記する。

例　その他（有料老人ホーム）
　　その他（認証保育所）

⑤給食の開始日または開始予定日

給食の開始日または開始予定日を記入する。

⑥1日の予定給食数及び各食ごとの予定給食数

定員が決まっている施設は定員数〔職員食も同時に行っている場合は，職員数（職員食実施数）も追加〕を書く。定員等が明確でない場合は，予定食数を書く。

その他とは夜勤等を行っている工場等で供給する夜食等をいう。なお，おやつは食数に含めない。

⑦管理栄養士，栄養士の員数

人数を記入する。

注）開始届で届け出た内容に変更が生じた場合は，変更届（休止した場合は休止届）の提出が必要になる。都道府県政令市及び保健所を設置する市（区）ごとに規則がある。

給食施設平面図届

記入例

給食施設の平面図

年　月　日

施設名

1　平面図

記載事項	2　付近見取り図（100m 以内）
○調理室の大きさ ○調理器具の配置 ○出入り口の位置 ○通路の位置 ○便所，手洗いの位置	

（日本工業規格A列4番）

〔給食施設の平面図の記入要領〕
1　平面図：記載事項を参照の上，各室や各機器の大きさ等を正確に記入する。
2　給食施設付近の見取り図：公共施設など目標をはっきりと記入し，方角を示す。
3　その他：本様式は，食品衛生法における営業許可申請時に添付する「営業設備の配置図」に変えても差し支えない。

記入方法
1　平面図
　・下段の「記載事項」を参照の上，各室や各機器の大きさを正確に記入する。
　・図面の写しを添付しても差し支えない。
2　付近見取り図
　・施設の所在地がわかるよう，近隣の公共施設や最寄りの駅，バス停等の目標などを記入する。

栄養管理報告書

健康増進法施行細則及び特別区保健所・政令市で定めている規則などに基づき年2回，所轄の保健所へ施設の管理者が提出する。

詳細は，例えば東京都では福祉保健局ホームページ（https://www.fukushihoken.metro.tokyo.lg.jp/kenkou/kenko_zukuri/ei_syo/tokutei/houkoku.html）を参照。

栄養管理報告書（給食施設）

_____ 保健所長　殿

施 設 名
所 在 地
管理者名
電話番号

_____ 年 _____ 月分

I 施設種類 ／ II 食事区分別1日平均食数及び食材料費 ／ III 給食従事者数

I 施設種類	II 食事区分別1日平均食数及び食材料費				III 給食従事者数				

施設種類
1 学校
2 児童福祉施設（保育所以外）
3 社会福祉施設
4 事業所
5 寄宿舎
6 矯正施設
7 自衛隊
8 一般給食センター
9 その他（　　）

食数及び食材料費
定食（□単一・□選択）／カフェテリア食／その他

	定食		カフェテリア食	その他
朝 食	食（材・売）　　円		食	食
昼 食	食（材・売）　　円		食	食
夕 食	食（材・売）　　円		食	食
夜 食	食（材・売）　　円		食	食
合 計	食（材・売）　　円		食	食
再 掲	職員食 _____ 食　喫食率 _____ %			

III 給食従事者数

	施設側（人）		委託先（人）	
	常勤	非常勤	常勤	非常勤
管理栄養士				
栄 養 士				
調 理 師				
調理作業員				
そ の 他				
合 計				

IV 対象者（利用者）の把握

【年1回以上、施設が把握しているもの】

1　対象者（利用者）数の把握　：　□有　　□無
2　身長の把握　：　□有　　□無
3　体重の把握　：　□有　　□無
4　BMIなどによる体格の把握
　　□有（肥満　　%　やせ　　%）　□無
5　身体活動状況の把握　：　□有　　□無
6　食物アレルギーの把握　：　□有　　□無
　　（健診結果・既往歴含む）
7　食物アレルギーへの対応
　　□有（□除去　□代替　□その他（　　　　））□無

8　疾病状況の把握（健診結果）　：　□有　　□無
9　生活習慣の把握　：　□有　　□無
　　（給食以外の食事状況、運動・飲酒・喫煙習慣等）

【利用者に関する把握・調査】該当に印をつけ頻度を記入する

1　食事の摂取量把握
　　□実施している　（□全員　□一部）
　　　　　　　　　　（□毎日　□___回/月　□___回/年）
　　□実施していない
2　嗜好・満足度調査　□実施している　□実施していない
3　その他（　　　　　　　　　　　　　　　　　）

V 給食の概要

1 給食の位置づけ	□ 利用者の健康づくり　□ 望ましい食習慣の確立　□ 十分な栄養素の摂取 □ 安価での提供　□ 楽しい食事　□ その他（　　　　）
1-2 健康づくりの一環として給食が機能しているか	□ 十分機能している　□ まだ十分ではない　□ 機能していない　□ わからない
2 給食会議	□ 有（頻度：　　回/年）　　□ 無
2-2 有の場合	構成委員　□管理者　□管理栄養士・栄養士　□調理師・調理担当者　□給食利用者 □介護・看護担当者　□その他（　　　　）
3 衛生管理	衛生管理マニュアルの活用　　□有　　□無 衛生点検表の活用　　□有　　□無
4 非常時危機管理対策	①食中毒発生時マニュアル　　□有　　□無 ②災害時マニュアル　　□有　　□無 ③食品の備蓄　　□有　　□無 ④他施設との連携　　□有　　□無
5 健康管理部門と給食部門との連携（事業所のみ記入）	□ 有　　□ 無

施設名 ＿＿＿＿＿＿＿＿＿＿＿＿＿＿＿＿＿＿＿＿

VI　栄養計画

1	対象別に設定した給与栄養目標量の種類	□ ＿＿＿＿＿種類　　□ 作成していない
2	給与栄養目標量の設定対象の食事	□ 朝食　□ 昼食　□ 夕食　□ 夜食　□ おやつ
3	給与栄養目標量の設定日	年　　　　月

4　給与栄養目標量と給与栄養量（最も提供数の多い給食に関して記入）　対象：年齢＿＿＿歳～＿＿＿歳　性別：□男　□女　□男女共

	エネルギー (kcal)	たんぱく質 (g)	脂質 (g)	カルシウム (mg)	鉄 (mg)	ビタミン				食塩相当量 (g)	食物繊維総量 (g)	炭水化物エネルギー比率(%)	脂肪エネルギー比率(%)	たんぱくエネルギー比率(%)
						A(μg)(RAE当量)	B1(mg)	B2(mg)	C(mg)					
給与栄養目標量														
給与栄養量（実際）														

5	給与栄養目標量に対する給与栄養量（実際）の内容確認及び評価	□ 実施している（ □毎月　□報告月のみ ）　　□ 実施していない

VII 栄養・健康情報提供	□有　□無 （有の場合は下記にチェック）	VIII 栄養指導	□有・ □無 （有の場合は下記に記入）

| □栄養成分表示　□献立表の提供　□卓上メモ
□ポスターの掲示　□給食たより等の配布　□実物展示
□給食時の訪問　□健康に配慮したメニュー提示
□推奨組合せ例の提示　□その他（　　　　　　　） |

個別	実施内容	実施数
		延　　　人
		延　　　人
		延　　　人
		延　　　人

IX 課題と評価	□有　□無（有の場合は下記に記入）

（栄養課題）

（栄養課題に対する取組）

集団		回　　　人
		回　　　人
		回　　　人

X　東京都の栄養関連施策項目 （最も提供数の多い給食に対して記入）

（施設の自己評価）

（VI－4の食事について記入）	目標量	提供量
野菜の一人当たりの提供量（□1食□1日）	g	g
果物の一人当たりの提供量（□1食□1日）	g	g

XI 委託	□有　□無（有の場合は下記に記入）	責任者と作成者	施設側責任者 役職　　　　　　　　　　氏名
名称			作成者 所属　　　　　　　　　　氏名
電話　　　　　　　FAX			電話　　　　　　　FAX
委託内容：□献立作成　□発注　□調理　□盛付　□配膳 　　　　　□食器洗浄　□その他（　　　　　　）			職種：□管理栄養士　□栄養士　□ 調理師 　　　□その他（　　　　　　）
委託契約内容の書類整備 ： □有　　　□無		保健所記入欄	特定給食施設・その他の施設（施設番号　　　　） 健康増進法第21条による管理栄養士必置指定 □有

栄養管理報告書（病院・介護施設等）

_____保健所長　殿

施 設 名

所 在 地
管理者名
電話番号

_____年 _____月分

Ⅰ　施設種類	Ⅱ－1　1人1日平均食材料費及び食事区分別給食延べ数			Ⅱ－2　定数及び1日平均利用者数
1　病院 2　介護老人保健施設 3　介護医療院 4　老人福祉施設 （特別養護老人ホーム・通所介護施設・その他高齢者施設） 5　その他 （有料老人ホーム等）	食材料費		円　□食材料費　□その他含	定数又は定員　　　　　　床（人）
	給食延べ数（食）			1日平均利用者数合計　　　　　　人
	一般食	常　　　　食		
		そ　の　他		再　掲　デイサービス　　　　　人
	その他	療養食（特別食）		ショートステイ　　　　人
		職員食・その他		その他（　　　　）　　人
	合　　　計			（　　　　）　　人

Ⅲ　給食従事者数					Ⅳ　利用者の把握・調査
	施設側（人）		委託先（人）		年1回以上、施設が把握しているもの
	常勤	非常勤	常勤	非常勤	□性別　　□年齢　　□身体活動レベル
管理栄養士					□身長　□体重　　□BMI　　□血清アルブミン
栄養士					□生活習慣（給食以外の食事状況、運動・飲酒・喫煙習慣等） □その他（　　　　　　　　　　　　　　　）
調理師					年1回以上、施設が調査しているもの
調理作業員					1　食事の摂取量把握　　□実施している（□全員　　□一部） 　　　　　　　　　　　　　（頻度　□毎日　□___回／月　□___回／年）
その他					□実施していない
合　計					2　嗜好・満足度調査　□実施している（頻度　　回／年）□実施していない 3　その他（　　　　　　　　　　　　）（頻度　　回／年）

Ⅴ　給食の概要				
1　給食会議	□　有（頻度：　　　　回／年）　□　無			
1－2　有の場合	構成員　□管理者　□管理栄養士・栄養士　□調理師・調理担当者　□給食利用者 　　　　□介護・看護担当者　□その他（　　　　　　　　　　　　　）			
2　衛生管理	衛生管理マニュアルの活用	□　有	□　無	
	衛生点検表の活用	□　有	□　無	
3　非常時危機管理対策	①食中毒発生時マニュアル	□　有	□　無	
	②災害時マニュアル	□　有	□　無	
	③食品の備蓄	□　有	□　無	
	④他施設との連携	□　有	□　無	
4　栄養ケア・マネジメントの実施	□　有（□全員　・□一部）	□　無		
5　NSTの導入（病院のみ記入）※	□　有	□　無		

Ⅵ　栄養計画		
1　対象別に設定した給与栄養目標量の種類	□　_____種類　□個別に作成　□作成していない	
2　給与栄養目標量の設定頻度	□毎月設定　　□3か月に1回設定　　□その他（　　　　　　）	

施設名　_____

3　給与栄養目標量と給与栄養量（最も提供数の多い給食に関して記入）　（食種　□一般食　□その他（　　　　　））

	エネルギー (kcal)	たんぱく質 (g)	脂質 (g)	カルシウム (mg)	鉄 (mg)	ビタミン A(μg) (RAE当量)	B1(mg)	B2(mg)	C(mg)	食塩相当量 (g)	食物繊維総量 (g)	炭水化物エネルギー比率(%)	脂肪エネルギー比率(%)	たんぱく質エネルギー比率(%)
給与栄養目標量														
給与栄養量(実際)														

4　給与栄養目標量に対する給与栄養量(実際)の内容確認及び評価

□実施している（　□毎月　□報告月のみ　）　□実施していない

5　栄養改善の実施

□有　　　　　□無

5-2　有の場合　内容（複数可）

□有病者の治療　　　　　　□摂食・嚥下機能の改善
□適正体重の増加　　　　　□食事摂取の適正化
□利用者の満足度の向上　　□品質管理の向上
□その他（　　　　　）

Ⅶ　栄養・健康情報提供　□有　□無　(有の場合は下記にチェック)

□栄養成分表示　　　　□献立表の提供
□卓上メモ　　　　　　□ポスターの掲示
□給食たより等の配布　□実物展示
□給食時の訪問　　　　□その他（　　　　）

Ⅸ　課題と評価　□有　□無　(有の場合は下記に記入)

（栄養課題）

（栄養課題に対する取組）

（施設の自己評価）

Ⅷ　栄養指導　□有　□無　(有の場合は下記に記入)

	実施内容	実施数
個別	糖尿病	延　　　人
	脂質異常症	延　　　人
	高血圧・心臓病	延　　　人
		延　　　人
		延　　　人
		延　　　人
集団		回　　　人
		回　　　人
		回　　　人
		回　　　人
		回　　　人

Ⅹ　東京都の栄養関連施策項目 (最も提供数の多い給食に対して記入)

（Ⅵ-3の食事について記入）	目標量	提供量
野菜の一人当たりの提供量（□1食　□1日）	g	g
果物の一人当たりの提供量（□1食　□1日）	g	g

Ⅺ　委託　□有　□無　(有の場合は下記に記入)

名称		作成者	所属	
電話　　　　　　　FAX			氏名	
委託内容　：□献立作成　□発注　□調理　□盛付　□配膳　　□食器洗浄　□その他（　　　）			電話　　　　　　　FAX	
			職種：□管理栄養士　□栄養士　□調理師　□その他（　　）	
委託契約内容の書類整備　：　□有　　□無		保健所記入欄	特定給食施設・その他の施設（施設番号　　　）	
			健康増進法第21条による管理栄養士必置指定　□有	

栄養管理報告書（保育所・幼稚園等）

_____保健所長　殿

施 設 名

所 在 地
管理者名
電話番号

_____年 _____月分

I　施設種類	II　食事区分別1日平均食数及び食材料費				III　給食従事者数				

I　施設種類		食数及び食材料費				施設側（人）		委託先（人）	
		定食		離乳食		常勤	非常勤	常勤	非常勤
1 幼稚園	朝　食	食　　円			管理栄養士				
2 保育所（認可）	昼　食	食　　円		食	栄 養 士				
3 認定こども園	補　食	食　　円			調 理 師				
4 その他	夕　食	食　　円			調理作業員				
（認証保育所等）	合　計	食　　円			そ の 他				
	再　掲	職員食　　_____食			合　計				

IV　対象者（利用者）の把握

【年1回以上、施設が把握しているもの】

1　対象者（利用者）数の把握　：　□有　　□無
2　身長の把握　　　　　　　　：　□有　　□無
3　体重の把握　　　　　　　　：　□有　　□無
4　幼児身長体重曲線による体格の把握（3歳以上6歳未満）
　　□有（肥満　　　%　　やせ　　　%）　　□無
5　身体活動状況の把握　　　　：　□有　　□無
6　食物アレルギーの把握　　　：　□有　　□無
　　（健診結果・既往歴含む）
7　食物アレルギーへの対応
　　□有（□除去 □代替 □その他（　　　　）） □無

【利用者に関する把握・調査】該当に印をつけ頻度を記入する

1　食事の摂取量把握
　　□実施している（□全員 □一部）
　　　　　　　（頻度：□毎日 □_____回/月 □_____回/年）
　　□実施していない
2　嗜好調査　：　□実施している　□実施していない
3　その他（　　　　　　　　　　　　　　　　　　　　）

V　給食の概要

1　給食の位置づけ	□ 利用者の健康な体づくり　□ 望ましい食習慣の確立　□ 十分な栄養素の摂取 □ 安価での提供　　　　　　□ 楽しい食事　　　　　　　□ その他（　　　　　）
1−2　幼児の健全な発育発達に給食が機能しているか	□ 十分機能している　□ まだ十分ではない　□ 機能していない　□ わからない
2　給食会議	□ 有（頻度：　　　　　回/年）　　　　　□ 無
2−2　有の場合	構成委員　□施設長　　　　□管理栄養士・栄養士　□調理師・調理担当者 　　　　　□保育士・教諭　□看護担当者　　　　　□その他（　　　　　　）
3　衛生管理	衛生管理マニュアルの活用　　　　　□有　　　　□無
	衛生点検表の活用　　　　　　　　　□有　　　　□無
4　非常時危機管理対策	①食中毒発生時マニュアル　　　　　□有　　　　□無
	②災害時マニュアル　　　　　　　　□有　　　　□無
	③食品の備蓄　　　　　　　　　　　□有　　　　□無
	④他施設との連携　　　　　　　　　□有　　　　□無

施設名 _____

Ⅵ　栄養計画

1	対象別に設定した給与栄養目標量の種類	□ _____種類　　□　作成していない
2	給与栄養目標量の設定対象の食事	□ 朝食　□ 昼食　□ 夕食　□ 補食　□ おやつ
3	給与栄養目標量の設定日	_____年_____月

4　給与栄養目標量と給与栄養量（最も提供数の多い給食に関して記入）　対象：年齢_____歳〜_____歳　性別：□男　□女　□男女共

	エネルギー (kcal)	たんぱく質 (g)	脂質 (g)	カルシウム (mg)	鉄 (mg)	ビタミン				食塩相当量 (g)	食物繊維総量 (g)	炭水化物エネルギー比率(%)	脂肪エネルギー比率(%)	たんぱく質エネルギー比率(%)
						A(μg)(RAE当量)	B1(mg)	B2(mg)	C(mg)					
給与栄養目標量														
給与栄養量（実際）														

5	給与栄養目標量に対する給与栄養量（実際）の内容確認及び評価	□　実施している（ □毎月　□報告月のみ ）　　□　実施していない

Ⅶ　栄養・健康情報提供　□有　□無　（有の場合は下記にチェック）	**Ⅷ　栄養指導**　□有　□無　（有の場合は下記に記入）		

Ⅶ □栄養成分表示　□献立表の提供　□卓上メモ　□ポスターの掲示　□給食たより等の配布　□実物展示　□給食時の訪問　□その他（　　　　　）

Ⅷ 個別	実施内容	実施数
		延　　　　人
		延　　　　人
		延　　　　人

Ⅸ　課題と評価　□有　□無　（有の場合は下記に記入）

（栄養課題）

（栄養課題に対する取組）

集団		回　　　人
		回　　　人
		回　　　人

（施設の自己評価）

Ⅹ　東京都の栄養関連施策項目 （最も提供数の多い給食に対して記入）	
（Ⅵ－4の食事について記入）	提供量
野菜の一人当たりの提供量（1食）	g
果物の一人当たりの提供量（1食）	g

Ⅺ　委託　□有　□無　（有の場合は下記に記入）		作成者	所属
名称			氏名
電話　　　　　　　FAX			電話　　　　　　　FAX
委託内容：　□献立作成　□発注　□調理　□盛付　□配膳　　□食器洗浄　□その他（　　　　　）			職種：□管理栄養士　□栄養士　□調理師　□その他（　　　）
委託契約内容の書類整備　：　　□有　　　□無		保健所記入欄	特定給食施設・その他の施設（施設番号　　　　　）
			健康増進法第21条による管理栄養士必置指定　□有

栄養管理報告書のチェックポイント

給食施設

栄養管理報告書（給食施設）

_____ 保健所長　殿

施　設　名

所　在　地

どちらかにチェックまたは〇を付ける。

_____ 年 _____ 月分

施設種類に〇を付ける。

Ⅰ　施設種類	Ⅱ　食事区分別1日平均食数及び食材料費					Ⅲ　給食従事者数			
		食数及び食材料費					施設側（人）		委託先（人）	
1 学校		定食（□単一・□選択）	カフェテリア食	その他			常勤	非常勤	常勤	非常勤
2 児童福祉施設（保育所以外）	朝　食	食（材・売） 円	食	食	管理栄養士				
3 社会福祉施設	昼　食	食（材・売） 円	食	食	栄養士				
4 事業所	夕　食	食（材・売） 円	食	食	調理師				
5 寄宿舎	夜　食	食（材・売） 円	食	食	調理作業員				
6 矯正施設	合　計	食（材・売） 円	食	食	その他				
7 自衛隊	再掲 職員食 _____ 食 喫食率 _____ %				合　計				
8 一般給食センター									
9 その他									

**食数は「（再掲）職員食」を含む。
合計欄を記入する。**

**1食当たりの平均食材料費を記入する。
食事区分ごとの算出が難しい場合は、合計欄に1日分の平均
食材料費を「全〇〇〇円」と記入する。**

	Ⅳ　対象者（利用者）の把握		
1	対象者（利用者）数の把握 ：	□有	□無
2	身長の把握 ：	□有	□無
3	体重の把握 ：	□有	□無
4	BMIなどによる体格の把握	□有	□無
	□有（肥満　　　%　やせ　　　%）		
5	身体活動状況の把握 ：	□有	□無

**次の方法を用いて把握している場合に「有」とする。
①幼児（3歳以上6歳未満）：幼児身長体重曲線
②児童・生徒：学校保健統計調査方式
③成人：BMI
肥満とやせの割合は、小数点第一位まで記入する。**

【利用者に関する把握・調査】該当に印をつけ頻度を記入する

1	食事の摂取量把握	
	□実施している	（□全員　□一部）
		（□毎日　□ _____ 回/月　□ _____ 回/年）
	□実施していない	
2	嗜好・満足度調査	□実施している　□実施していない
3	その他（	）

**頻度は整数を記入する（適宜・随時
等は記入しない）。**

	Ⅴ　給食の概要
1 給食の位置づけ	□ 利用者の健康づくり　□ 望ましい食習慣の確立　□ 十分な栄養素の摂取　□ 安価での提供　□ 楽しい食事　□ その他（　　　）
1－2 健康づくりの一環として給食が機能しているか	□ 十分機能している　□ まだ十分ではない　□ 機能していない　□ わからない
2 給食会議	□ 有（頻度：　　回/年）　　　　□ 無
2－2 有の場合	構成委員　□管理者　□管理栄養士・栄養士　□調理師・調理担当者　□給食利用者　□介護・看護担当者　□その他（　　　）
	衛生管理マニュアルの活用　　　□有　　　□無
	衛生点検表の活用　　　□有　　　□無
対策	①食中毒発生時マ ②災害時マニュア ③食品の備蓄　　　□有　　　□無 ④他施設との連携　　　□有　　　□無
5 健康管理部門と給食部門との連携（事業所のみ記入）	□ 有　　　□ 無

**施設全体の給食運営に係る
内容について検討する会議
を指し、日々のミーティン
グや打合せは含まない。**

事業所以外の施設は斜線を引く。

*裏面へ⇒

エネルギー比率は小数点第一位まで記入する。
また，エネルギー比率の合計が100になっていることを確認する。
〈炭水化物エネルギー比率の求め方〉
炭水化物エネルギー比率＝100－（たんぱく質エネルギー比率＋脂肪エネルギー比率）

施設で設定している給与栄養目標量の数を記入する。

「作成していない」場合は，VI-2から5に斜線を引く。

施設名

VI　栄養計画

| 1　対象別に設定した給与栄養目標量の種類 | □　　　　種類 | □　作成していない |

2　給与栄養目標量の設定対象の食事　　□ 朝食　□ 昼食　□ 夕食　□ 夜食　□ おやつ

幅で設定している場合：中央値を記入する。
設定していない場合：斜線を引く。

年　　月

...の多い給食に関して記入）　対象：年齢　　歳～　　歳　　性別：□男　□女　□男女共

	エネルギー(kcal)	たんぱく質(g)	脂質(g)	カルシウム(mg)	鉄(mg)	A(μg)(RAE当量)	B1(mg)	B2(mg)	C(mg)	食塩相当量(g)	食物繊維総量(g)	炭水化物エネルギー比率(%)	脂肪エネルギー比率(%)	たんぱく質エネルギー比率(%)
給与栄養目標量														
給与栄養量(実際)														

実施している場合は，実施時期をチェックする。

| 5　給与栄養目標量に対する給与栄養量（実際）の内容確認及び評価 | □　実施している（ □毎月　□報告月のみ ）　　□　実施していない |

VII　栄養・健康情報提供	□有　□無（有の場合は下記にチェック）	VIII　栄養指導　　□有・□無　（有の場合は下記に記入）		

□栄養成分表示　　　　□献立表の提供　　　　□卓上メモ
□ポスターの掲示　　　□給食たより等の配布　□実物展示
□給食時の訪問　　　　□健康に配慮したメニュー提示
□推奨組合せ例の提示　□その他（　　　　　　　）

	実施内容	実施数
個別		延　　　人
		延　　　人
		延　　　人
		延　　　人

回数分の延べ人数を記入する。

| IX　課題と評価 | □有　□無（有の場合は下記に記入） |

（栄養課題）

集団		回　　人
		回　　人
		回　　人

（栄養課題に対する取組）

X　東京都の栄養関連施策項目（最も提供数の多い給食に対して記入）

（施設の自己評価）

報告月に実施した分のみ記入する。
「VIIの栄養・健康情報提供」に該当するものは，計上しない。

...食事について記入）	目標量	提供量
...当たりの提供量（□1食□1日）	g	g
...当たりの提供量（□1食□1日）	g	g

どちらかにチェックする。
1日の提供が2食の場合は，なるべく1食当たりの目標量，提供量を記入する。

設定していない場合は，斜線を引く。

整数で記入する。
提供していない場合は0gと記入し，算出していない場合は斜線を引く。

XI　委託	□有　□無（有の場合は...	施設側責任者

名称

電話　　　　　FAX

成	電話　　　　　FAX
者	

委託内容：□献立作成　□発注　□調理　□盛付　□配膳
　　　　　□食器洗浄　□その他（　　　　　）

職種：□管理栄養士　□栄養士　□調理師
　　　□その他（　　　　　　　　）

| 委託契約内容の書類整備：□有　　□無 | 保健所記入欄 | 特定給食施設・その他の施設（施設番号　　　） |
| | | 健康増進法第21条による管理栄養士必置指定　□有 |

栄養管理報告書（病院・介護施設等）

エネルギー比率は小数点第一位まで記入する。
また，エネルギー比率の合計が100になっていることを確認する。
〈炭水化物エネルギー比率の求め方〉
炭水化物エネルギー比率＝100－（たんぱく質エネルギー比率＋脂肪エネルギー比率）

食種にチェックする。

幅で設定している場合：中央値を記入する。
設定していない場合：斜線を引く。

…の多い給食に関して記入） （食種 □一般食 □その他（ ））

	エネルギー (kcal)	たんぱく質 (g)	脂質 (g)	カルシウム (mg)	鉄 (mg)	ビタミン A (μg) RAE当量	B1 (mg)	B2 (mg)	C (mg)	食塩相当量 (g)	食物繊維総量 (g)	炭水化物エネルギー比率 (%)	脂肪エネルギー比率 (%)	たんぱくエネルギー比率 (%)
給与栄養目標量														
給与栄養量（実際）														

実施している場合は，実施時期を
チェックする。

4 給与栄養目標量に対する給与栄養量（実際）の内容確認及び評価	□実施している（ □毎月 □報告月のみ ） □実施していない
5 栄養改善の実施	□有　　　　　□無
5－2 有の場合 内容（複数可）	□有病者の治療　　　□摂食・嚥下機能の改善 □適正体重者の増加　□食事摂取の適正化 □利用者の満足度の向上　□品質管理の向上 □その他（ ）

VII 栄養・健康情報提供	□有 □無（有の場合は下記にチェック）		VIII 栄養指導 □有 □無（有の場合は下記に記入）		
□栄養成分表示	□献立表の提供	個	実施内容		実施数
□卓上メモ	□ポスターの掲示		糖　尿　病		延　　　　人
□給食たより等の配布	□実物展示		脂　質　異　常　症		延　　　　人
□給食時の訪問	□その他（		高血圧・心臓病		延　　　　人

報告月に実施した分
のみ記入する。

回数分の延べ人数
を記入する。

IX 課題と評価 □有 □無				延　　　　人
（栄養課題）				延　　　　人
		集団		回　　　　人
（栄養課題に対する取組）				回　　　　人
				回　　　　人
				回　　　　人
				回　　　　人

（施設の自己評価）	X 東京都の栄養関連施策項目 (最も提供数の多い給食に対して記入)		
	（VI－3の食事について記入）	目標量	提供量
	野菜の一人当たりの提供量 （□1食 □1日）	g	g

どちらかにチェックする。

	…りの提供量 （□1食 □1日）	g	g

XI 委託 □有 □無（…		所属	
名称		作成者	氏名
電話　　　　FAX			電話
委託内容 ：□献立作成 □発注 □調理 □盛付 □配膳 　　　　　□食器洗浄 □その他（ ）			職種：□管理栄養…
委託契約内容の書類整備 ： □有 □無		保健所記入欄	特定給食施設・その他の施設（施設… 健康増進法第21条による管理栄養士必置指定 □有

設定していない
場合は，斜線を
引く。

整数で記入する。
提供していない場合
は0gと記入し，算
出していない場合は
斜線を引く。

1

給食施設の開設

保育所・幼稚園等

栄養管理報告書（保育所・幼稚園等）

_____保健所長　殿

・土曜日などの特異日を除いた通常日の平均食数を記入する。
・食数は職員食を含む。
・「食数の合計＝園児の食数＋（再掲）職員食」であることを確認する。
・合計欄を記入する。

_____年_____月分

施設種類に〇を付ける。

Ⅰ　施設種類	Ⅱ　食事区分別1日平均食数及び食材料費			Ⅲ　給食従事者数		
		食数及び食材料費			施設内（人）	委託先（人）
		定食	離食			
1 幼稚園	朝　食	食 円	食 円			
2 保育所（認可）	昼　食	食 円	食 円			
3 認定こども園	補　食	食 円	食 円			
4 その他	夕　食	食 円	食 円		調理作業員	
（認証保育所等）	合　計	食 円	食 円		その　他	
	再　掲 職員食	食			合　計	

1食当たりの平均食材料費を記入する。
食事区分ごとの算出が難しい場合は，合計欄に1日分の平均食材料費を「全〇〇〇円」と記入する。

Ⅳ　対象者（利用者）の把握		
【年1回以上，施設が把握しているもの】		【利用者に関する把握・調査】該当に印をつけ頻度を記入する
1　対象者（利用者）数の把握　　：　□有　　□無		1　食事の摂取量把握
2　身長の把握　　　　　　　　　：　□有　　□無		□実施している（□全員　□一部）
3　体重の把握　　　　　　　　　：　□有　　□無		（頻度：□毎日　□___回/月　□___回/年）
4　幼児身長体重曲線による体格の把握（3歳以上6歳未満）		□実施していない
□有（肥満　　%　　やせ　　%）　　□無		2　嗜好調査　：□実施している　□実施していない
5　身体活動状況の把握　　　　　：　□有　　□無		3　その他（　　　　　　　　　　）
6　食物アレルギーの把握　　　　：　□有　　□無		

他の方法（カウプ指数等）で把握している場合は「無」とする。
肥満とやせの割合は，小数点第一位まで記入する。
※3歳未満児の施設は記入不要のため，斜線を引く。

頻度は整数を記入する（適宜や随時等は記入しない）。

Ⅴ　給食の概要	
1　給食の位置づけ	□ 利用者の健康な体づくり　□ 望ましい食習慣の確立　□ 十分な栄養素の摂取 □ 安価での提供　□ 楽しい食事　　□ その他（　　　）
1－2　幼児の健全な発育発達に給食が機能しているか	□ 十分機能している　□ まだ十分ではない　□ 機能していない　□ わからない
2　給食会議	□ 有（頻度：　　回/年）　　□ 無
2－2　有の場合	構成委員　□施設長　　　　□管理栄養士・栄養士　□調理師・調理担当者 　　　　　□保育士・教諭　□看護担当者　　　　　□その他（　　　）
	衛生管理マニュアルの活用　　　　□有　　　　□無
	衛生点検表の活用　　　　　　　　□有　　　　□無
4　非常時危機管理対策	①食中毒発生時マニュアル　　　　□有　　　　□無
	②災害時マニュアル　　　　　　　□有　　　　□無
	③食品の備蓄　　　　　　　　　　□有　　　　□無
	④他施設との連携　　　　　　　　□有　　　　□無

施設全体の給食運営に係る内容について検討する会議を指し，日々のミーティングや打合せは含まない。

＊裏面へ⇒

エネルギー比率は小数点第一位まで記入する。
また，エネルギー比率の合計が 100 になっていることを確認する。
〈炭水化物エネルギー比率の求め方〉
炭水化物エネルギー比率＝100－（たんぱく質エネルギー比率＋脂肪エネルギー比率）

施設で設定している給与栄養目標量の数を記入する。
※0～2歳，3～5歳でそれぞれ設定している場合は，
2種類となる。

「作成していない」場合は，Ⅵ-2から5に
斜線を引く。

Ⅵ　栄養計画	
1　対象別に設定した給与栄養目標量の種類	□ ＿＿＿＿ 種類　　□ 作成していない
2　給与栄養目標量の設定対象の食事	□ 朝食　□ 昼食　□ 夕食　□ 補食　□ おやつ
3　給与栄養目標量の設定日	＿＿＿ 年＿＿＿ 月

幅で設定している場合：中央値を記入する。
設定していない場合：斜線を引く。

4 （完全給食に関して記入）対象：年齢＿＿＿ 歳～＿＿＿ 歳　性別：□男　□女　□男女共

	（kcal）	（g）	（g）	（mg）	（mg）	ビタミン				食塩相当量（g）	食物繊維総量（g）	炭水化物エネルギー比率（%）	脂肪エネルギー比率（%）	たんぱく質エネルギー比率（%）
						A(μg RAE当量)	B1(mg)	B2(mg)	C(mg)					
給与栄養目標量														
給与栄養量（実際）														

実施している場合は，実施時期をチェックする。

5　給与栄養目標量に対する給与栄養量（実際）の内容確認及び評価	□ 実施している（ □毎月　□報告月のみ ）　□ 実施していない

Ⅶ　栄養・健康情報提供　□有　□無　（有の場合は下記にチェック）		Ⅷ　栄養指導　□有　□無　（有の場合は下記に記入）		
□栄養成分表示　□献立表の提供　□卓上メモ			実施内容	実施数
□ポスターの掲示　□給食たより等の配布　□実物展示		個別		延
□給食時の訪問　□その他（　　　　　）				延

回数分の延べ人数を記入する。

Ⅸ　課題と評価　□有　□無　（有の場合は下記に記入）				延
（栄養課題）		集団		回　人
				回　人
（栄養課題に対する〜）				回　人

報告月に実施した分のみ記入する。
「Ⅶ栄養・健康情報提供」に該当する
ものは，計上しない。

		Ⅹ　東京都の栄養関連施策項目（最も提供数の多い給食に対して記入）	
（施設の自己評価）		（Ⅵ-4の食事について記入）	提供量
		野菜の一人当たりの提供量（1食）	g
		果物の一人当たりの提供量（1食）	g

整数で記入する。
提供していない場合
は0gと記入し，算
出していない場合は
斜線を引く。

Ⅺ　委託　□有　□無　（有の場合は下記に記入）		作成者	所属	
名称			氏名	
電話　　　　　FAX			電話　　　　　FAX	
委託内容：□献立作成　□発注　□調理　□盛付　□配膳			職種：□管理栄養士　□栄養士　□調理師	
□食器洗浄　□その他（　　　　）		保健所記入欄	特定給食施設・その他の施設（施設番号　　　　　）	
委託契約内容の書類整備　：　□有　　　　□無			健康増進法第21条による管理栄養士必置指定　□有	

食事療養運営要綱

ここでは，医療機関における事例を掲載する。

食事療養運営要綱（例）

〔目的〕
第1条　この要綱は，医療法人○○が所管する○○病院（以下，病院）における栄養及び給食業務を適正に実施し，併せて入院時食事療養を実施する病院として，その趣旨の徹底を図り，よりよい患者サービスを提供することを目的として，必要な事項を定める。

〔委員会の設置〕
第2条　栄養及び給食業務の改善等に関する重要な事項を審議し，かつ，医師，看護師，事務部門との連絡調整の円滑化を図るため，病院長（以下，院長）の下に○○病院給食委員会を設置する。

〔構成員〕
第3条　給食委員会の委員は，次の各号に掲げる職にある者をもって構成する。
 (1)　医師　　1名
 (2)　看護師　1名
 (3)　栄養士　1名
 (4)　事務職（医務担当者）1名
 (5)　受託側の責任者
 (6)　その他，院長が必要と認めた者
　給食委員会に委員長を置き，前項にある者がこれに当たる。

〔会議〕
第4条　委員会は，毎月1回開催し，委員長がこれを招集する。
 ・審議事項は，食事基準，献立，栄養食事指導，各種調査等栄養及び給食業務の改善並びに患者サービスの向上等に関するものとする。
 ・委員長は，必要があると認めたときは，委員以外の者を給食委員会に出席させて，意見を聴くことができる。
 ・給食委員会に関する庶務は，栄養士が行う。

〔食事箋（食事伝票）〕
第5条　病院における給食は，治療の一環として行われるものであることから，原則として医師が発行する食事箋に基づき実施しなければならない。
 ・食事箋には主治医師，患者の氏名，病名及び患者の症状に応じた栄養量，食事の形態等，献立作成の基礎となる事項を記載し，入院，変更，止め，退院ごとに発行する。
 ・食事箋の記載内容に疑義があるときは，医師に訂正を求めることができる。
 ・栄養士は，特別食加算の対象であるか否かを判断し，食事箋にその旨を記入することができる。
 ・食事箋は，3部複写とし，1部を診療，1部を病棟控え，1部を給食部門控えとする。

〔食事基準：約束食事箋〕
第6条　院長は，業務の効率化を図るため，あらかじめ，次の各号のとおり食種別に病態等に応じた栄養量及び食品構成等を基準として定めておくことができる。
 (1)　一般治療食：特別治療食以外の治療食
 (2)　特別治療食：患者の病態等に応じ特別に作成する治療食

〔帳票類〕
第7条　栄養士は，次の各号に掲げる帳票類を作成し，必要に応じて院長の決裁を受けるものとする。
 (1)　給与栄養目標量（1年に1回以上作成する）

(2) 食品構成表
(3) 献立表（院長の決裁を受ける）
(4) 食品量表（栄養出納表）
(5) 食品発注伝票（納品のつど検収）
(6) 食品消費日計表
(7) 在庫品受払簿（在庫を生じるものは原則として記帳し，毎月末に在庫数量の確認，調整を行う）
(8) 食数表
(9) 検食簿

〔給与栄養量〕
第8条 患者の栄養補給量は，性別，年齢，病状及び生活活動状況等により，個々に決めなければならない。
・一般治療食患者の栄養摂取基準は，厚生労働省が定める「日本人の食事摂取基準」を基準に算出するものとする。
・前項に定める栄養管理のため1年に1回以上，一般治療食（常食）患者年齢構成表及び給与栄養目標量表を作成し，実給与の食品量表と突合点検を行うとともに，食事基準及び献立作成に反映させるものとする。

〔献立作成〕
第9条 食事箋または食事基準に基づき作成する献立は，食事療法の具体的計画書としての重要性から，患者の病状に適合した内容になっているとともに，次の各号の事項を十分に配慮していなければならない。
(1) 患者嗜好を考慮し，変化に富んだ内容であること。
(2) 使用食品は，水準以上の品質で，かつ，季節に応じたものであること。
(3) 盛り付け時の色合い，形態を考慮してあること。
(4) 調理条件及び食品衛生を考慮してあること。
・献立表は，あらかじめ一定期間について計画的に作成し，院長の決裁を受けて，調理を実施する。
・献立作成業務の効率化を図るため，あらかじめ数週間分の献立を標準献立表としておくことができる。この場合，一定の実施期間ごとに献立計画として決定するとともに，必要に応じて内容変更等を行わなければならない。
・給食実施後は，一定期間ごとに献立表を評価し，かつ，5年間保存しなければならない。

〔栄養成分算出〕
第10条 献立作成等における栄養成分の算出は，日本食品標準成分表に基づき行うものとする。

〔検食〕
第11条 院長は，患者に給与する食事の量及び質が治療効果，栄養管理並びに衛生的にも適正であることを点検するため，毎食，医師または栄養士に検食させなければならない。
・検食者は，定められた様式により検食結果を記録しなければならない。
・検食の結果，問題点等の指摘があった場合は，調査，検討の上，改善するものとする。

〔調査，研究〕
第12条 病院における給食は，患者の治療食としての目的をもつものであることから，次の各号に掲げる調査，研究を積極的に行い，常に改善に努めなければならない。
(1) 定期的に行うべき調査
　ア　嗜好調査：患者の嗜好傾向を把握し，献立内容に反映させるため，調査は年1～2回実施する。
　イ　喫食状況調査（残食調査）：患者の喫食率（残食率）を調査することにより，実摂取栄養量を把握するとともに，献立及び調理法などの改善の参考とする。
(2) 医療上の必要に応じ随時行う調査
　ア　個人別栄養摂取量に関する調査

　　イ　罹患前の食生活に関する調査
　　ウ　治療食の適応状況に関する調査
　(3)　患者の栄養管理に関する調査については，栄養（給食）部門は看護部門と連携を密
　　にして実施する。

〔食材管理〕

第13条　食材は，献立表及び予定食数に基づき計画的に購入するものとし，その選定にあ
　　たっては品質，安全性及び予算などについて，十分検討するものとする。

〔栄養食事指導〕

第14条　患者の栄養食事指導は，入院時または退院時などを捉え，積極的に実施し，記録
　　しておき，患者の食事への関心，理解を深めるよう努めなければならない。

〔治療食調理〕

第15条　治療食の調理にあたっては，業務委託し，患者の年齢，病状などを勘案の上，献
　　立表に基づき適正に実施するとともに，次の各号に掲げる事項について，留意する
　　こと。
　(1)　食材の鮮度などの点検，確認
　(2)　仕込み及び盛り付け時の計量の徹底と確認
　(3)　栄養成分の変化などに配慮した調理技術の向上
　(4)　患者嗜好，喫食状況調査などに基づく患者本位の給食
　(5)　食品衛生
　・病棟への配膳，配食にあたっては，受託責任者が治療食，調理内容に適否について点
　　検しなければならない。

〔患者サービス〕

第16条　受託責任者は，患者サービスの向上及び治療効果の増大を図るため，適時適温給
　　食に努めること。

〔衛生管理〕

第17条　受託責任者は，調理室の衛生管理及び給食従事者の衛生，健康管理に努め，常に
　　医療法及び食品衛生法で定める基準以上の状況に維持しなければならない。

〔健康管理〕

第18条　受託責任者は，給食従事者について，健康診断を年1回，検便は月1回，夏季に
　　おいては月2回実施し，その結果を病院側へ提出しなければならない。

〔保存食〕

第19条　保存食は，－20℃以下で2週間保存し，責任者は毎日確認するものとする。

〔委任〕

第20条　この要綱に定めるもののほか，必要な事項は院長が別に定める。

入院時食事療養・入院時生活療養等届出書

保険医療機関コード		受理番号	

連絡先
　担当者氏名：
　電　話　番　号：

届出事項　　　入院時食事療養（Ⅰ）・入院時生活療養（Ⅰ）

　　　　（入院時食事療養（Ⅰ）の受理番号：　　　　　　　　）
　　　　（入院時生活療養（Ⅰ）の受理番号：　　　　　　　　）

□　当該届出を行う前6月間において当該届出に係る事項に関し，不正又は不当な届出（法令の規定に基づくものに限る）を行ったことがないこと。

□　当該届出を行う前6月間において療担規則及び薬担規則並びに療担基準に基づき厚生労働大臣が定める掲示事項等第三に規定する基準に違反したことがなく，かつ，現に違反していないこと。

□　当該届出を行う時点において，厚生労働大臣の定める入院患者数の基準及び医師等の員数の基準並びに入院基本料の算定方法に規定する入院患者数の基準に該当する保険医療機関又は医師等の員数の基準に該当する保険医療機関でないこと。

□　当該届出を行う前6月間において，健康保険法第78条第1項の規定に基づく検査等の結果，診療内容又は診療報酬の請求に関し，不正又は不当な行為が認められたことがないこと。

··

標記について，上記基準がすべてに適合しているので，別紙書類*を添えて届け出ます。

　　　　　　　年　　　　月　　　　日

　　　　　　　　　　保険医療機関の
　　　　　　　　　　所在地及び名称　＿＿＿＿＿＿＿＿＿＿＿＿＿＿

　　　　　　　　　　開 設 者 氏 名　＿＿＿＿＿＿＿＿＿＿＿＿＿＿

　　厚生局長　殿

〔記載上の注意〕
1　届出事項について該当する番号を○で囲むこと。
2　□には，適合する場合「✓」を記入すること。
3　届出書（添付書類*を含む）は1通を提出すること。

注）＊p.23の届出書添付書類のことである。

届出書添付書類

　届出前に評価を 1 か月間実施していなければならない。特に 4 章，p.70以降の「評価チェック票」の内容を確認すること。

　1．保険医療機関の概要
　　(1)病院・診療所
　　(2)許可病床数　　　　　　　　　　　　　床
　　(3)1日平均入院患者数　　　　　　　　　人
　2．入院時食事療養及び入院時生活療養の食事の提供たる療養部門の概要
　　(1)入院時食事療養及び入院時生活療養の食事の提供たる療養部門の名称
　　(2)責任者氏名（職種）
　3．業務委託（業務委託を行っている場合に記載する）
　　(1)業務委託の有無
　　(2)委託先
　　(3)病院内委託責任者氏名
　　(4)委託契約書（添付すること。4章，p.64参照）
　　(5)院外調理の有無
　4．栄養士等の数
　　(1)管理栄養士　　　　　　　　　　　　名（常勤，非常勤）
　　(2)栄養士　　　　　　　　　　　　　　名
　　(3)調理師　　　　　　　　　　　　　　名
　　(4)給食業務従事者　　　　　　　　　　名
　5．適時適温の食事状況
　　(1)適時の食事提供に関する事項
　　　　夕食時刻　　　　　　午後　　　時　　　分
　　(2)適温の食事提供に関する事項
　　　　ア　使用器具（□には，使用している場合「✓」を記入すること）
　　　　　□保温・保冷配膳車　　　　　　　台（社内及び製品名）
　　　　　□保温配膳車　　　　　　　　　　台
　　　　　□保温トレイ　　　　　　　　　　枚
　　　　　□保温食器
　　　　イ　食堂
　　　　　方法（　　　　　　　　　　　　　　　　　　　）
　6．その他
　　(1)特別食の食数
　　(2)献立表（添付すること）
　　(3)職員食の提供状況：患者食と同一の給食組織，その他

　〔記載上の注意〕
　　1．1日平均入院患者数については，届出前 1 年間の数値を記載する。
　　2．管理栄養士または栄養士については，氏名及び勤務時間を記載した名簿を提出する。
　　3．夕食時刻は，各病棟で配膳を開始する平均的な時刻を記入する。
　　4．食堂を使用して適温の食事療養を行っている場合は，その方法を記入する。

入院時食事療養届出に最低必要な基準（チェックリスト）

1．栄養管理実施加算（入院基本料の最低要件である）

□入院時（7日以内）に患者ごとの栄養状態評価を実施しているか

□医師，管理栄養士，薬剤師，看護師その他医療従事者が共同して，患者ごとの栄養状態，摂食機能及び食形態を考慮した栄養管理計画書を作成し，以下の内容を網羅しているか。カルテに計画書が添付されているか。計画は定期的に評価して，必要に応じて計画の見直しがされているか（例 6章，p.101参照）

□**医師**または医師の指導のもとに，**管理栄養士，薬剤師，看護師その他医療従事者**が，栄養管理計画を入院患者に説明しているか

2．入院時食事療養

(1)栄養管理日誌

□記載者サイン，院長決裁，鉛筆・修正液使用不可，様式は網羅しているか

(2)食数把握

□患者ごとに実際に提供した食数の記録

□患者食提供数は食数一覧表で管理（例 8章，p.144参照）

□患者入院退院や食事変更は，食事箋（食事伝票）（例 p.146参照）で処理されているか

(3)残食調査

□記録は栄養管理日誌に記載され，毎食実施し，残量記録があるか

(4)検食[*1]

□院長決裁があり，医師または栄養士による検食が必ず実施されているか。栄養士が実施していない場合，医師が必ず実施（配膳前）しているか

(5)栄養管理委員会

□月1回等の定期開催をしているか。委員会メンバーは医師，看護師，栄養士等であり，それぞれの参加出席率は良好か

(6)栄養指導

□患者への必要な栄養指導を実施（栄養指導も医療の一環として指導方針目的を明確にしたうえで医師が指示）しているか

□指示箋または栄養管理計画の様式には，指示年月日，患者氏名，生年月日，担当医，病名，身長，体重，指示栄養量等状態，食種が記載されているか（例 6章，p.128参照）

□医師の指示項目以外に，熱量，熱量構成，塩分，蛋白質量，脂質量，P/S比，糖質量の項目があるか

□指導実施時間（開始から終了時刻）の記載があり，合計時間も合致しているか

(7)食事箋（食事伝票）

☐入院時食事箋の様式には，主治医名・印，患者氏名，身長，体重，年齢，病名，食事期間，食事種別，調理の硬さ，治療方針，特別食加算・非加算の区分があるか

☐常食から特別食に変更される場合は，必ず対象病名の記載があり，加算・非加算のチェックがあるか

(8)特別食加算

☐特定疾病に対する約束食事箋の内容は問題なく，特別食の献立表が作成され，保険請求時には加算の可否をカルテ，食事箋，複写伝票等との突合で確認を行っているか

(9)栄養管理

☐病院給食食品量日計表（検討表）を作成しており，10日ごとの献立見直しをしているか。なお，パソコン管理でも最終的な確認を確実に実施しているか

☐給与栄養目標量が適正かどうか確認し，目標と実給与の誤差は1割以内であるよう管理しているか

☐常食患者年齢構成表及び給与栄養目標について，必要に応じて見直しているか

(10)発注・納品書

☐発注・検収[*2]の実施者のサインがある〔委託の場合，病院職員（栄養士）が行うよう指導されている〕か

☐患者食と職員食の区分が明確であるか

(11)消費日計表

☐消費日計表の作成があり，患者食と職員食の区分は明確であるか

☐食品の受払処理は適正に実施しているか

(12)委託契約書（委託のみ）

☐委託契約書は適時更新し，委託業務区分は適正であり，現場も契約内容を把握しているか

注）[*1] 検食：施設長または給食責任者は，対象者に給食を供する前に試食し，各料理の栄養面，盛り付け，味付け，異常の有無などについて点検し，検食簿に毎回正確に記録すること。給食内容改善の資料とする。

　　[*2] 検収：納品された商品を数量，品質，温度，生産地などを確認する一連の業務をいう。

施設概要確認一覧表（病院）

1 病院概要　　　　　　　　　　　　　　　　　　（許可病床数：　　　床）

病院名					
住所					
電話					
理事長		院長		事務長	
栄養科責任者		副責任者			
診療科目	内・循内・神内・外・脳外・心外・整・消・皮・産・婦・小・眼・耳・理診・リハ				
入院時食事療養	(Ⅰ)・(Ⅱ)	特別食	有・無	特別管理加算	有・無
食堂加算	有・無	選択メニュー	有・無	経管栄養	有・無
特別材料メニュー	有・無（価格：　　円／食）		入院栄養食事指導		有・無
外来栄養食事指導	有・無	集団栄養食事指導	有・無	訪問栄養指導	有・無

2 患者食詳細　　　　実施食数：（　　　　食）

（1）患者食概要　　　直営・委託（委託先名：　　　　　）（管理費・単価・その他）

食事時間	朝食（　：　）	昼食（　：　）	夕食（　：　）	合　計
患者食数	食	食	食	食
その他（　）	食	食	食	食
検食数	食	食	食	食
食材料費	円	円	円	円

（2）比率（昼食参考）

一般食　%	常食　%	軟食　%	刻み食　%	ミキサー食　%	
特別食　%	糖尿　%	高血　%	肝臓　%	潰瘍　%	濃厚流動　%

（3）メニュー内容

サイクルメニュー	28日・35日・42日・その他（　　日）		シーズンメニュー	有・無
行事食メニュー	有・無	おやつ　　　　有・無	調　乳	有・無
ドック食	有・無	その他	お茶サービス	有・無

〔献立表作成業務〕

手書き・パソコン利用

（パソコンソフトメーカー名：＿＿＿＿＿＿, 機器名：＿＿＿＿＿＿　）

(4) 配膳方法

①配膳方法　　　　中央配膳・病棟配膳（食堂：有・無）・
　　　　　　　　　ベッド配膳・その他（　　　　　　　）

フロア	食　数	配膳車数	病棟対象者内容
1F			
2F			
3F			
4F			
5F			
6F			
7F			

②配膳車　　　　　＿＿台〔ノーマル配膳車・温冷配膳車・その他（　　　　　　）〕
　　　　　　　　　　　　　　　　　　　　　　（メーカー名：　　　　　　　）

③食器・トレイ種類　メラミン・強化磁器・陶器・保温食器
　　　　　　　　　●トレイサイズ（＿＿＿＿cm × ＿＿＿＿cm）

④喫食場所　　　　　＿＿か所

⑤受渡し場所　　　　厨房出口・各階パントリー・各階食堂

3　その他食詳細

(1)　職員食　　　　直営・委託（委託先名：　　　　　　　）（管理費・単価・その他）

食事時間	朝食（　：　）	昼食（　：　）	夕食（　：　）	合　計
食　数	食	食	食	食

①メニュー　　　　＿＿種類（定食　品，麺類　品，丼もの　品，その他　品）
②売価　　　　　　　　　円～　　　円（平均　　　円）補助金　有・無
③提供方法　　　　セルフサービス（食事盛り付けサービス：有・無）・フルサービス
④精算方法　　　　現金・食券・売り掛け

(2)　外来食・喫茶　　直営・委託（委託先名：　　　　　　　）（管理費・単価・その他）

食事時間	朝食（　：　）	昼食（　：　）	夕食（　：　）	合　計
食　数	食	食	食	食

①メニュー　　　　＿＿種類（定食　品，麺類　品，丼もの　品，その他　品）
②売価　　　　　　　　　円～　　　円（平均　　　円）
③提供方法　　　　セルフサービス（食事盛り付けサービス：有・無）・フルサービス
④精算方法　　　　現金・食券・売り掛け

4 従業員体制・業務区分

(1) 従業員構成

役職・資格	人数（男性，女性）	備 考
責任者	名（ 名， 名）	管理栄養士・調理師・その他
管理栄養士	名（ 名， 名）	うち，事務業務専門（ 名）
栄養士	名（ 名， 名）	うち，事務業務専門（ 名）
調理師	名（ 名， 名）	
調理補助	名（ 名， 名）	
パートタイム職員	名（ 名， 名）	
合 計	名（ 名， 名）	

(2) 総労働時間（1日平均）　　　（合計　　時間）（社員　　時間）
　　　　　　　　　　　　　　　　（パートタイム職員　　時間）

(3) 帳票業務　　　　　　　　手書き・パソコン

(4) 業務区分・経費負担区分

業務内容	委託側	受託側	経費区分	委託側	受託側
献立表の作成			水光熱費		
嗜好調査の実施			洗 剤		
帳票類の作成			消耗品		
材料の発注			防虫駆除		
材料の検収			食 器		
			設備等修繕費		
			濃厚流動食		
			調 乳		

5 参考資料 （入手可能な範囲）

1 従業員シフト表（1か月分）
2 施設のフロアプラン
3 厨房の図面・機器リスト
4 献立表（1か月分）

資料）飯田範子作成

2

給食関連組織

●特定給食施設における委託側施設と受託給食企業との業務分担については，おおむね次のように考えられる。

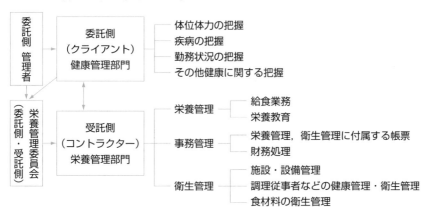

委託側　管理者

委託側　（クライアント）　健康管理部門
- 体位体力の把握
- 疾病の把握
- 勤務状況の把握
- その他健康に関する把握

栄養管理委員会（委託側・受託側）

受託側　（コントラクター）　栄養管理部門

栄養管理
- 給食業務
- 栄養教育

事務管理
- 栄養管理，衛生管理に付属する帳票
- 財務処理

衛生管理
- 施設・設備管理
- 調理従事者などの健康管理・衛生管理
- 食材料の衛生管理

栄養管理委員会の構成と協議事項

〔保育所給食〕
- 給食を通じて正しい食習慣の定着を図るなど，子どもの心身の成長・発達と健康の保持増進に必要な食べ物を通じて保育の重要な役割を果たすための給食の方向性を示し，栄養管理していく。連絡が十分とれるよう配慮しつつ，会議の記録を行い，適切に運営する。

構成委員	施設長，給食関係者（管理栄養士，栄養士，調理師，調理員），保育士，看護師，保健師，事務職員
主な協議事項	①栄養管理に関する基準などの決定に関すること ②食育の計画，実施，評価に関すること ③個別対応が必要な子どもの検討・評価に関すること（アレルギー，離乳食，肥満，やせ） ④献立や給食内容などについての意見交換 ⑤衛生管理に関すること ⑥経営管理など，その他運営に必要な事項に関すること
給食責任者の業務	●利用者の栄養状態などの把握　●給与栄養目標量の設定　●食品構成の作成　●献立の作成及び栄養価の算出　●食数管理　●食品材料の購入計画，発注，検収，保管，受払　●検食，保存食*に関すること　●栄養管理の評価　●栄養管理委員会の開催運営　●栄養教育，食育　●給食関係帳簿の作成，保管　●給食部門の衛生管理及び給食従事者の健康管理　●給食施設設備，作業環境などの改善　●管轄保健福祉事務所などとの連絡，連携　●その他の給食改善業務
調理責任者の業務	●調理の準備　●調理　●盛り付け，配膳　●食器の洗浄，消毒，収納　●厨芥，残菜の処理　●調理器具，機材の手入れ　●給食関係施設内外の環境整備　●衛生管理に関する記録

注）*保存食：事故発生時の原因究明の資料とするために採取，保存する食材料及び調理済み食品。約50gずつ清潔なビニール袋などに密封し，専用冷凍冷蔵庫で−20℃以下2週間以上保存し，保存食簿に記録する。

〔事業所給食〕
- 給食業務の円滑な運営を図り，給食内容などの検討を行う。単なる食事の苦情・トラブル処理ではなく，利用者個人の栄養管理や栄養教育につながるよう，栄養管理部門と健康管理部門などの連絡が十分にとれるよう配慮しつつ，会議の記録を行い，適切に運営する。

構成委員	施設長，健康管理部門担当者，関係職員，利用者，給食責任者，管理栄養士，栄養士，調理師
主な協議事項	①食事内容の検討に関すること ②検討した食事内容の実際の提供に関すること ③給食管理業務の改善に関すること ④衛生管理に関すること ⑤設備及び機器の整備に関すること ⑥栄養食事相談，栄養教育に関すること ⑦栄養管理関係の調査結果に関すること ⑧栄養管理関係の事務手続き事項に関すること ⑨経営管理など，その他運営に必要な事項に関すること ⑩疾病の状況，体位体力の状況，その他健康に関する状況

資料）飯田範子作成

〔病院〕

- 病院給食の質の向上と食事の合理的運営を図るため，栄養管理委員会を設置する。
- 委員会は，実情に沿った会則を設け，この会則に基づいて運営されることが望ましい。また，定期的に開催し，必要があるときは委員長が招集する。
- 委員会においては，運営に関する必要事項について審議し，記録し，改善事項を業務に反映させる。

構成委員	医師，管理栄養士，栄養士，調理師，委託側職員（委託の場合），看護師，その他の関係医療職員，事務長など
主な協議事項	①栄養管理実施計画や食事内容の検討に関すること ②栄養管理業務の改善に関すること ③衛生管理に関すること ④設備及び機器の整備に関すること ⑤栄養食事指導業務に関すること ⑥栄養管理関係の調査結果に関すること ⑦栄養管理関係の事務手続き事項に関すること ⑧経営管理など，その他運営に必要な事項に関すること
その他関連委員会への参画	管理栄養士，栄養士は，院内の褥瘡委員会，栄養サポートチーム（NST），院内感染対策委員会，安全衛生委員会などの各種委員会，病棟回診へも積極的に参画し，患者サービスの向上に役立てる。

〔介護保険施設〕

- 入所者の栄養管理に基づいた食事の質的向上と食事サービスの合理的運営を図るため，栄養管理委員会などを設置し，定期的に開催する。
- 特に，食事内容の検討については，施設の医師または栄養士（入所定員が40名を超えない特別養護老人ホームであって，栄養士を配置していない施設においては，連携を図っている他の社会福祉施設等の栄養士）を含む必要がある。さらに，検討した内容を適確に食事提供に係る業務に反映させ，介護・看護部門と栄養部門が十分な連絡をとり，入所者の身体状況や摂食状況を共有する密接な連携を図る。

構成委員	施設長，管理栄養士，栄養士，調理師，委託側職員（委託の場合），看護師，介護職員，その他の関係職員，事務長など
主な協議事項	①栄養ケア計画や食事内容の検討に関すること ②検討した食事内容の実際の提供に関すること ③栄養管理業務の改善に関すること ④衛生管理に関すること ⑤設備及び機器の整備に関すること ⑥栄養食事相談業務に関すること ⑦栄養管理関係の調査結果に関すること ⑧栄養管理関係の事務手続き事項に関すること ⑨経営管理など，その他運営に必要な事項に関すること ※①④⑥については，サービス担当者会議や感染症対策委員会など，ほかの委員会で検討することがある。
その他関連委員会への参画	管理栄養士，栄養士は，施設内のサービス担当者会議，ケア会議，褥瘡委員会，感染症対策委員会，安全衛生委員会などの各種委員会へも積極的に参画し，入所者サービスの向上に役立てる。

栄養管理部門の組織

〔保育所（園）・幼稚園〕

●保育所（園）給食　栄養管理は，健康増進法及び都道府県条例に基づき，保健所（園）の業務として位置づけられている。特に，栄養士の配置が少ない場合は，給食管理業務及び献立検討について指導，支援を受け，栄養改善に努めている。入所（園）する年齢幅が広く，また，時間もまちまちで延長保育もあり，保護者に代わって乳児または幼児を長時間保育する。

●幼稚園　未就学児（3〜5歳）の教育を1日4時間程度行う。近年は，長時間保育と教育の両方のニーズを満たすため，両方の機能を併せもつ複合型保育施設が増え，給食提供についても，健全な身体の発育とともに「食育」を進めるうえで役割は重大。

栄養管理は，栄養士・調理師（員）・保育士・看護師・保健師等保育所の全職員で連携・協力して行う。

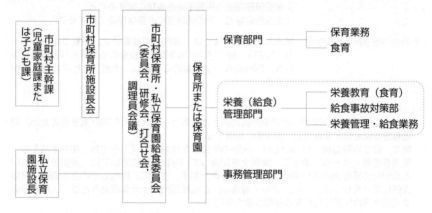

※ ▭ は，給食業務委託の場合もある。

〔病院〕

　栄養管理部門は，診療部門と密接な連携を保てるよう，看護部門，薬剤部門，検査部門，地域医療連携担当部門などとともに，診療部門系統の組織の中で，一部門（科）として独立して位置づけられ，その機能が十分発揮できることが必要であり，その責任者は，管理栄養士または栄養士が当たる。

　患者食は治療の一環として提供されるべきものであるから，医師の指示によることはもちろん，病棟看護部門とは密接な連携をとり，患者の嗜好や希望などにも配慮しながら食事が提供されなければならない。

〔介護保険施設〕

　栄養管理部門は，医師や介護支援専門員，看護及び介護部門と密接な連携が保てるよう，介護サービスの組織の一部門として独立して位置づけられ，その機能が十分に発揮できることが必要であり，その責任者は，管理栄養士または栄養士が当たる。

　そのため，サービス担当者会議やケアカンファレンス，各種委員会などには積極的に参画し，入所者情報の取得を行い，専門的見地から意見を述べるなど，入所者の身体状況などに配慮したサービスの向上に努める。

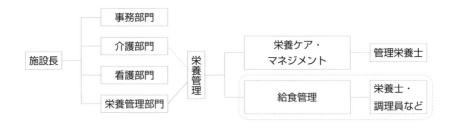

3

給食施設・設備

施設設計時の留意点

● 大量調理施設衛生管理マニュアルに準じたレイアウトとする。

● 管理栄養士または栄養士，調理師などの業務経験者を設計プロジェクトに加えることが望ましい。

● 喫食予定数と食事提供時間並びに提供回数を考慮する。

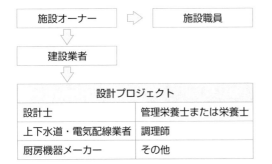

設計プロジェクト	
設計士	管理栄養士または栄養士
上下水道・電気配線業者	調理師
厨房機器メーカー	その他

厨房設備平面図

学校寮（中学・高校・大学、300人入寮施設例）

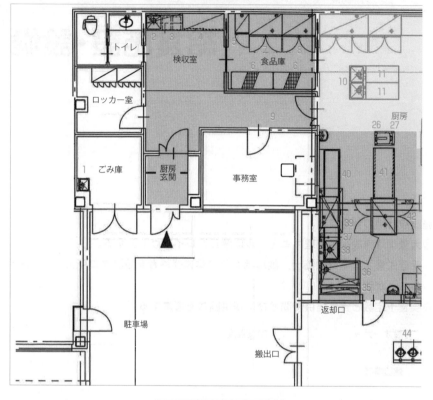

作業工程と作業区域

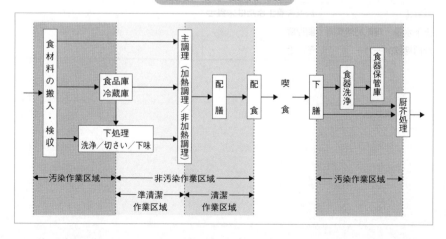

（食堂 174 席）

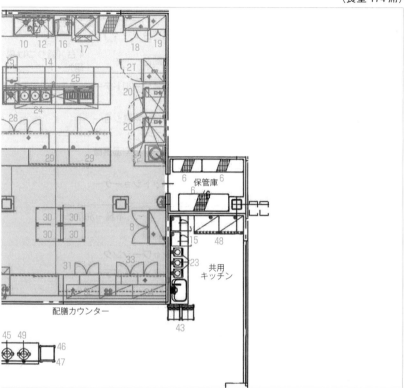

汚染作業区域

非汚染作業区域

清潔作業区域

●学校寮厨房器具表

No.	品 名	備 考
	検収・保管	
1	ごみ庫用ローシンク	
2	シンク付き作業台	
3	平棚	
4	キャビネット	
5	検食用フリーザー	
6	棚	
7	縦型冷凍庫	中型
8	縦型冷蔵庫	中型
9	縦型冷冷凍庫	大型
	下処理	
10	二槽シンク	
11	作業台	
12	電解次亜塩素水生成装置	
13	作業台	
14	浄水器	
15	電子レンジ	
	主厨房	
16	自動洗米機	
17	電気立体炊飯器	
18	消毒保管庫	
19	包丁まな板殺菌庫	
20	スチームコンベクションオーブン	2機
21	ブラストチラー	
22	電磁スープレンジ	
23	電磁調理器	
24	電磁調理器架台	3口
25	電気フライヤー	2機
26	ホットパック真空包装機	移動可能
27	ホットパック真空包装機移動台	移動可能

No.	品 名	備 考
28	冷凍コールドテーブル	
	盛り付け・配膳	
29	調理台	
30	移動台	4台（盛りつけ専用）
31	冷蔵コールドテーブル	
32	多目的冷蔵ショーケース	
33	テーブル型湿温蔵庫	
34	ホットショーケース	
	下膳・洗浄	
35	下膳棚	
36	シャワーシンク	
37	一槽ソイルドテーブル	
38	プレリンスシャワー	
39	食器洗浄機	
40	クリーンテーブル	
41	台下両面食器戸棚	
42	食器消毒保管庫	
	フロアー	
43	ウォータークーラー	2機
44	スープウォーマー	2器
45	炊飯保温器	2器
46	ラックディスペンサー	
47	トレイディスペンサー	
48	リーチイン冷蔵ショーケース	
49	セルフサービス台	

食堂（大学・社員）

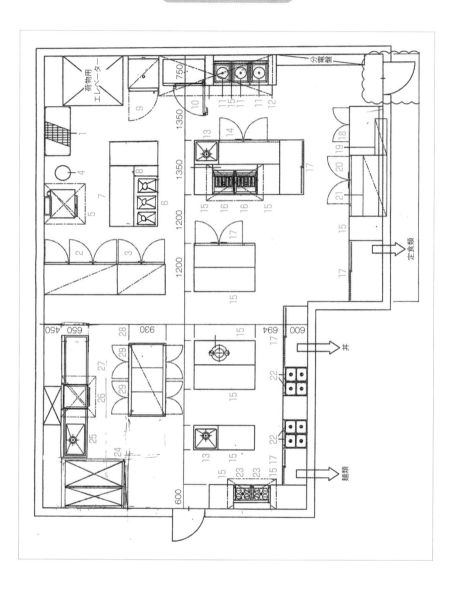

●食堂厨房器具表

No.	品　名	備　考
保管		
1	棚	
2	縦型冷凍庫	
3	縦型冷凍冷蔵庫	各々503L
下処理		
4	洗米機	
5	立体炊飯器	
6	三槽シンク	
7	作業台	
8	電解次亜塩素水生成装置	
主調理		
9	ブラストチラー	
10	スチームコンベクションオーブン	
11	電磁調理器	
12	脇台	
13	一槽シンク	
14	冷蔵コールドテーブル	冷蔵327L
15	作業台	
16	電気フライヤー	油量23L
17	台下戸棚	

No.	品　名	備　考
盛り付け・配膳		
18	台下室温蔵庫	天板延長
19	ホットショーケース	
20	冷蔵コールドテーブル	冷蔵429L
21	冷蔵ショーケース	冷凍機別置き
22	卓上ウォーマー	
麺コーナー		
23	電気ゆで麺機	
下膳・洗浄		
24	シャワーシンク	
25	サブシンク	
26	食器洗浄機	
27	ソイルドテーブル	
28	クリーンテーブル	
29	食器消毒保管庫	

厨房機器一覧

イラストは，現場で使われている製品の一例。

No.	品　名	説　明
		検収・貯蔵・保管エリア
1	移動カート	多層の金属製棚が付いた運搬車。
2	検食用冷凍庫	安全性を確認するため点検・検査用に抽出した食品・料理を提供日別に保管するための冷凍庫。
3	プレハブ冷凍・冷蔵庫	規格化された断熱パネルをつなぎ合わせ，給食施設の設置条件や用途に応じて設置できる大量貯蔵用の大型冷凍・冷蔵庫。

1 移動カート

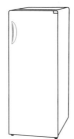
2 検食用冷凍庫

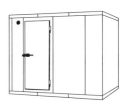
3 プレハブ冷凍・冷蔵庫

		下処理エリア
4	オゾン除菌脱臭洗浄機	水に含まれる酸素を利用して電気分解によりオゾン水を生成する装置。オゾン水には酸化作用があり，除菌・ウイルスの不活性化，脱臭，有機物の除去などの効果がある。ただし，数十分で普通の水に戻る。
5	電解水生成装置	食塩水を電気分解し，強アルカリ性電解水と強酸性電解水を生成する機器。前者は，たんぱく質・油脂系の汚れ洗浄に，後者は除菌や食品殺菌（1～5分間浸漬）に用いることができる。機器類の洗浄に使用した場合は，錆・変質の原因になるため必ず水拭きなどを行う。
6	カートイン冷蔵庫	大量の食品・料理を移動しやすいようにカートごと収納できる冷蔵庫。
7	器具消毒保管庫	給食調理用のさまざまな調理器具を高熱の温風で消毒・乾燥できる保管庫。加熱殺菌が不適な調理器具には，紫外線による常温殺菌方式の殺菌庫もある。
8	ギャベジカンドーリー・ザルドーリー	丸型ペール缶（ポリバケツ）やざるをのせるキャスター。
9	シンク	排水口や排水栓を付けた深槽流し台。

10	パススルー冷蔵庫	下処理室から調理室への食材移動をスムーズにし，二次汚染防止のため両面扉にした冷蔵庫。
11	包丁・まな板殺菌庫	包丁，まな板，ヘラ，こね棒などの調理器具を紫外線・温風などで乾燥，殺菌消毒できる保管庫。
12	ピーラー	じゃがいも，にんじんや玉ねぎの皮を水洗いしながら剥く機器。

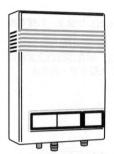

4 オゾン除菌脱臭洗浄機

5 電解水生成装置

6 カートイン冷蔵庫

7 器具消毒保管庫

8 ギャベジカンドーリー・ザルドーリー

9 シンク

10 パススルー冷蔵庫

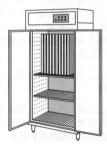

11 包丁・まな板殺菌庫

12 ピーラー

		調理エリア
13	回転釜	「煮る」「炒める」「揚げる」など多目的に使える丸底の釜。ハンドル操作により前傾する。
14	冷凍冷蔵コールドテーブル	天板が盛り付けなどの作業台として使える冷凍冷蔵庫。
15	スープケトル	蒸気式深底二重回転釜で，焦げつきにくくスープ類の煮込みなどに適する。
16	水圧洗米機	水圧を利用して洗米する装置。米びつ（櫃）付きで計量，洗米，炊飯を自動で行うものがある。
17	調乳水製造装置・調乳ユニット	調製粉乳を滅菌条件下で大量に調合する機器。ろ過，加熱殺菌冷却，採水，ミルク撹拌，冷却を行う。
18	IHコンロ	IH（電磁誘導加熱方式）のコンロ。温度設定ができ，鍋自体が発熱するため立ち上がりが早く，燃焼による排気熱がない。
19	ティルティングパン	「煮る」「焼く」「炒める」「茹でる」「蒸す」などを行える平底槽の釜。ハンドル操作で前傾する。
20	1．フードカッター	根菜類，葉菜類などを回転刃物で輪切り，せん切り，短冊切りなどにする機器。
	2．替え刃	替えることにより，せん切り・みじん切りにする，おろすなどの操作ができる刃。
21	フードブレンダー・ミキサー・ブリクサー	容器下部の回転刃が素早く滑らかに撹拌し，「混ぜる」「潰す」を行う。スープ・ソース，ドレッシング，ピューレ，介護食調整に便利。
22	フードプロセッサー	粗みじん切りからペースト状まで刻む。ミンチやすり身などに便利。
23	フライヤー	フライや天ぷらなどの揚げ物専用加熱機。ガス式，電気式，電磁式などがあり，油温設定が可能。大型はネットコンベア付きで自動化されている。
24	茹で麺機	湯槽に振りざるを入れて麺を茹でる装置。類似には解凍茹で麺機，中華茹で麺機，スパゲティボイラーがある。
25	ラックカート	多量のホテルパンやフードパン，トレイなどを差し込むレール付の運搬車。
26	立体炊飯器	「白飯」「粥」「炊込み」などの切り替えで火力と温度を設定できるオーブン型の釜を複数持つ炊飯器（専用の炊飯容器が必要）。洗米・計量・炊飯まで全自動で行う機種もある。

3

給食施設・設備

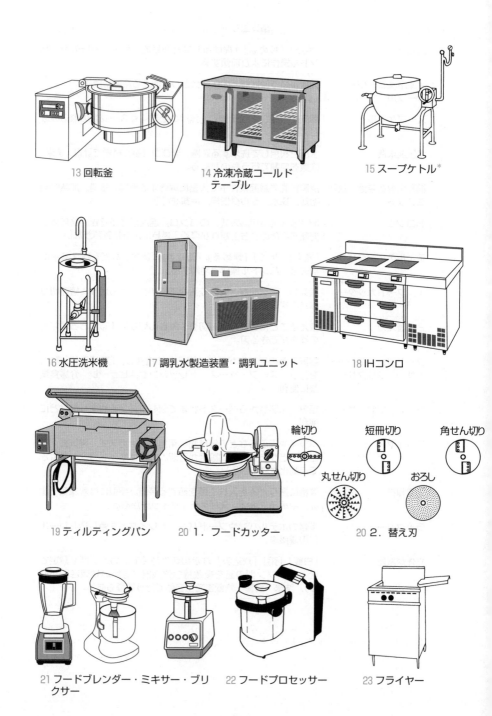

13 回転釜

14 冷凍冷蔵コールド
テーブル

15 スープケトル*

16 水圧洗米機

17 調乳水製造装置・調乳ユニット

18 IHコンロ

19 ティルティングパン

20 1. フードカッター

輪切り　　短冊切り　　角せん切り

丸せん切り　　おろし

20 2. 替え刃

21 フードブレンダー・ミキサー・ブリ
クサー

22 フードプロセッサー

23 フライヤー

24 茹で麺機

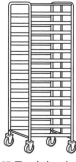

25 ラックカート

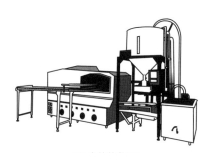

26 立体炊飯器

クックチルエリア		
27	真空包装機	食材料，調理済み食品・汁物を樹脂フィルム袋に入れ，空気を抜いて密封する機器。クックチルに必備。
28	スチームコンベクションオーブン	調理温度と水蒸気量を設定して調理を行う多機能加熱調理器。水蒸気（30〜130℃），熱風（30〜300℃），混合気（30〜300℃）の3種あり。食材の風味を損なうことなく「蒸す」「茹でる」「煮る」「炊く」「焼く」「炒める」「揚げる」を行えるクックチル必備機器。
29	ブラストチラー	最大−20℃で冷却できる急速冷却機。短時間で冷却することで食材の風味落ち，色落ち，パサつきなどが防止でき，細菌類の繁殖する危険温度帯を一気に通過できるクックチル必備機器。

27 真空包装機

28 スチームコンベクションオーブン

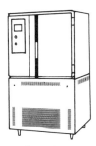

29 ブラストチラー

配膳エリア		
30	ウォーマーテーブル	温度管理された湯槽に調理済みの料理を入れたホテルパンやポットを落とし込み，湯煎をする形で保温するテーブル型機器。
31	キャビネットカート	ナイフ・スプーン・フォークなどの食器を収納する小引出し付の箱型カート。
32	スープジャー	スープ類を適温に加熱・保温する内鍋付の汁物用ひつ(櫃)。
33	冷温蔵配膳車	温冷配膳車とも呼ぶ。料理を適温でおいしく食べるために保温機能と冷蔵機能を1台の中に併せもつ配膳車。自走式もある。

30 ウォーマーテーブル

31 キャビネットカート

32 スープジャー

33 冷温蔵配膳車

下膳・洗浄エリア	
34	カートイン式食器消毒保管庫	洗浄処理した大量の食器類を専用カートごと収納し高熱の温風で消毒，乾燥できる保管庫。
35	下膳カート	喫食後の食器をトレイごと大量に運び出すための運搬用カート。
36	高水圧洗浄機	厨房内や調理機器類を少ない水量で洗浄できる機器。
37	食器消毒保管庫	洗浄後の食器を高熱の温風（約80℃）で消毒・乾燥できる保管庫。
38	食器洗浄機	大量の食器を自動で高圧・高熱温水で洗浄，すすぎをする機器。手洗いより燃料，水量，洗剤が大幅削減できる。
39	パンラック	ざるやボウルなどの調理道具を置くすのこ板・べた板の食器棚。ホテルパンやフードパンを収納するレール型の棚もある。
40	厨芥処理機	調理過程で発生した厨芥を粉砕する破砕機と，水分を除く絞り機を一体化した装置。固・液体を分離することで容積を縮小する。
41	ディスポーザー	シンクに残った少量の厨芥を微細に粉砕し，水と共に下水に排水する装置。
42	ブースター	食器洗浄機などに供給される給湯器からの温水を，熱殺菌やすすぎ用の水温（80～90℃）に加熱昇温させる機器。
43	哺乳瓶洗浄装置	大量の使用済み哺乳瓶をコンテナごと洗浄する装置。自動で洗浄液・温水・水での洗浄を行う。洗浄液の代わりに超音波を利用するものもある。
	ボトルスチーマー	洗浄剤の哺乳瓶を乾燥・滅菌する。乳首，キャップも殺菌消毒する。
44	容器・器具洗浄機	ホテルパンなどの大きな器具類を入れられる広い開口部をもつ洗浄機。

注）40の内部に41を設置し，組み合わせて使用する。

34 カートイン式食器消毒保管庫

35 下膳カート＊

36 高水圧洗浄機

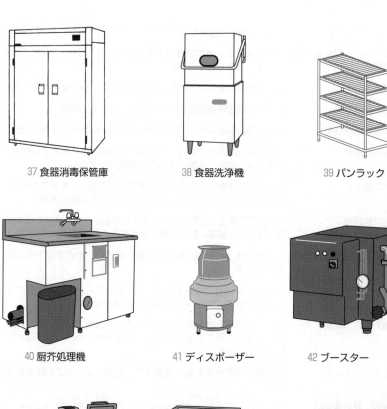

37 食器消毒保管庫

38 食器洗浄機

39 パンラック

40 厨芥処理機

41 ディスポーザー

42 ブースター

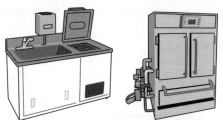

43 哺乳瓶洗浄装置・ボトルスチーマー

44 容器・器具洗浄機

給食管理業務内容

管理目標

● 各都道府県保健所が用いるチェック票を日々の業務に取り入れ，実践する。

● 給食管理業務委託については，契約書の内容を確認する。

業務分担区分（児童福祉施設）

項　目	委託側	受託側
1．給食管理		
①保育施設給食運営の統括	○	
②食事摂取基準の算出	○	
③年間食育計画・保育過程の作成	○	
④施設のしおり作成	○	
⑤アレルギー指示書の管理・見直し・更新	○	
⑥アレルギー除去食提供マニュアルの作成	○	
⑦アレルギー除去食ファイルの作成・更新	○	
⑧離乳食食材チェックの回収・未食材の確認・配布	○	
⑨食数表印刷	○	
⑩離乳食ファイル印刷	○	
⑪離乳食＿期の変更の確認	○	○
⑫幼児食献立作成（月間予定献立）	○	
⑬行事の打合せ・献立変更等のミーティング	○	○
⑭幼児食献立作成（調理指示書）	○	
⑮離乳食献立作成（調理指示書）	○	
⑯幼児食配布献立表作成	○	
⑰幼児食配布献立表確認・配布	○	
⑱離乳食配布献立表作成	○	
⑲離乳食配布献立表確認・配布	○	
⑳アレルギー献立作成	○	
㉑アレルギー献立確認・配布	○	
㉒その他食育に必要な資料作成	○	○
㉓その他食育に必要な資料確認・配布	○	
㉔各クラスとの連絡・調整	○	△
㉕給食会議の実施・進行・レジュメ作成・議事録作成	○	
㉖献立の反省・評価	○	△
㉗栄養アセスメント・モニタリング	○	
㉘検食の実施・評価	○	

項　目	委託側	受託側
㉙当日の食数の連絡	○	△
㉚月間の食数の連絡	○	
㉛保健所への提出書類	○	△
●給食運営状況表の作成・発送（3月）	○	
●栄養管理報告書の作成・発送（5・11月）	○	
●栄養管理報告書の保管	○	
●食品衛生責任者の届け		○
●営業許可書の届け		○
㉜各月分の書類実施・保管		○
●幼児食予定献立表（調理指示書）	○	
●離乳食予定献立表（調理指示書）	○	
●アレルギー児献立表	○	
●検食簿	○	
●残食調査票		○
●掃除チェック表		○
●水質検査表		○
●冷凍冷蔵庫温度記録表		○
●加熱温度管理表		○
●検収記録簿（発注書）		○
●在庫食品受払簿		○
●調理担当者の検便結果		○
㉝上記各月分の書類の確認（施設長印）	○	
2．施設等管理		
①給食施設・主要な設備の設置・改修	○	
②給食施設・主要な設備（調理器具・食器など）の管理・保守		○
③備品（調理器具・食器など）の発注	○	
3．調理作業管理		
①調理（幼児食・離乳食・アレルギー食・体調不良食）		○
②配食（配膳車の受渡し)/食器器具等の洗浄・消毒		○
③メニューの掲示	○	
④展示食の点検	○	

4

給食管理業務内容

項　目	委託側	受託側
4．食材管理		
①食材の選定・調達		○
②食材の点検・検収の実施・報告・納品書の整理		○
③食材の保管・在庫管理		○
5．業務管理		
①勤務表の作成		○
②緊急対応を要する場合の指示	○	
6．衛生管理		
①衛生面の遵守事項の作成（衛生マニュアル）		○
②施設・設備（調理器具・食器など）の清掃等の衛生管理		○
③従事者の衣服（白衣・三角巾・エプロン・履き物）の設置		○
④従事者の衣服（白衣・三角巾・エプロン・履き物）の清潔保持		○
⑤従事者の衣服（白衣・三角巾・エプロン・履き物）の洗浄		○
⑥保存食（原材料・調理済み食品）の確保・点検		○
⑦納入業者等の清潔保持状況の確認		○
7．健康管理		
①定期健康診断の実施及び結果の保管		○
②健康診断実施状況等の確認	○	
③検便の実施及び報告		○
④検便結果の確認	○	
⑤調理従事者に対する研修		○

注）△は，委託側が行えない場合に限り代行する。

経費分担区分（児童福祉施設）

項　目	委託側	受託側
1．設備及び備品・消耗品費		
①給食施設（更衣室含む）	○	
②主要な設備の購入費及び修繕費	○	
③水光熱費	○	
④食器及び調理器具の購入費（包丁・まな板・ボウル・ざるなど）	○	
⑤調理用消耗品費（ラップ・ホイル・使い捨て手袋等）		○
⑥衛生備品（洗剤・薬剤・ほうき・モップ・スポンジ・爪ブラシ）		○
⑦ごみ処理費	○	
⑧防鼠・防虫等の害虫駆除費	○	
⑨専門業者による定期清掃（グリストラップ・フードダクト・グリスフィルター*等）	○	
⑩必要関係書類に関する費用	○	○
⑪業務用電話使用料（設置費を含む）		○
⑫事務用品費		○
2．人件費		
受託側の人件費及び法定福利費の一切		○
3．保健衛生費		
①受託側の保健衛生費（健康診断・検便）		○
②受託側のユニフォーム・マスク・作業靴など		○
③クリーニング費		○
4．官庁届出費		
営業許可及び通行許可の申請にかかる費用		○
5．運営維持費		
求人費・教育研修費・その他経費		○
6．その他		
上記以外で発生した経費に関しては両者協議	○	○
7．食材料費		
食材料費 ＊検食1食分の食材費は受託側負担		○

注）＊グリストラップ：排水中に含まれる油脂を冷却凝固させ分離し，配管の閉塞を防止する設備。油脂分離阻集器。
フードダクト：調理の排気を効率的に捕捉するために取り付ける開放型の箱。
グリスフィルター：レンジフードに取り付け，排気中の油脂分がダクト内に侵入するのを防止するフィルター。

4 給食管理業務内容

仕様書（児童福祉施設）

記

1．給食サービス業務の大要

(1)保育施設及び児童の給食サービスに対する意見を調査・理解し，献立内容・方法・盛り付け等について研究努力することはもちろん，児童の療養に寄与するとともに，児童の食欲・嗜好を満足させるように努めること。

(2)保育施設が定める給食提供時刻

朝おやつ10：00，離乳食11：00，昼食（1歳児）11：30，昼食（2歳児）11：45，午後おやつ15：00，延長夕・補食18：45

に児童（利用者）等に供するための調理業務及びその関連作業の一切を保育施設の指示によって行う。

2．調理業務

(1)1日の業務時間は，8：00 ～ 17：00の間を目途とする。

(2)原則として，乙があらかじめ準備する食材料を用いて調理を行う。

(3)アレルギー対応食などは，指示書に基づいた使用食品種類及び使用数量を記載した作業指示表により調理を行う。

(4)調理は，保育施設より指示された食数に基づき行う。

(5)検食用として保育施設より指示された食事数を覚書どおりに用意する。

(6)保存食として50g以上を－20℃以下で2週間以上保存すること。ただし，行政上の指示があった場合は，それに従うものとする。

(7)配膳時間は，各個の給食時間に食事が良好な状態で喫されるよう，適温保持等の時間的条件を十分に考慮して，盛り付け等の配膳を行う。

(8)下膳時間は，各個の給食時間を経て，概ね60 ～ 90分後を目途に行う。

(9)給食材料は，納品時または調理時に品質・鮮度等の安全性を十分確かめ，不適切な材料については即時，甲に報告する。

(10)給食材料の保管に当たっては，汚染・腐敗等の発生を招かないよう，衛生的で安全・良好な状態で保管する。

(11)給食材料等の調理使用に当たっては，有効・効率性に心掛け，経費の損失防止に努める。

3．食器・器具の借用

食器及び調理器具・器材等は，経費分担表に基づき甲が負担をし，保育施設が所有する資材はこれを借用する。

4．衛生管理及び教育

(1)調理作業を含め給食業務の受託履行に当たっては，保育施設の指示に従うことはもとより，自主的衛生思想に基づいて，食中毒等の給食事故の発生防止に万全を期すよう努める。

(2)乙は，労働基準法及び衛生諸法規を遵守し，所轄保健所の諸審査に遺漏なきを期すこと。

(3)乙は，従業員の健康診断を年1回，検便は月1回，夏季においては月2回行い，その結果を甲に報告する。

(4)乙は，従業員に対して定期的に，衛生面及び技術面の教育または訓練を実施するものとする。

5．その他

(1)火気使用の多い調理業務の実情から，常に出火の防止に努めるとともに防火，消火等，防災知識の高揚に努める。また，保育施設が行う消防・避難訓練に積極的に参加する。

(2)保育施設が行う給食サービス運営会議等には調理員も参加する。

　前頁契約（p.52）の成立を証するために本契約書を2通作成し，甲・乙・丙記名捺印の上，甲・乙が各1通を保有するものとする。

　　　　　　　　年　　　月　　　日

　　　　　　　　　　甲　　　　　　　　　　　　　　　　　　　　㊞
　　　　　　　　　　　_____

　　　　　　　　　　乙　　　　　　　　　　　　　　　　　　　　㊞
　　　　　　　　　　　_____

　　　　　　　　　　丙　　　　　　　　　　　　　　　　　　　　㊞
　　　　　　　　　　　_____

注）　　　　　は，委託側（甲），受託側（乙）の協議によって定める。
　　丙は，代行保証機関。
　　保育施設の場合は，病院例と異なり，契約書類上の委託側（甲）が保育施設の経営者となる。

4
給食管理業務内容

経費分担区分等覚書（児童福祉施設）

　委託側　社会福祉法人○○（以下「甲」という）と，受託側　株式会社□□（以下「乙」という）とは，甲の給食業務の委託契約について，次のとおり覚書を締結する。

1. 委託契約書第4条（p.64）の委託料は，以下のとおりとする。
   (1)加工費月間固定額
   　　○○保育園　　　　　　　　440,000円
   (2)食事単価設定額（一食単価制：材料費相当額）
   　　● 0歳児
   　　　　朝補食 40円・昼食 250円・午後おやつ 35円
   　　● 1〜2歳児
   　　　　朝おやつ 40円・昼食 250円・午後おやつ 35円
   　　● 延長児
   　　　　夕補食 40円
   　　● 職員
   　　　　昼食 350円
   　　※上記以外の食事については，甲・乙協議の上，決定する。

2. 委託費の消費税の取扱い
   　　外税　・　内税（どちらかに○）

3. 食事単価の消費税の取扱い
   　　外税　・　内税（どちらかに○）

4. 検食
   　　朝補食1食・朝おやつ1食・昼食1食・午後おやつ1食・夕補食1食
   　　※無償　・　有償（どちらかに○）

5. 支払い条件
   　　毎月末日に締め，翌月10日までに乙は甲に請求し，翌月末日までに甲は乙の定める銀行口座に振込みとする。

6. 本覚書の開始実行期日を＿＿年＿＿月＿＿日からとする。

7. 上記以外の取り決めについては，そのつど甲・乙協議の上，決定するものとする。

　　　　　　　年　　　月　　　日

　　　　　　　　　　　　甲＿＿＿＿＿＿＿＿＿＿＿＿＿＿㊞

　　　　　　　　　　　　乙＿＿＿＿＿＿＿＿＿＿＿＿＿＿㊞

注）　　　　　は，委託側（甲），受託側（乙）の協議によって定める。

給食管理チェック票（学校）

年　　月　　日
施設名（　　　　　　　　　　　　　）
栄養指導員名（　　　　　　　　　　㊞　）

		項　目	チェック内容	○×
給食の組織・運営・管理	1	管理者を中心に，他関係職種との連携が図られ，給食の運営が組織的に行われている。	●関係職種との連携を図っている。	
			●管理者が給食の状況を把握している。	
			●食物アレルギーなどの対応については，校長，学級担任，養護教諭，栄養教諭，学校医などが連携して学校内の体制を整備している。	
	2	組織の責任体制と役割や業務の分担が明確になっている（給食管理部門の組織図や構成員の役割分担表が備えられ，責任の所在が明確になっている）。	●給食管理部門の責任者が栄養教諭または学校栄養職員である（栄養教諭，学校栄養職員の配置のない学校は，責任者が給食主任である）。	
			●役割分担表などにより，役割分担と責任の所在が明確になっている。	
	3	給食管理について検討する会議が開催され，給食運営の向上のため機能している（定期的に会議を開催し，議事録などを有し，協議結果を給食に反映している）。	●管理者・栄養教諭または学校栄養職員・その他の給食関係部門の職員など，適切な人員で構成されている。	
			●定期的に開催している。	
			●結果を給食に反映している。	
			●関係者に協議内容を伝達している。	
	4	給食関係職員への研修を定期的に実施している。	●関係者が調理技術及び栄養管理の向上，給食運営，衛生管理を目的とした講習会，研修会に定期的に参加している。	
			●関係者に対して栄養・衛生に関する教育・指導を実施している。	
			●受託側従事者の研修実施状況を把握している。	
	5	特定給食施設に管理栄養士または栄養士を配置している。	●栄養教諭または学校栄養職員を配置している。	
	6	管理栄養士必置指定施設に管理栄養士を配置している。		

		項　目	チェック内容	○×
給食の組織・運営・管理	7	委託契約書があり，業務細則どおり実施されている。	●委託契約書がある（写しでも可）。	
			●その内容は適切である。	
			●業務細則どおりに実施している。	
	8	1日（1食）当たりの材料費が算出されており，適正なものとなっている。		
給食管理	対象者の把握・目標設定	9	喫食者の身体状況，栄養状態，生活習慣などを定期的に把握し，給食内容に活かしている。	●対象者の身体状況などを把握している（年齢・性別・身長・体重・BMI・身体活動レベル・食物アレルギーなど）。	
				●対象者の栄養状態を把握している（食事量・食事状況など）。	
				●対象者の生活習慣を把握している（間食・嗜好など）。	
		10	喫食者に応じた給与栄養目標量を算出し，定期的に見直している。	●把握した対象者の状況に基づき，給与栄養目標量を設定している。	
				●日本人の食事摂取基準と比較し，適正となっている。	
				●給与栄養目標量を定期的に見直している。	
				●学校給食摂取基準を給与栄養目標量の参考としている。	
		11	給与栄養目標量が確保できる献立作成基準が作成されている。	●食品構成が作成されている。	
				●荷重平均栄養成分表が作成されている。	
				●食品構成は，給与栄養目標量を確保できるものとなっている。	
				●食品構成や荷重平均栄養成分表を定期的に見直している。	
	計画作成	12	喫食者の特性を考慮した予定献立表が一定期間を単位とし，計画的に作成されている。	●食品構成に基づいた予定献立表を作成している。	
				●予定献立は給与栄養目標量を満たす内容としている。	
				●予定献立表は喫食者の特性（身体状況，栄養状態，健康状態，摂取量，嗜好など）を考慮して作成している。	
				●予定献立表を計画的に作成している。	

		項　目	チェック内容	○×
給食管理	計画作成	13　喫食者に魅力ある献立を作成している。	●料理の組み合わせが適切である。	
			●変化に富む献立である（地域の特性，季節感，行事食などが考慮されている）。	
		14　献立により，作業指示が明確にされている。	●調理に当たって献立名，食品名，1人分量，総量，予定食数などが記載されている。	
			●作業の役割分担，作業手順が明確になっている。	
			●適時・適温で提供するよう，作業の順番が明確になっている。	
	実施	15　実施時に変更が生じた場合は，献立に明示している。	●献立に従って調理している。	
			●実施時に変更が生じた場合は，献立に明示している。	
			●実施した献立から給与栄養量を算出している。	
		16　発注が適切に行われている。	●食数管理を適切に行っている。	
			●廃棄率を考慮して発注を行っている。	
		17　検収を適切に実施している。	●検収場所を確保している。	
			●調理従事者などが立ち会っている。	
			●納品状態を確認している（納品時刻，品質，鮮度，品温，異物，生産地など）。	
		18　適時・適温に給食が提供できるよう（食器，設備の整備，配食方法など）工夫がされている。	●適時・適温で給食を提供できるよう，配食時間を喫食時間に近づけるなど，調理作業時間の工夫をしている。	
			●適温で給食が提供できるよう，保冷・保温車などの設備を備えている。	
		19　適正に在庫管理をしている。	●受払簿などにより，在庫量を確認している（管理内容については6章，p.134食材料受払簿を参照）	
			●受払いが一致し，適正な在庫管理をしている。	
			●賞味期限などを確認している。	

4

給食管理業務内容

			項　目	チェック内容	○×
給食管理	評価	20	給与栄養量を算出し，目標量と比較し，適正なものとなっている。	●給与栄養量（推定栄養摂取量）を算出している（日報）。	
				●食品群別摂取量を算出している（日報）。	
				●栄養出納表（6章，p.133参照）が作成されている。	
				●栄養出納が適正になっている。	
				●脂質エネルギー比が適正である。	
				●炭水化物エネルギー比が適正である。	
				●評価した結果を献立に活かしている（月平均でみて適正か，また1日当たりでも把握しているか確認する）。	
		21	喫食者の食事量，摂取量または残食量を把握している。残食量から実際の摂取量，給与栄養量を推定している。	●食事量を把握している。	
				●摂取量を把握している。	
				●残食量を把握している。	
				●残食量から実際の摂取量を推定している。	
		22	定期的に嗜好調査を実施し，献立作成に活かしている。	●定期的に嗜好調査を実施している。	
				●嗜好調査の結果を献立作成に活かしている。	
		23	提供した食事の品質などを確認するため，喫食前に検食を行い，検食簿などに記録し，さらに，結果を給食業務に活かしている。	●検食が実施されている。	
				●喫食前に実施している。	
				●検食の結果が記録されている（記載項目については6章，p.131検食簿を参照）。	
				●結果を確認している。	
				●結果を献立に活かしている。	
給食事務管理		24	給食実施状況報告書やその他の健康増進法施行細則に基づく届出を行っている。	●年2回，給食実施状況報告書を作成している。	
				●定められた期日までに提出している。	
				●健康増進法施行細則に基づく必要な届出をしている。	

		項　目	チェック内容	○×
給食事務管理	25	給食関係の諸帳簿が整備され，施設長の確認を受けている。	●給食関係諸帳簿を整備している（給食費徴収簿，物品受払簿，金銭出納簿，献立表綴，給食日誌，提出報告書の控え，作業指示書，作業工程表，作業動線図など）。	
			●関係帳簿などが施設長の確認を受けている。	
栄養情報の提供	26	献立表の掲示または配布を事前に行っている。	●献立表の掲示または配布を事前に行っている。	
			●カフェテリア方式ではモデル献立を展示している。	
			●幼児対象の施設（児童福祉施設，幼稚園など）では，児にその日，その日の献立を知らせるように配慮している。	
	27	献立表にはエネルギー・たんぱく質・脂質・炭水化物・食塩などの主要な成分を表示している。	●献立表にはエネルギー・たんぱく質・脂質・食塩などの主要栄養成分を表示している。	
	28	喫食者に対して，望ましい食生活などについて栄養指導をしており，記録簿などを有している。	●喫食者（家族なども含む）に対する栄養指導や相談を実施している。	
	29	喫食者へ健康や栄養に関する情報の提供を行っている。	●喫食者へ健康や栄養に関する情報を提供している。	
			●喫食者を通じて，家族や地域に対し健康や栄養に関する情報を提供している。	
食環境整備	30	食事の構成に合った食器・トレイを備えるとともに，明るく清潔な食事環境づくりにも配慮している。	●安全性が確保された（破損や汚れのない）食器・トレイを使用している。	
			●料理形態に即した食器具の使用に配慮している。	
			●喫食の場所は清潔で，照明，色彩も明るく，食事環境づくりに配慮している。	
緊急時・災害時体制整備	31	事故時・災害時対策システムが確立し，機能している。	●食中毒など緊急時の連絡網がある。	
			●対処方法のマニュアルを作成し，関係部門に周知している。	
衛生管理	32	食品衛生法に基づき適正な衛生管理ができている。	●大量調理施設衛生管理マニュアル及び学校給食衛生管理の基準に沿った衛生管理をしている。	

4 給食管理業務内容

仕様書（病院）

記

1．給食サービス業務の大要
　⑴甲の病院及び患者の給食サービスに対する意見を調査・理解し，献立内容・方法・盛り付け等について研究努力することはもちろん，患者の療養に寄与するとともに，患者の食欲・嗜好を満足させるように努めること。
　⑵甲が定める給食提供時刻　朝食8：00，昼食12：00，夕食18：00に患者等に供するための調理業務及びその関連作業の一切を病院の指示によって行う。

2．調理業務
　⑴1日の業務時間は，6：00〜19：30の間を目途とする。
　⑵原則として，乙があらかじめ準備する食材料を用いて調理を行う。
　⑶治療食は，約束食事箋に基づいた使用食品種類及び使用数量を記載した作業指示表により調理を行い，これを栄養士が確認する。
　⑷調理は，甲より指示された食数に基づき行う。
　⑸検食用として，甲より指示された食事数を覚書どおりに用意する。
　⑹保存食として50g以上を−20℃以下で2週間以上保存すること。ただし，行政上の指示があった場合は，それに従うものとする。
　⑺配膳時間は，各個の給食時間に食事が良好な状態で喫されるよう，適温保持等の時間的条件を十分に配慮して，盛り付け等の配膳を行う。
　⑻下膳時間は，各個の給食時間を経て，概ね30分後を目途に行う。
　⑼給食材料は，納品時または調理時に品質・鮮度等の安全性を十分確かめ，不適切な材料については即時，乙の本部に報告する。
　⑽給食材料の保管に当たっては，汚染・腐敗等の発生を招かないよう，衛生的で安全・良好な状態で保管する。
　⑾給食材料等の調理使用に当たっては，有効・効率性に心掛け，経費の損失防止に努める。

3．食器・器具の借用
　　食器及び調理器具・器材等は経費分担表に基づき双方が負担をし，病院が所有する資材はこれを借用する。

4．調理員の配置
　　患者給食に関する要綱等を基準とし，委託契約締結時における必須条件項とし，そのつど協議し，その人員を定める。

5．衛生管理及び教育
　⑴調理作業を含め，給食業務の受託履行に当たっては，甲の指示に従うことはもとより，自主的衛生思想に基づいて，食中毒等の給食事故の発生防止に万全を期すよう努める。
　⑵乙は，労働基準法及び衛生諸法規を遵守し，所轄保健所の諸審査に遺漏なきを期すこと。
　⑶乙は，従業員の健康診断を年1回，検便は月1回，夏季においては月2回行い，その結果を甲に報告する。
　⑷乙は，従業員に対して定期的に，衛生面及び技術面の教育または訓練を実施するものとする。

6．その他
　⑴火気使用の多い調理業務の実情から，常に出火の防止に努めるとともに防火，消火等，防災知識の高揚に努める。また，甲が行う消防・避難訓練に積極的に参加する。
　⑵甲が行う給食サービス運営会議等には必要に応じて，乙の調理員も参加する。

　前頁契約（p.60）の成立を証するために本契約書を2通作成し，甲・乙・丙記名捺印の上，甲・乙が各1通を保有するものとする。

　　　　　　年　　月　　日

　　　　　　甲　　　　　　　　　　　　　　　　　　　　㊞
　　　　　　　＿＿＿＿＿＿＿＿＿＿＿＿＿＿＿＿＿＿＿＿＿

　　　　　　乙　　　　　　　　　　　　　　　　　　　　㊞
　　　　　　　＿＿＿＿＿＿＿＿＿＿＿＿＿＿＿＿＿＿＿＿＿

　　　　　　丙　　　　　　　　　　　　　　　　　　　　㊞
　　　　　　　＿＿＿＿＿＿＿＿＿＿＿＿＿＿＿＿＿＿＿＿＿

注）　　　　　は，委託側（甲），受託側（乙）の協議によって定める。
　　丙は，代行保証機関。

4 給食管理業務内容

経費分担区分等覚書

　委託側 医療法人○○（以下「甲」という）と，受託側 株式会社□□（以下「乙」という）とは，甲の給食業務の委託契約について，次のとおり覚書を締結する。

1．委託契約書第4条（p.64）の委託料は，以下のとおりとする。
　(1)加工費月間固定額　　　　　　　　　　＿＿＿＿＿円
　(2)食材費〔一食単価制〕
　　●患者食（一般食・特別食）
　　　朝食＿＿円・昼食＿＿円・夕食＿＿円
　　●外来食（糖尿・透析）
　　　　　　　　昼食＿＿円・夕食＿＿円
　　●職員食
　　　朝食＿＿円・昼食＿＿円・夕食＿＿円

　(3)濃厚流動食・とろみ剤・補助食品等　　　納品金額実費請求

2．委託費の消費税の取扱い

　　　外税　・　内税（どちらかに○）

3．検食

　　　朝食＿＿食・昼食＿＿食・夕食＿＿食〔無償〕

4．食事の取消時間

　　　　朝食は，前日の午後＿＿時まで

　　　　昼食・夕食は，配膳時間の＿＿時間前

5．支払い条件

　　　　毎月＿＿日締，翌月＿＿日銀行振込

6．本覚書の開始実行期日を＿＿年＿＿月＿＿日とする。

7．上記以外の取り決めについては，そのつど甲・乙協議の上，決定するものとする。

　　　　　　　年　　　月　　　日

　　　　　　　　　　　甲＿＿＿＿＿＿＿＿＿＿＿＿＿＿㊞

　　　　　　　　　　　乙＿＿＿＿＿＿＿＿＿＿＿＿＿＿㊞

契約方法とポイント（病院）

〔給食業務担当者としての基礎知識〕

契約方式	①委託管理費方式：食材費（1日または1食当たりの単価）と経費・人件費を別々に契約 ②労務委託費方式：人件費のみの契約。決められた業務の部分契約もある
ポイント	①運営：施設側栄養部門の責任者である管理栄養士・栄養士は，受託側職員と十分に連携をとり，調整をしながら行う。 ②覚書：契約時の業務分担，経費分担などは覚書として残し，両者のサイン（印鑑）を交わす（契約書への詳細記載が困難であるため）。最低人数と有資格者の割合（食事サービスの質の確保），受託側責任者（管理栄養士が望ましい）の未許可での他施設への異動禁止（運営支障の防止）も同様に交わすことが望ましい。 ③業務内容評価：リストを作成し，定期的にチェックする。 ④契約前：仕様書・作業書を作成し，委託の内容を明確化する。 ⑤履行状況：常に確認する。 ⑥定期的な話し合い：契約後は週1回程度，話し合う場を設けるなど連携をとる。
受託側の留意	①医療法施行規則第9条の10に定められる基準に適合していること（業務を適正に行う能力があること） ②管理栄養士または栄養士が業務を行う施設に配置されていること ③従事者に対して，適切な健康管理・適切な研修を実施していること ④開示するべき帳票を業務場所に備えていること〔業務の標準作業計画書，受託業務従事者名簿及び勤務表，受託業務日誌，受託している業務に関して，行政による立入検査の際に提出を求められる帳票，調理などの機器の取扱い要領及び緊急修理案内書，病院からの指示，p.59の仕様書（病院例）とその指示への対応結果を示す帳票〕

資料）飯田範子作成

4 給食管理業務内容

業務委託契約書（病院）

委託契約書

委託側 医療法人○○（以下「甲」という）と，受託側 株式会社□□（以下「乙」という）は，甲が運営する病院の患者給食サービス業務（以下「業務」という）について委託契約を締結する。

〔目的〕

第1条　乙は，業務が患者に対する治療行為の一環であることを認識の上，乙が定め甲の認めた仕様書に基づき，甲が運営する下記病院において，安全かつ衛生的，安定的に供給されることを第一義とし，誠意をもって業務を遂行する。

病院名 _____　　　　　　　（公床）　　　床

所在地 _____

〔業務の範囲〕

第2条　甲が乙に委託する業務の分担区分は，別記1（p.67）のとおりとする。

第3条　甲は，病院内で実施する給食サービス運営会議等に必要に応じて乙を参加させ，乙と定期的に給食サービス内容等について協議を行う。

〔業務の委託料〕

第4条　甲は，乙に対し業務を履行するための委託料を支払う。その算定方法及び支払い方法は，覚書（p.62）のとおりとする。また，経費の分担区分は別記2（p.69）のとおりとする。

　　　　なお，経済変動等により契約金額の変更を必要とする場合，その他の取り決めについては，甲または乙のいずれかより，文書による申し出により甲・乙協議し改訂することができる。

〔業務遂行上の注意事項〕

第5条　乙は，食材の仕入れ及び保管・管理に当たっては，品質，鮮度，衛生状態等について十分に留意する。

第6条　乙が献立表の作成を行うに当たっては，甲の提示した約束食事箋・年齢構成・食品構成等からなる献立表作成基準を満たすこと。

第7条　乙は，当契約書に記載の仕様書（p.60）に定める給食作業時間，配膳時間，下膳時間を遵守し，適時・適温給食に努める。

第8条　乙は，仕様書に基づき検食用及び保存食用の食事を用意する。ただし，検食用の食事費用負担は第4条の覚書に定め，保存食用の食事費用負担は甲・乙協議の上，定めるものとする。

第9条　乙は，乙の従業員が関係法令その他甲の定める規範に違反することのないよう十分に留意する。

第10条　乙は，業務の実施状況その他本契約書または法令等で作成を義務づけられた書類について，甲の要請があるときは，速やかに提出するものとする。

〔責任者の選任〕

第11条　乙は，義務の実施にあたり責任者（患者給食受託責任者）を定め，指揮監督にあたらせなければならない。

〔配属従業員〕

第12条　乙は，仕様書に基づき業務に必要な従業員の確保に努めなければならない。

　　　　乙は，やむなく従業員を変更しようとするときは，業務の質の低下を招かないように配慮すること。

第13条　乙は，給食による事故防止のため衛生管理に万全を期すとともに，乙の従業員の

健康管理に努めなければならない。

第14条　乙及び乙の従業員は，業務上知り得た業務内容及び甲の患者，職員に関する秘密は他に漏らしてはならない。

〔設備の貸与及び保守〕

第15条　甲・乙協議の上，甲は，乙に対し甲の給食施設の使用を許可し，給食設備を貸与するものとし，乙は甲に対し，使用を許可された給食施設及び貸与された給食設備について，良好な管理のもとに使用しなければならない。

第16条　乙は，使用を許可された給食施設及び貸与された給食設備に修理等の必要を生じたときは甲に申し出ることとし，甲がその必要性を認めたときは，甲の責任において修理を行う。

　　　　乙の責に帰す原因により修理の必要を生じたときは，甲の許可を得て乙の責任において修理を行う。

第17条　乙は，本契約の業務について，第20条に定めた業務の代行を除き他の第三者に再委託してはならない。また，甲より使用を許可された施設・貸与された設備について甲が承認した場合を除き他の第三者に転貸してはならない。

〔事故への対処〕

第18条　乙は，当該職場の秩序を守り，火災，盗難等の防止及び労働安全に努めなければならない。

〔損害賠償〕

第19条　乙は，業務遂行に当たり，乙の故意または重大な過失により，甲に著しい損害を与えた場合には，損害賠償の責に任ずる。ただし，甲の責に帰す場合は，この限りではない。

〔業務の代行〕

第20条　乙は，火災，労働争議，業務停止等の事情によりその業務の全部または一部の遂行が困難となった場合の保証のため，あらかじめ業務の代行者として△△（以下「丙」という）を指定しておくものとする。

　　　　乙の申し出により，甲が業務の代行の必要性を認めた場合は，丙は乙に代わってこの契約書の規定に従い業務を代行しなければならない。ただし，この場合であっても，乙の義務は免責されるものではない。

〔個人情報の取扱い〕

第21条　甲及び乙は，本業務に付随した個人情報の取扱いについて，以下のとおり定める。

　⑴　甲及び乙は，甲が乙に委託する個人データの利用目的や加工・利用方法について，あらかじめ確認を行う。

　⑵　乙は，甲より委託された個人データ（以下「個人データ」という）に関して，利用目的範囲外での加工・利用・複写・複製を行ってはならない。

　⑶　乙は，甲により，個人データの取扱いについて，安全管理措置が適切に行われているかの確認を受ける際には，積極的に応じる。

　⑷　甲は，乙における個人情報の取扱いについて，患者・利用者等からの申し出があり，確認の必要があると考えられる場合も含め，疑義が生じた場合には，乙に対して説明を求め，必要に応じ改善を求める等の適切な処置を行う。

　⑸　当契約が終了した場合には，乙の責任において個人データの返還・消去・廃棄を行う。

　⑹　乙は，個人データに関する漏洩・盗難等の事件・事故が発生した場合，甲に対して速やかに報告・連絡を行う。

〔契約の解除〕

第22条

　⑴　甲または乙は，契約期間途中といえども，3か月以上前に文書で予告することにより，本契約を中途解約できる。この場合，本契約が解除・終了した日より1か月以内

に，甲は乙に対し，委託料の残額を一括で清算しなければならない。ただし，乙の申し出による場合を除く。

(2)　乙が以下の各号の一に該当する場合は，甲は乙の弁明の機会を与えた後，期間を定め本契約を解除することができる。

ア　乙が契約を履行しないとき。

イ　乙が行政庁の処分を受けたとき。

ウ　乙が本契約に違反したとき。

エ　乙の従業員が不正または違法の行為を行い，甲が業務の遂行ができないと認めるとき。

オ　甲の弁明の期日に，乙またはその代理人が出席しなかったとき。

(3)　甲または乙が以下の各号の一に該当する場合は，その相手方は通知，督促等の手続きを要さず，本契約を解除できるものとする。この場合，甲は乙に対して，委託料の残額を一括で支払わねばならない。ただし，乙の責に帰す場合を除く。

ア　差押え，仮差押え，仮処分，競売，租税滞納処分その他公権力の処分を受け，もしくは破産，会社整理，民事再生，会社更生法による更生の申し立てのあったとき，または清算に入るなど事実上営業を停止したとき。

イ　手形，小切手が不渡りとなったとき，または支払い停止状態になったとき。

ウ　経営及び財産状態の悪化により，重大な契約もしくは債務の不履行が発生したとき。

エ　監督官庁から営業許可等の取消処分を受けたとき。

〔契約期間〕

第23条　本契約の期間は，　　年　　月　　日～　　年　　月　　日までとする。

ただし，契約期間満了3か月前までに甲・乙いずれからも書面による契約終了または，更改の意思表示がない場合は，同一条件で1年間契約を更新するものとし，以後も同様とする。

〔付則〕

第24条　本契約の解釈で疑義を生じた場合及び本契約に定めがない場合で重要な事項は，甲・乙協議の上，決定するものとする。

甲乙双方が協議決定した事項については，すべて文書を作成し，双方確認し，各1通を保管するものとする。

第25条　乙は，この契約により生じた一切の権利・義務を第三者に譲渡してはならない。

第26条　甲及び乙は，本契約につき争いが生じた場合には，△△（地方）裁判所をもって管轄裁判所とすることに合意する。

業務分担区分　　　（別記１）

項　目	委託側	受託側
１．栄養管理		
①病院給食運営の総括	○	
②栄養管理委員会の開催，運営	○	
③院内関係部門との連絡・調整	○	
④献立作成基準（治療食を含む）の作成	○	
⑤献立表の作成		○
⑥献立表の確認	○	
⑦食事箋（食事伝票）の管理	○	
⑧食数の表示・管理	○	
⑨嗜好調査及び残食調査に関する業務	○	
⑩検食の実施及び評価に関する業務	○	
⑪関係官庁等に提出する給食関係の書類等の確認・提出・保管管理	○	
⑫上記書類の作成		○
⑬上記以外の給食関係の伝票の整理，報告書の作成・保管		○
２．調理作業管理		
①作業仕様書の作成（治療食の調理に対する指示を含む）		○
②作業仕様書の確認（治療食の調理に対する指示を含む）	○	
③作業計画書の作成		○
④作業実施状況の確認	○	
⑤調理		○
⑥盛り付け		○
⑦配膳	○	○
⑧下膳	○	○
⑨調理や下膳で生じる生ごみ・可燃物・危険物などの衛生的処理・搬出		○
⑩食器類の洗浄・消毒及び保管に関する業務		○
⑪管理点検記録の作成		○
⑫管理点検記録の確認	○	
⑬その他上記に付随する業務	○	○
３．材料管理		
①給食材料の調達（契約から検収まで），出納事務		○

4

給食管理業務内容

項　目	委託側	受託側
②給食材料の点検	○	
③給食材料の保管・在庫管理		○
④給食材料の使用状況の確認	○	
4．施設等管理		
①給食施設，主要な設備の設置，改修	○	
②給食施設，主要な設備の管理		○
③その他の設備（調理器具・食器など）の確保・保守・管理		○
④使用食器の確認	○	
5．業務管理		
①勤務表の作成		○
②業務分担・職員配置表の提示		○
③業務分担・職員配置表の確認	○	
6．衛生管理		
①衛生面の遵守事項の作成	○	
②給食材料の衛生管理		○
③施設・設備（調理器具・食器など）の衛生管理		○
④衣服・作業者等の清潔保持状況等の確認		○
⑤保存食の確保・保管・管理		○
⑥直接納入業者に対する衛生管理の指示		○
⑦衛生管理簿の作成		○
⑧衛生管理簿の点検・確認	○	
⑨緊急対応を要する場合の指示	○	
7．研修等		
調理従事者に対する研修・訓練		○
8．労働安全衛生		
①健康管理計画の作成		○
②定期健康診断の実施		○
③健康診断結果の保管		○
④健康診断実施状況の確認	○	
⑤検便の定期実施・結果の保管		○
⑥検便結果の確認	○	
⑦事故防止対策の策定		○

経費分担区分 （別記２）

	経費の負担区分	委託側	受託側
1	特定給食施設の届出書に添付する厨房設備一覧表及び配置図に記載の建造物及び設備機器の購入	○	
2	保健所より指導の専門業者による防虫，防鼠の処置	○	
3	日常の厨房清掃用備品，消耗品の購入		○
4	厨房設備に含まない給食業務全般に対応できる調理用什器備品類の数量及び種類の購入	○	
5	消耗，破損などによる調理用什器備品類の欠品の補充	○	
6	受託側の過失による破損調理用什器備品類の欠品の補充		○
7	患者，職員などの給食提供に対応できる食器の数量，種類の購入（食札ケースを含む）	○	
8	消耗，破損等による食器の欠品の補充	○	
9	受託側の過失による破損食器の欠品の補充		○
10	厨房調理作業における日常消耗品の購入		○
11	給食業務におけるガス，水道，電気料金	○	
12	厨房排出産業廃棄物の回収	○	
13	委託側職員食堂における給食提供に必要な設備の購入（テーブル，椅子，電子レンジなど）	○	
14	厨房及び栄養士室の什器備品（ロッカー，机，椅子，ホワイトボード，書庫など）	○	
15	栄養士室及び厨房の電話機設置		○
16	通信機器使用に伴う基本料金及び通信料		○
17	受託側職員の検便料		○
18	受託側職員の健康診断料		○
19	受託側職員の白衣購入及びクリーニング代		○
20	入院時食事療養業務における食事箋などの文房具，帳票類の購入	○	
21	入院時食事療養業務における食事箋以外の文房具，帳票類の購入		○

4

給食管理業務内容

評価チェック票（病院）

都道府県行政栄養士（栄養指導員）が巡回指導する際にチェックするので，必ず備えておくこと。

給食管理業務チェック票

年　　月　　日

施設名（　　　　　　　　　　　　）
栄養指導員名（　　　　　　　　　　㊞ ）

		項　目	チェック内容	○×
給食の組織・運営・管理	1	給食の運営が組織的に行われているか（管理者を中心に，他関係職種との連携が図られている）。	●関係職種との連携を図っている。	
			●管理者が給食の状況を把握している。	
	2	組織の責任体制と役割や業務の分担が明確になっている（給食管理部門の組織図や構成員の役割分担表が備えられ，責任の所在が明確になっている）。	●病院給食における栄養管理業務は，栄養士が担当し，業務について責任を有している。	
			●役割分担と責任の所在が明確になっている。	
	3	給食委員会などが設置され，給食運営の向上のため機能している（定期的に会議を開催し，議事録などを有し，協議結果を給食に反映している）。	●会議は，医師，看護師，衛生管理者，その他の給食関係部門の職員など，適切な人員で構成している。	
			●定期的に開催している。	
			●結果を給食に反映している。	
			●関係者に協議内容を伝達している。	
	4	給食関係者への研修を実施している。	●関係者が給食運営，衛生管理を目的とした講習会，研修会に定期的に参加している。	
			●関係者に対して栄養・衛生に関する教育・指導を実施している。	
			●受託側従事者の研修実施状況を把握している。	
	5	管理栄養士または栄養士を配置している。	●健康増進法に基づく管理栄養士または栄養士を配置している。	
			●複数配置している栄養士のうち少なくとも1人は管理栄養士である。	
			●〔100床以上の病院について〕栄養士を配置している。	
	6	管理栄養士必置指定施設に管理栄養士を配置している。	●管理栄養士を配置している。	

		項　目	チェック内容	○×
給食の組織・運営・管理	7	委託契約書があり，業務細則どおり実施している※	委託契約書がある（写しでも可）。	
			委託契約書の内容が適切である（病院側が必ずしなければならない業務と委託することができる業務の範囲が守られた契約内容になっている）。	
			業務細則どおりに実施している。	
			委託契約書に安全・衛生面及び栄養面での質の確保を記載している。	
	8	1日（1食）当たりの材料費が算出されており，適正なものとなっている。		
給食管理	対象者の把握・目標設定	9	喫食者の身体状況，栄養状態，生活習慣等を把握している。	対象者の身体状況を把握している（年齢・性別・身長・体重・BMI・身体活動レベル・血液検査結果・嚥下状態・褥瘡など）	
			対象者の栄養状態を把握している（食事量・食事状況など）	
			対象者の生活習慣を把握している（間食・嗜好など）	
		10	喫食者に応じた給与栄養目標量を算出し，定期的に見直している。	把握した対象者の状況に基づき，給与栄養目標量を設定している。	
			日本人の食事摂取基準と比較し，適正となっている。	
			給与栄養目標量を定期的に見直している。	
		11	給与栄養目標量が確保できる献立作成基準が作成されている。	食品構成が作成されている。	
			荷重平均栄養成分表が作成されている。	
			食品構成は，給与栄養目標量を確保できるものとなっている。	
			食品構成及び荷重平均栄養成分表を定期的に見直している。	

注）※該当施設のみ。

4　給食管理業務内容

			項　目	チェック内容	○×
給食管理	計画作成	12	喫食者の特性を考慮した予定献立表が一定期間を単位とし，計画的に作成されている。	●食品構成に基づいた予定献立表を作成している。	
				●予定献立は，給与栄養目標量を満たす内容としている。	
				●予定献立表は，喫食者の特性（身体状況，栄養状態，病状，摂取量，嗜好など）を考慮して作成している。	
				●予定献立表を計画的に作成している。	
		13	喫食者に魅力ある献立を作成している。	●料理の組み合わせが適切である。	
				●変化に富む献立である（地域の特性，季節感，行事食などが考慮されている）。	
		14	献立により，作業指示が明確にされている。	●調理に当たって献立名・食品名，1人分分量，総量，予定食数などが記載されている。	
				●作業の役割分担・手順が明確になっている。	
				●献立に従って作業しているか確認している。	
	実施	15	実施時に変更が生じた場合は，献立に明示する。	●実施時に変更が生じた場合は，献立に明示している。	
				●実施した献立から給与栄養量を算出している。	
		16	発注が適切に行われている。	●食数管理を適切に行っている。	
				●廃棄率を考慮して発注している。	
				●食料購買担当者と協議の上，合理的な入手方法を講じている。	
		17	検収を適切に実施している。	●検収場所を確保している。	
				●調理従事者などが立ち会っている。	
				●納品状態を確認している（納品時刻，品質，鮮度，品温，異物，生産地など）。	
		18	適時・適温で給食を提供できるよう，食器，設備の整備や配食などの工夫をしている。	●適時・適温で給食が提供できるよう，調理作業時間の工夫をしている。	

			項　目	チェック内容	○×
給食管理	実施	19	適正な在庫管理をしている。	●受払簿などにより，在庫量を確認している（管理内容については6章，p.134食材料受払簿を参照）	
				●受払いが一致し，適正な在庫管理をしている。	
				●賞味期限などを確認している。	
	評価	20	給与栄養量を算出し，目標量と比較し，適正なものとなっている。	●給与栄養量（推定栄養摂取量）を算出している（日報）。	
				●食品群別重量を算出している（日報）。	
				●栄養出納表（6章，p.133参照）が作成されている（月報）。	
				●栄養出納が適正になっている。	
				●脂質エネルギー比が適正である。	
				●炭水化物エネルギー比が適正である。	
				●評価した結果を献立に活かしている（月平均でみて適正か，また1日当たりでも把握しているか確認する）。	
		21	喫食者の食事量，摂取量または残食量を把握している。	●食事量を把握している。	
				●摂取量を把握している。	
				●残食量を把握している。	
				●結果を栄養計画の見直しに反映している。	
				●残食量からの実際の摂取量を推定している。	
		22	定期的な嗜好調査を実施し，献立作成に活かしている。	●定期的に嗜好調査を実施している。	
				●嗜好調査の結果を献立作成に活かしている。	

4

給食管理業務内容

			項　目	チェック内容	○×
給食管理	評価	23	提供した食事の品質などを確認するため，喫食前に検食を行い，検食簿などに記録し，さらに，結果を給食業務に活かしている。	●検食が実施されている。	
				●喫食前に実施している。	
				●検食の結果が記録されている（記載項目については6章，p.131検食簿を参照）。	
				●結果を確認している。	
				●結果を献立に活かしている。	
				●病院側が検査食の実施・評価を行っている。	
給食事務管理		24	給食実施状況報告書やその他の健康増進法施行細則に基づく届出を行っている。	●年2回，給食実施状況報告書を作成している。	
				●定められた期日までに提出している。	
				●健康増進法施行細則に基づく必要な届出をしている。	
		25	給食関係の諸帳簿が整備され，施設長の確認を受けている。	●給食関係諸帳簿を整備している。	
				●関係諸帳簿などが施設長の確認を受けている。	
		26	献立表の掲示または配布を事前に行っている。	●献立表の掲示または配布を事前にしている。	
				●カフェテリア方式ではモデル献立を展示している。	
		27	献立表には，エネルギー・たんぱく質・脂質・食塩などの主要栄養成分の表示をしている。	●エネルギー・たんぱく質・脂質・食塩などの主要栄養成分を表示している。	
		28	喫食者（家族なども含む）に対して，望ましい食生活などについて栄養指導をしており，記録簿などを有している。	●喫食者に対して栄養指導を実施している。	
		29	喫食者へ健康や栄養に関する情報の提供を行っている。	●喫食者へ健康や栄養に関する情報提供をしている。 例　ポスター，リーフレット，給食だよりなど	
				●喫食者を通じて，家族や地域に対し健康や栄養に関する情報を提供している。	
食環境整備		30	食事の構成に合った食器・トレイを備えるとともに，明るく清潔な食事環境づくりにも配慮している。		

		項　目	チェック内容	○×
緊急時・災害時体制整備	31	事故時・災害時対策システムが確立し，機能している（食中毒など緊急時の連絡網，対処法，非常時体制整備，食料確保方法などがマニュアル化され，関係者に周知されている）。	●連絡網，対処方法のマニュアルを作成している。	
			●非常用食料の確保などの体制を備えている。	
			●〔患者給食業務の委託を行っている施設について〕病院及び患者給食業者は，給食業務を遂行することが困難になった場合に備えて，患者など給食が滞ることがないよう，必要な措置を講じてある。	
衛生管理	32	食品衛生法に基づき適正な衛生管理ができている（大量調理施設衛生管理マニュアルなどに沿った衛生管理ができている）。	●大量調理施設衛生管理マニュアルに沿った衛生管理をしている。	

4

給食管理業務内容

研修計画・評価

研修目的	人材育成計画を立て，段階的に教育を実施することにより，スキル並びに知識の習得を目指す
評価目的	職務遂行について客観的な評価をすることにより，組織の活性化や従業員のモチベーション向上並びに自己改善につなげる
研修基準	●管理栄養士・栄養士研修 　初任者研修：入職1〜2年 　中級者研修：入職2〜4年 　上級者研修：入職5年以上 ●調理師研修：入職直後8週が基本研修期間

管理栄養士・栄養士研修年間計画表（病院・福祉施設）

		初任者研修	中級研修	上級研修
研修基準		入職１〜２年。OJT[*1]を主体とし，３か月に一度はOFF-JT[*2]も検討する。	調理及び給食経営管理業務。 ２か月に一度の開催	
主な業務内容		①現場での調理の流れを理解し，献立作成の基礎となる能力を身につける ＊食材料の検収→下処理→調理→配膳 ●予定献立の調理時間の配分 ●厨房内調理機器の能力把握 ●衛生管理	①献立の作成及び現場での調理作業の確認，または提供時の喫食者状況（残食）も確認 ②食材料の発注，在庫管理 ③生産食数の算出 ④給食管理システムを用いた作業，一般的なパーソナルコンピュータ（PC；パソコン）での計数管理 ⑤現場での作業遂行状況の把握（マネジメントとの作業調整） ⑥喫食者，クレーム対応 ⑦安全・衛生の教育担当者	①各施設の年間方針の推進 ②委託先との交渉 ③食材料費責任 ④栄養・給食管理指導教育 ⑤安全・衛生指導教育 ⑥行政及び保健所提出書類の作成教育 ⑦献立作成の指導教育 ⑧給食管理担当栄養士の人材育成
回	月			
1回目	4月	●委託給食の考え方・基本方針・理念 ●コミュニケーションとチームワークの重要性 ●提供種類別の作業工程の理解 ●食数管理の方法 ●衛生管理（大量調理施設衛生管理マニュアルの理解）	●給食業界の社会的役割と組織 ●コミュニケーション手法，人との関わり方 ●フードサービスマネジメントの基礎理論と手法 ●行政書類，保健所提出書類 ●衛生管理と安全管理（食中毒及び感染予防基礎知識）	●給食業界の社会的役割と組織 ●病院方針及び使命 ●コミュニケーション手法，人との関わり方 ●フードサービスマネジメント理論 ●行政書類，保健所提出書類 ●衛生管理体制の仕組み
	5月	●食形態の種類と配膳方法（個別対応基準） ●約束食事箋の種類 ●食事の種類と提供方法 ●献立表の見方	●食事療養制度，福祉施設における栄養管理 ●約束食事箋の意義（治療食及び特別メニュー食）と行政書類 ●献立作成の基準及び要点，治療食への展開	●食事療養制度，福祉施設における栄養管理 ●約束食事箋の定期的更新と作成方法 ●献立の基準及び要点
2回目	6月	●献立作成の基本展開 ●検収・検品[*3]の効率的な方法 ●在庫食品の種類と管理 ●食材料の下処理の効率性	●行事食，選択食，特別食などのメニューの展開 ●発注業務と在庫管理の仕方 ●食材料管理（食品の保管と食品環境状況の確認）	●行事食，選択食，特別食等のメニューの作成指導 ●発注業務，在庫管理の効率的な方法 ●食材料管理の基本理論

		初任者研修	中級研修	上級研修
2回目	7月	●食品の廃棄と廃棄率 ●治療食献立と展開の基本の理解 ●衛生関連書類の作成	●安価な献立の立て方と食材の使用方法 ●治療食（個人対応）の栄養管理の仕方 ●食品衛生管理点検の意義と書類管理	●安価な献立の立て方と食材料の使用基準 ●治療食の栄養管理 ●食品衛生管理点検の意義と記入方法の指導
3回目	8月	●行政書類の理解 ●新メニューの提案及び調理実習 ●個人情報の保護についての理解	●行政書類管理と嗜好調査内容 ●栄養食事指導（健康管理指導）と必要書類（しおり・メニュー提案） ●患者，家族などへの対応及び個人情報の管理	●行政書類管理 ●栄養食事指導（健康管理指導）と必要書類 ●患者対応のためのコミュニケーション法
3回目	9月		●嗜好調査結果と今後の展開，ABC分析の実施 ●病態別栄養食事指導の意義と方法	●嗜好調査結果の解読，ABC分析の管理体制の意義 ●病態別栄養食事指導法の実践とマネジメント
4回目	10・11月	●食材発注の仕方及び実践 ●POP[*4]，メッセージカードの作成	●正月献立の栄養管理，献立作成の要領と特別食への展開方法 ●正月期間の食材発注の方法と使用事例 ●喜ばれたメッセージカードの紹介と作成 ●栄養管理委員会（給食会議）の状況と対策	●正月献立の栄養管理体制と通常献立の展開 ●正月期間の食材発注の効率的な方法 ●栄養管理委員会（給食会議）の参加と意見提案例
5回目	12・1月	●治療食献立の立て方	●残食状況調査と顧客満足（CS[*5]）度調査 ●病態別検査データの種類と読み方 ●情報交換（各事業所の喜ばれた献立と行事食の交換）	●残食状況調査と顧客満足（CS）度調査 ●栄養管理システムの種類とオーダリング体制
6回目	2・3月	●給食管理システムの作動教育	●医療関連サービスマークの意義と書類管理，業界の動向 ●PCシステム管理の効率化 ●新情報（法令，施行規則の次年度に向けた施策検討）	●医療関連サービスマークの意義と書類管理，業界の動向 ●PCシステム管理における書類管理の体制 ●新情報（法令，施行規則の次年度に向けた施策検討）

注）[*1]OJT：日常業務につきながら行われる教育訓練（on the job training）。職場内訓練。
　　[*2]OFF-JT：日常業務を一時離れて行われる教育訓練（off the job training）。職場外研修。
　　[*3]検品：納入品が，発注時の数量や品質と一致しているかどうか，発注書や納品書などと照合して食品を確認すること。
　　[*4]POP：ポップ。紙に商品名や広告文を書いた媒体。
　　[*5]CS：customer satisfaction。
資料）飯田範子作成

5

研修計画・評価

調理業務教育研修カリキュラム（病院・福祉施設）

入職直後8週（約2か月）を基本研修期間と定め，1サイクル8週間を時間軸として教育研修内容を検討する。

初期研修	1週目	デスクワーク研修 当グループの考え方	●当グループの基本方針・理念・考え方 ●調理師に臨むこと ●調理師が進む方向「将来の道」 ●今後の実務的仕事内容	中期研修	2〜3週目	現場実務研修Ⅰ 特別食の実務研修	●食札の見方と習得 ●配膳時の入れ込み作業の習得 ●調理工程の組み立て方 ●病態別の調理工程及びオペレーション全体の流れ ●病院・施設側の管理栄養士との接し方 ●病院・施設内の仕組み ●管理栄養士・栄養士とのコミュニケーション ●各棟との連携 ●献立に対する考え方 ●献立変更する際の進め方とタイミング ●生産性のよい動線の考え方や器具の配置 ●衛生管理全般 ●オペレーションの全体の仕組み ●食材料管理の流れ
		調理師としての指針	●調理師の価値観 ●調理師としての基本的考え方 ●調理師の位置づけ ●新時代の調理師が考えるべきこと ●マネジメント能力を磨く				
		実務理論研修	●業界の説明（歴史・仕組み・環境） ●マーケティング（経済性） ●入院時食事療養費の仕組み ●病院・施設内の仕組み（食事成立過程） ●管理栄養士の立場 ●契約形態：人・物・金の動きを知る ●特別食（治療食の分類と基準，病態別の食材・調理法の特徴）〔食形態〕温度と時間管理,バランス感覚,おいしさの追求（外食の技術をヘルス部門へ）,大量調理の工夫,新調理システム*に学ぶ〔衛生管理〕大量調理施設衛生管理マニュアル,HACCP·ISO ●栄養業務全般の基礎知識		4〜5週目	現場実務研修Ⅱ 療養型食形態の実務研修	●食形態の特徴：主食の種類，大きさ・軟食・刻み食・ミキサー食・嚥下食・ゼリー食・流動食 ●食形態と特別食の関係 ●付加価値サービス：行事食,イベント食,手書きメッセージカード ●実施献立に対する考え方 ●献立変更する際の進め方とタイミング ●生産性のよい動線の考え方や器具の配置 ●衛生管理全般 ●オペレーションの全体の仕組み ●食材料管理（検収の意義）

		マネジメント実務研修リーダー（指導者）としての実践教育	〔教育指導手法〕指示出し，人との関わり方，指導方法適正人員構成，配置の考え方，シフト表の作成，リーダーシップ，モチベーションを上げる手法，コミュニケーション手法〔施設側への対応〕コミュニケーション手法，指示命令のライン組織を知る〔事業所オペレーション〕報・連・相（報告・連絡・相談）の仕組み，朝礼・昼礼・終礼の内容とタイミング〔徹底した OJT〕マンツーマンで瞬時の徹底指導〔収益管理のポイント〕月間チェックポイント,コスト削減の手法〔献立提案〕献立への提案手法〔環境整備〕進め方とタイミング			まとめ（復習）・見極め現実と理論の調整	● マネジャー（MG）として実践する● 1〜7週の復習● 弱点を見極め，徹底訓練
終期研修	6〜7週目			終期研修	8週目	項目を定めて審査する	● 審査で合格の場合のみ認定● 不合格のメンバーについては，担当上司と協議し，その後の対応を検討

注）*新調理システム：スチームコンベクションオーブンで調理する。揚げ物は油を噴霧し，スチームコンベクションオーブンのコンビモード160〜180℃，スチーム100％，5〜15分で設定する。

資料）飯田範子作成

基本業務評価票

入社後数年，あるいは本人が評価を行うための帳票である。

●採点方法：各項目　○できる，△不完全，×わからない・できない

		評価項目	本人	管理者*	△，×の理由
1年目	意識	1．元気のよい挨拶ができている 2．活発な受け答えができている 3．ホスピタリティ精神がある 4．電話の応対ができている 5．報告・連絡・相談ができている			
	厨房業務	1．食札を理解している 2．食札ボード・献立表との関連が理解できている 3．献立をみることができる（理解ができている） 4．調理用語，切り方の理解ができている 5．厨房機器の取扱い方法を理解している 6．献立をみて，食材下処理，切り込みができる 7．献立に沿った料理内容の把握ができている 8．作業の流れ，時間的配分の理解ができる 9．見た目と提供時間を考えた盛り付けができる 10．効率のよい仕事を行う努力をしている 11．厨房全体を見渡し，自分が今何をすべきか理解できる			
	衛生管理	1．清潔な身だしなみをしている 2．手洗いの仕方を理解している 3．正しい手洗いを遵守している 4．自己点検項目の内容を理解している 5．自己点検項目を遵守している 6．保存食について理解している 7．食品の衛生的な取扱いを理解している 8．食品の衛生的な取扱いができている 9．器具，容器，機械の衛生的な取扱いが理解できている 10．器具，容器，機械の衛生的な取扱いができている 11．施設衛生点検の内容を理解している 12．施設衛生点検が実行できる			
	資格	1．管理栄養士の受験資格がある（ ○ ・ × ） 2．管理栄養士資格をもっている（ ○ ・ × ） 3．その他の資格を取得している場合は記載	受験する年： 取得年： （　　　　　　　　　　　　　　　）		

〔教育担当者コメント〕

		評価項目	本人	管理者[*]	△，×の理由
2年目以降	栄養業務	1．食材納品の検収が正しく行える 2．食事箋の見方，流れが把握できている 3．材料発注までの流れがわかる 4．材料発注業者を把握し，発注と在庫管理ができている 5．約束食事箋を理解している 6．一般食の献立作成ができる 7．特別食の献立作成ができる 8．食材費の管理ができている 9．行政書類を理解している 10．行政書類の作成ができる 11．関係法令を理解している			
	給食関連書類作成	1．提出書類の理解ができている 2．納品金額一覧表の作成ができる 3．食数表の作成ができる 4．棚卸し報告書の作成ができる			
	その他・ＰＣなど	1．PC の基本操作ができる（エクセル・ワードの基本） 2．PC での献立作成ができる 3．PC での行政書類作成ができる 4．PC のマスター入力ができる			
〔教育担当者コメント〕					

注）[*]評価の管理者は，施設の状況に応じて上司，事務長，施設長などである。
資料）飯田範子作成

5

研修計画・評価

事業所給食責任者業務

事業所給食責任者は，管理栄養士の資格を有する以外の場合がある。

		評価項目	本人	管理者	理由
開店時	厨房	1．厨房内部は清潔に整理整頓できているか 2．材料ストック棚は清潔に整理整頓できているか 3．当日の予測売上分の材料があるか 4．売出し商品やサンプル商品の打合せがホールと確認できているか 5．冷蔵庫・厨房機器・ストッカー（冷蔵・冷凍装置のついた食品陳列棚）などの稼働は正常か，汚れや破損はないか 6．器具・備品の確認，また汚れや破損はないか 7．厨房内の床の清掃はできているか			
	ホール	1．カウンター・床・テーブル・椅子・壁・柱・天井・窓ガラス・サンプルケース・カーテンなどの整理整頓の確認 2．照明器具・レジ周り・フラワーボックスなどに汚れや破損はないか 3．テーブル上のセットは揃っているか，特に調味卓の容量には注意 4．ウォーターポット・トレイ・カトラリー（箸，スプーン，フォーク，ナイフ）に汚れや損失はないか，数の確認 5．ナプキン・割り箸・お手拭き・ストローなどを確認 6．ダスタータオルの確認（清潔であるか） 7．ストッカー・湯沸器・フリーザーなどの補充の確認 8．ホールで必要な諸器具，備品は揃っているか			
	サンプルケースとサンプル品	1．サンプルケース内は指示どおりに配置されているか，配置は毎日変えているか 2．サンプルケースの照明の確認 3．プライスカードに間違いや不揃いなどの不都合な点がないか 4．POP（紙に商品名や広告文を書いた媒体）の確認			
	レジ	1．レジ作業に必要な物品，器具はあるか 2．釣銭の用意（できる限り新しい紙幣を用意すること） 3．商品についての打合せ，特別メニューの確認			
	人員	1．厨房・ホール・レジなどの社員・パートタイム職員の人員確認 2．個人別に作業割当を行い，個人ごとに周知徹底 3．突然の欠勤，遅刻についての事後処理の確認			
	服装・身だしなみ	1．指定の制服を着用し，襟や袖から下着が出ていないかなど 2．服装，身だしなみに乱れ，汚れはないか 3．指定のネームプレートなどは所定の位置にあるか 4．化粧，髪型やアクセサリー，手や指，髪，ひげ，爪のチェック，清潔感があるか			

	評価項目	本人	管理者	理由
	1．トイレ清掃の確認（2時間ごとにチェック） 2．ホール内の季節感演出の確認（四季折々に変える） 3．サンプルケースやメニューの内容は常時チェックすること。売切れ品に注意 4．期日が過ぎていたり，季節外れのポスターやPOPがそのままになっていないか確認 5．新製品のポスターやPOPが美しく装飾されていることを確認 6．テーブル，椅子はきちんと整頓されているか 7．テーブルの配置はお客様動線やサービス能率を考慮しているか 8．ホールや厨房内外への作業動線（照明，換気，温度，通路など）が整っているか 9．冷暖房は適切に稼働しているか 10．ホール内の清掃・整理に問題はないか 11．卓上にある備品状況の確認			
	●正社員・パートタイム職員の適切な作業割当 1．休日の割当（代休・有休・公休）に問題はないか 2．休憩時間の割当表に問題はないか 3．時間帯ごとの作業割当に問題がないか 4．全員のモラルや健康状態，疲労状態に問題はないか ●従業員の勤務状態 1．従業員同士の私語はないか 2．無断で職場を離れたり，私用で外出したり，休憩している者はいないか 3．規定以外の飲食をしていないか			
	1．接客態度はキビキビしているか 2．お客様の誘導はスムーズか 3．接客用語は正しく使われているか 4．注文はタイミングよく聞いているか 5．チケットにはテーブル番号や必要事項が正しく明記されているか 6．お客様待ちの姿勢，態度，立つ位置はよいか 7．料理や水，お茶は基本どおり忠実に提供されているか 8．商品に指が触れていないか 9．器の持ち方は正しいか 10．カトラリー（箸，スプーン，フォーク，ナイフ）の並べ方は正しいか 11．熱いものは熱く，冷たいものは冷たく，という基本のサービスをしているか 12．お客様を不当に長く待たせていないか（10分が限度） 13．お客様の飲食した器がいつまでもそのままになっていないか（下膳のタイミングのズレ） 14．子どもに対する接客は親切・ていねいか 15．バタバタと音を立てて歩いていないか 16．特売品など営業展開については指示どおりサービスしているか			

職場の巡視 / 人員の配置 / 接客 / 責任者の行動

特定給食施設等評価票

事項		項目	項目の考え方	内容
I 身体状況，栄養状態などの把握，食事の提供，品質管理及び評価	① 利用者の把握	1 利用者の身体状況を定期的に把握しているか	利用者の性・年齢・身体活動レベル・体格などを把握し，その結果を食事摂取基準や給与栄養目標量（1人1日当たり）などの設定に反映する必要がある	□把握している　　　　全員　　　一部 年1回以上把握している身体状況の内容 性別　　　年齢　　　身体活動レベル 身長　　　体重　　　体格指数 その他の身体測定（　　　　　　　　　　　） 疾病　　　　服薬の有無 その他の必要項目（　　　　　　　　　　　） □把握していない
		2 利用者の食事の摂取状況（栄養状態）を定期的に把握しているか	利用者の食事の摂取状況（栄養状態）を把握し，その結果を食事摂取基準や給与栄養目標量（1人1日当たり）などの設定に反映する必要がある	□把握している　　　　全員　　　一部 年1回以上把握している栄養状態の内容 禁忌食品，アレルギー　　食事の摂取状況 その他必要項目（　　　　　　　　　　　） □把握していない
		3 利用者の生活状況を定期的に把握しているか	利用者の生活状況を把握し，その結果を食事摂取基準や給与栄養目標量（1人1日当たり）などの設定に反映する必要がある	□把握している　　　　全員　　　一部 年1回以上把握している生活状況の内容 生活リズム　運動習慣　職業　飲酒習慣 その他必要項目（　　　　　　　　　　　） □把握していない
	② 食事計画の作成	4 1～3で把握した利用者の状況に基づき，給与栄養の目標を設定しているか	利用者の状況に基づいた給与栄養量の目標を根拠をもって設定することが基本となる	□把握している　　　　全員　　　一部 設定根拠 日本人の食事摂取基準に基づく 関係通知，法令に基づく 上記以外（　　　　　　　　　　　） □設定していない
		5 設定した給与栄養量の目標を達成するための食事の提供に関する計画を作成しているか	給与栄養量の目標の設定とともに，食事計画を作成することで，適正な食事提供を行うことができる	□作成している 作成内容 食事構成表　　献立表　　給与栄養量 その他（　　　　　　　　　　　） □作成していない

注）関係法令など　A：健康増進法（平成14年8月2日法律第103号）
　　　　　　　　　B：健康増進法施行規則（平成15年4月30日厚生労働省令第86号）
　　　　　　　　　C：特定給食施設における栄養管理に関する指導及び支援について（厚生労働省健康局健康課長通知，健発0331第2号）
　　　　　　　　　D：大量調理施設衛生管理マニュアル（平成9年3月24日衛食第85号別添）
　　　　　　　　　E：労働安全衛生規則（昭和47年8月30日労働省令第32号），従業員の検便

評価			確認書類など	根拠法令など
良好	←――――→	要改善		
年1回以上，定期的に利用者全員の身体状況を把握している	不定期に，または利用者の一部の身体状況を把握している	把握していない	●入所者個人票 ●学校，職場検診結果，健康管理表 ●健康状態に関する調査 ●スクリーニング様式　など	A 第21条第3項 B 第9条第1号 C 第2の1
年1回以上，定期的に利用者全員の食事の摂取状況（栄養状態）を把握している	不定期に，または利用者の一部の食事の摂取状況（栄養状態）を把握している	把握していない	●健康状態に関する調査 ●食物アレルギー調査 ●食事箋　など	
年1回以上，定期的に利用者全員の生活状況を把握している	不定期に，または利用者の一部の生活状況を把握している	把握していない	●生活習慣調査　など	
利用者の状況に基づき，利用者ごとに給与栄養量の目標を設定している	利用者の一部または利用者全体としての給与栄養量の目標を設定している	設定していない	●給与栄養目標量表 ●個別栄養算定表 ●入所者性別・年齢別一覧表 ●約束食事箋 ●栄養アセスメント表　など	
給与栄養量の目標の設定とともに，食事の計画を作成している	給与栄養量の目標の設定は不完全であるが，食事の計画は作成している	作成していない	●食品構成表 ●予定・実施献立表 ●個別栄養計画 ●入所者個別票　など	

事項	項目	項目の考え方	内容
Ⅰ　身体状況・栄養状態などの把握，食事の提供，品質管理及び評価	③食事の提供	6 食事計画に基づき，食材料の調達，調理及び提供を行っているか	適切な栄養・給食管理のため，食事計画に基づいた食材料の発注，納品，調理及び提供が実線される必要がある	□行っている 　食事計画との整合の確認 　　発注と納品内容の確認 　　献立数量と実使用量（調味料含む）の確認 　　提供する食事内容の確認 □行っていない
		7 提供する食事の品質管理（食事量・食種・温度・形状など）を行っているか	一定の品質の食事を提供するために，食事量（盛り付け量・食事配分），温度，形状（摂取機能などに適した食事）などを確認・評価することが重要である	□品質管理を行っている 　評価項目 　　食事量　　　温度　　　盛り付け 　　形状　　　　味付け（汁物の塩分濃度など） 　　その他（　　　　　　　　　　　　　　） □品質管理を行っていない
		8 実施献立内容について，評価をもらえる体制となっているか	実際に提供された食事が，利用者に合った献立であったかを施設全体で評価することが大切である	□なっている 　評価者 　　給食従事者以外の職員 　　利用者 　方法 　　検食（検食者職名　　　　　　　　　　） 　　給食委員会 　　アンケート 　　その他（　　　　　　　　　　　　　　） □なっていない
	④食事計画の評価・改善	9 利用者の食事摂取量または残力量を把握しているか	利用者の喫食状況を把握し，食事計画の内容が確保されているかを確認するとともに，当該計画の見直しに反映することが重要である	□把握している　　　　全体　　　個別 　食事計画への反映 　　見直しに反映している 　　見直しに反映していない □把握していない
		10 実施給与栄養量を算出し，それが適正か評価し，結果を食事計画に反映させているか	実施給与栄養量が給与栄養目標量を確保しているか，目標量に対して著しい変動がないことを確認し，食事内容が適当であるかを評価する。食事の質の向上を図る	実施給与栄養量の算出　□有　□無 　評価 　　評価している　□適正　□一部給与量に 　　　　　　　　　　　　　　　　過不足あり 　　　　　　　過剰給与栄養素 　　　　　　　（　　　　　　　　　　） 　　　　　　　不足給与栄養素 　　　　　　　（　　　　　　　　　　）

評価			確認書類など	根拠法令など
良好	← →	要改善		
全て食事計画に基づき調理が行われていることを毎日確認している	全て食事計画に基づき調理が行われていることを必要に応じて確認している	食事計画に基づかない調理がなされている（確認していない）	●予定・実施献立表 ●作業工程表 ●発注書 ●納品書 ●貯蔵食品受払簿 ●消費日計表	
品質管理を実施し，適正な食事提供が行われている	品質管理を実施しているが，盛り付けミスなどがたまにある	品質管理を実施していない	●献立表 ●食札　など	
体制が整備され，施設全体で評価している	体制の整備あるいは評価のいずれかが不十分である	体制の整備・評価いずれもされていない	●検食簿 ●食事アンケート結果など	
喫食状況を把握し，その結果を食事計画の見直しに反映している	喫食状況を把握しているが，その結果を食事計画の見直しに反映していない	喫食状況を把握していない	●残食計量表 ●食事摂取量表　など	
給与栄養目標量と実施給与栄養量との比較をし，給与栄養目標量が確保されているか確認している，その結果を食事計画に反映させている	実施給与栄養量の算出をしているが，評価は行っていない。結果を食事計画に反映していない	実施給与栄養量を算出していない	●給与栄養目標量及び給与栄養素算出記録など	

事項	項目	項目	項目の考え方	内容
Ⅰ 身体状況，栄養状態などの把握，食事の提供，品質管理及び評価	④ 食事計画の評価・改善	10 実施給与栄養量を算出し，それが適正か評価し，結果を食事計画に反映させているか	るため，評価結果を栄養摂取基準や給与栄養目標量の設定，献立作成，栄養管理に反映させる	□評価していない 上記結果の食事計画への反映 　□反映させている 　　　給与栄養目標量の設定 　　　献立作成 　□反映させていない
		11 利用者の身体状況の変化などを定期的に把握（モニタリング）し，栄養状態の評価をしているか	利用者の定期的なモニタリングから食事計画が適正であるかの評価と，計画内容の見直しを行うことが重要である	□行っている　　全員　　一部 　実施の記録・方法 　　□記録している　□記録していない 　　□関係職種と連携して実施している 　　　　　　　　　□実施していない □行っていない ＊医療機関・介護保険施設・障害者施設の場合 　NST 管理，栄養マネジメントの実施の有無 　　有→　対象となる者全員に実施 　　　　　対象となる者の一部に実施 　　無
		12 食事計画の総合的な評価を行っているか		□行っている　　全員　　一部 　評価の体制 　　施設関係職員，関係部門等と連携した評価 　　体制がある 　　施設関係職員，関係部門等と連携した評価 　　体制がない □行っていない

評価			確認書類など	根拠法令など
良好	◀　　　▶	要改善		
施設関係職員，関係部門などと情報を共有し，対象となる者全員をモニタリング，評価し，その記録がある	対象となる者全員ではないが，優先順位をつけ，必要に応じてモニタリング，評価を実施している	モニタリング，評価を実施していない	●個別栄養計画 ●栄養管理記録 ●喫食状況記録 ●給与栄養目標量及び給与栄養量算出などの記録 ●給食日誌 ●モニタリング記録 ●入所者個人票　など	
全員の食事計画の評価を行い，関係職員などと情報の共有化が図られ，評価結果を計画内容に反映している	食事計画の評価を行っているが，関係職種と情報の共有化はしていない	食事計画の評価を行っていない		

5

研修計画・評価

事項		項目	項目の考え方	内容
II 食事（給食）の献立	① 献立の作成	13 利用者の身体状況，日常の食事の摂取量に占める給食の割合，嗜好などに配慮し，献立に反映しているか	残食をおさえ，栄養面において効果的な給食運営とするため，利用者の身体状況や嗜好，意向の確認をする等の配慮が必要である	日常の食事量の把握　□有　　□無 嗜好・要望等の把握　□有　　□無 　対象　全員　一部 　頻度　定期　不定期 内容　利用者の状況　残食量　嗜好　要望方法 　アンケート　聞きとり　座談会 その他 上記結果の献立への反映 　□反映している □反映していない
	② 利用者への配慮	14 複数献立や選択食の場合に，モデル的な料理の組み合わせの例を示すなどの配慮をしているか	利用者が健康・栄養管理を自己管理できるよう工夫する必要がある	□配慮している 　実施内容 　　料理の組み合わせ例 　　栄養成分表示 　　その他 □配慮していない
III 栄養に関する情報の提供	① 情報提供	15 利用者に対し，献立表の掲示や主要栄養成分の表示を行うなど，健康や栄養に関する情報提供を行っているか	利用者が自分の健康維持に必要な食事の質，量を理解し，栄養成分などの表示を参考に食事量のコントロールをするなど，自己管理ができるよう支援する必要がある	□行っている 　情報提供の内容 　　□献立　□エネルギー　□たんぱく質 □脂質　□食塩相当量 □その他（　　　　　　　　　　　　） □行っていない
	② 知識の普及	16 利用者に対し，各種の媒体を活用するなど正しい食習慣を身につけ，健康的な生活を送るために必要な知識の普及を行っているか		□行っている 　食事計画との整合の確認 　　発注と納品内容の確認 　　献立数量と実使用量（調味料含む）の確認 　　提供する食事内容の確認 □行っていない

評価			確認書類など	根拠法令など
良好	←——→	要改善		
利用者の特性・嗜好・身体状況などを把握し,結果を献立に反映している	利用者の特性・嗜好・身体状況などを把握しているが,結果を献立に反映していない,もしくは嗜好など一部の結果のみ献立に反映している	利用者の特性・嗜好・身体状況などの結果を把握していない	●身体状況調査 ●食生活調査 ●生活習慣調査 ●嗜好調査　など	A 第21条第3項 B 第9条第2号 C 第2の2
利用者の状況に合わせて,情報を提供している	できる範囲で必要な情報を提供している	情報を提供していない		
献立のほか,必要と思われる主要栄養成分などの表示を行っている	献立の掲示を行っている	献立の掲示,栄養成分などの表示を行っていない	●掲示用献立表　など	A 第21条第3項 B 第9条第3号 C 第2の3
全て食事計画に基づき調理が行われていることを毎日確認している	全て食事計画に基づき調理が行われることを必要に応じて確認している	食事計画に基づかない調理がなされている(確認していない)	●予定・実施献立表 ●作業工程表 ●発注書 ●納品書 ●貯蔵食品受払簿 ●消費日計表	

5

研修計画・評価

事項	項目	項目の考え方	内容
Ⅳ 書類の整備	① 栄養管理等 17 献立表など食事計画に関する書類とともに，利用者の身体状況など栄養管理の評価に必要な情報について適正に管理しているか	栄養管理を適切に実施・評価するために，行った業務に関し確認できる施設に応じた書類の整備が必要である	□管理している 　書類の種類 　　栄養管理に関するもの 　　献立作成に関するもの 　　栄養の知識の普及（栄養指導）に関するもの 　　衛生管理に関するもの □管理していない
	② 委託契約 18 委託契約の内容が確認できる委託契約書等を備えているか 　＊委託契している場合のみ	委託側と受託側との連携・協力のもと，業務の責任分担を書面にて明確にし，食事内容やサービスの向上に努める必要がある	□備えている □備えていない
Ⅴ 衛生管理	衛生管理 19 給食の運営は，関係法令などに基づき衛生的かつ安全に行われているか	食中毒等の防止を図るため，食品の取扱いに留意するほか，調理従事者の健康状態の把握，施設設備の点検などを実施する必要がある	□大量調理施設衛生管理マニュアル，その他関係法令を遵守した衛生管理を行っている □大量調理施設衛生管理マニュアル，その他関係法令などに準じた衛生管理を行うよう努めている □大量調理施設衛生管理マニュアル，その他関係法令などの定めによる衛生管理を行っていない

評価			確認書類など	根拠法令など
良好	←———→	要改善		
施設での栄養管理などに必要な帳簿類が全て整備されている	施設での栄養管理などに必要な帳簿類がほぼ整備されている	帳票類のほとんどまたは全部が未整備	●栄養管理関係書類 ●お便り ●掲示物　など	A 第21条第3項 B 第9条第3号 C 第2の3
委託契約書を備え，委託内容が明確にされており，それに基づく業務が行われている	委託契約書を備え，委託内容が明確にされているが，それに基づく業務が一部行われていない	備えていない	●委託契約書	
大量調理施設衛生管理マニュアルその他関係法令などを遵守した衛生管理を行っている	大量調理施設衛生管理マニュアルその他関係法令などに準じた衛生管理を行っている	大量調理施設衛生管理マニュアルその他関係法令等の定める衛生管理を行っていない	●給食日誌 ●検収簿 ●加熱温度表 ●検便結果　など	A 第21条第3項 B 第9条第5号 C 第2の5 E 第47条

事項		項目	項目の考え方	内容
Ⅵ 災害などの備え	危機管理	20 災害などに備え，食料の備蓄や対応方法の整理など，体制の整備に努めている	厨房が使用不可能となった場合においても，特に疾患を有する者や高齢者，乳児・妊婦などは栄養管理が必要不可欠であり，不測の事態に備えた体制整備が求められる	□食事提供マニュアルがある 　マニュアルが機能するかの定期的な確認 　　している　　　していない □食事提供マニュアルの作成等，体制整備を準備・検討中 □食事提供マニュアルの作成予定なし □代替食を提供する体制を整備している 　体制整備の内容 　　非常時用の献立の作成 　　調理従事者の代替確保 　　外注（弁当等）の契約 　　飲料水・食料，食器類などの備蓄 　　（備蓄食品の内容：　　　　　　　　　　　） 　　（備蓄の想定日数：　　　　　　　　　　　） 　　非常時にどこからどのようなものが搬入されるかの確認 　　　している　　　　していない 　　病態等，対象者の特性に応じた食事提供の準備 　　　有　　　　　無 □代替食の提供体制を準備・検討中 □代替食の提供体制の整備予定なし
Ⅶ その他	運営管理	21 給食運営に関し，会議を開催するなど関係者（部門）との連携が図られているか	給食を円滑に運営していくために関係者と話し合いを行い，理解を図ることが必要である	□会議を開催している 　頻度　　定期的　　　不定期 　記録　　ある　　　　ない □会議を開催していない

評価			確認書類など	根拠法令など
良好	◄────►	要改善		
食事提供マニュアルがあり，災害など発生の際の具体的な運用について定期的に確認しており，かつ対象者の特性に応じた食事提供体制を整備している	食事提供マニュアルの作成や備蓄食品の確保など，何らかの体制整備をしている，または準備・検討中	体制が整備されていない	●災害時等対応マニュアル　など	C 第2の6
定期的に会議を開催し，記録もあり，連携が図られている	連携をして，会議を開催しているが，記録はない	会議を開催せず，連携していない	●給食会議録 ●運営会議録	

6

栄養管理計画

●栄養管理を適切に行うには，以下のフローに沿って対象者の栄養状態の把握な
どのアセスメントを実施した上で，安心安全な食事提供を行うことが望ましい。

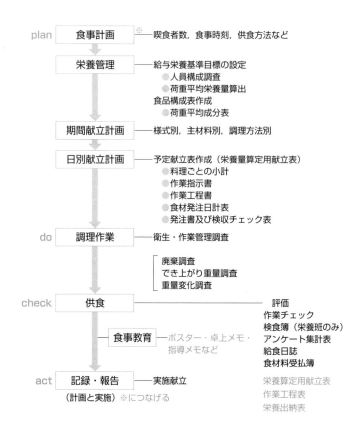

plan　食事計画 ── ※ 喫食者数，食事時刻，供食方法など

栄養管理 ── 給与栄養基準目標の設定
　　　　　　　　●人員構成調査
　　　　　　　　●荷重平均栄養量算出
　　　　　　　食品構成表作成
　　　　　　　　●荷重平均成分表

期間献立計画 ── 様式別，主材料別，調理方法別

日別献立計画 ── 予定献立表作成（栄養量算定用献立表）
　　　　　　　　●料理ごとの小計
　　　　　　　　●作業指示書
　　　　　　　　●作業工程書
　　　　　　　　●食材発注日計表
　　　　　　　　●発注書及び検収チェック表

do　調理作業 ── 衛生・作業管理調査

　　　　　　　　┌ 廃棄調査
　　　　　　　　│ でき上がり重量調査
　　　　　　　　└ 重量変化調査

check　供食 ─────────── 評価
　　　　　　　　　　　　　　　　作業チェック
　　　　　　　　　　　　　　　　検食簿（栄養班のみ）
　　　食事教育 ── ポスター・卓上メモ・　アンケート集計表
　　　　　　　　　指導メモなど　　　　　給食日誌
　　　　　　　　　　　　　　　　食材料受払簿

act　記録・報告 ── 実施献立　　　栄養算定用献立表
　　（計画と実施）※につなげる　　　作業工程表
　　　　　　　　　　　　　　　　　栄養出納表

栄養管理の基本的考え方

　栄養管理を効果的に進めるためには，実行する手順をシステム化する必要がある。栄養管理マネジメントは，栄養スクリーニング，栄養アセスメント，栄養管理計画の作成，栄養管理の実施，栄養状態の定期的・継続的なモニタリング及び評価と計画の見直しからなり，いわゆる P（plan），D（do），C（check），A（act）のマネジメントサイクルが導入されている。

　栄養マネジメントの構成は，次のとおりである。

・対象者の栄養状態を評価，判定する栄養アセスメント
・栄養の介入を行うための栄養管理計画の作成（plan）
・栄養補給や栄養教育による栄養管理の実施（do）
・効果をみるモニタリングや再評価（check）
・再評価に基づく栄養管理計画内容などの改善（act）

栄養管理計画書

栄養管理計画書

計画作成日 ．　．

フリガナ

氏 名　　　　　　　　殿　（男・女）　　病棟

　　　　年　　月　　日生（　　歳）　　担当医師名

入院日；　　　　　　　　　　　　　　担当管理栄養士名

入院時栄養状態に関するリスク

栄養状態の評価と課題

栄養管理計画

目標

栄養補給に関する事項

栄養補給量 ・エネルギー　　kcal・たんぱく質　　g ・水分　　　　・ 　　・　　　　　　・	栄養補給方法　□経口　　□経腸栄養　　□静脈栄養
	嚥下調整食の必要性 　□なし　□あり（学会分類コード：　　　　）
	食事内容
	留意事項

栄養食事相談に関する事項

入院時栄養食事指導の必要性　□なし □あり（内容　　　実施予定日：　　月　　日）
栄養食事相談の必要性　　　　□なし □あり（内容　　　実施予定日：　　月　　日）
退院時の指導の必要性　　　　□なし □あり（内容　　　実施予定日：　　月　　日）
備考

その他栄養管理上解決すべき課題に関する事項

栄養状態の再評価の時期　実施予定日：　　月　　日

退院時及び終了時の総合的評価

6 栄養管理計画

資料）基本診療料の施設基準及びその届出に関する手続きの取扱いについて，保医発0304 第2号 別添6別紙23（令和4年3月4日）

学校給食摂取基準

児童または生徒１人１回当たりの学校給食摂取基準

区分		基準値			
		児童 （6～7歳）	児童 （8～9歳）	児童 （10～11歳）	児童 （12～14歳）
エネルギー	（kcal）	530	650	780	830
たんぱく質	（％）	学校給食による摂取エネルギー全体の13～20%			
脂質	（％）	学校給食による摂取エネルギー全体の20～30%			
食塩相当量	（g）	1.5未満	2未満	2未満	2.5未満
カルシウム	（mg）	290	350	360	450
マグネシウム	（mg）	40	50	70	120
鉄	（mg）	2	3	3.5	4.5
ビタミンA	（μg RAE）	160	200	240	300
ビタミンB$_1$	（mg）	0.3	0.4	0.5	0.6
ビタミンB$_2$	（mg）	0.4	0.4	0.5	0.6
ビタミンC	（mg）	20	25	30	35
食物繊維	（g）	4以上	4.5以上	5以上	7以上

注）1．表に掲げるもののほか，次に掲げるものについても示した摂取について配慮すること。
　　　亜鉛：児童（6～7歳）2mg，児童（8～9歳）2mg，児童（10～11歳）2mg，児童（12～14歳）3mg
　　2．この摂取基準は，全国的な平均値を示したものであるから，適用に当たっては，個々の健康及び生活
　　　活動等の実態並びに地域の実情等に十分配慮し，弾力的に運用すること。
　　3．献立の作成に当たっては，多様な食品を適切に組み合わせるよう配慮すること。
資料）文部科学省：学校給食実施基準（平成21年文部科学省告示第61号）の一部改正について
　　　（2文科初第1684号，令和3年2月12日）

必要栄養量算出

〔必要栄養量算出シート〕

作成日		担当医：			管理栄養士：			
		病棟名		氏名	M様	性別	男・女	
年 月 日		標準体重	57.7 kg	現体重	38 kg	BMI	14.5	

＊体重は，肥満・浮腫時は理想体重（IBW）を使用。
＊BMI18.5未満または25以上の場合もIBWを使用。

●エネルギー必要量（基礎代謝量）の算出
・Harris-Benedict の式
男性 ＝ 66.47＋13.75×体重(kg)＋5.0×身長(cm)－6.76×年齢
女性 ＝ 655.1＋9.56×体重(kg)＋1.85×身長(cm)－4.68×年齢

〈M様の例〉

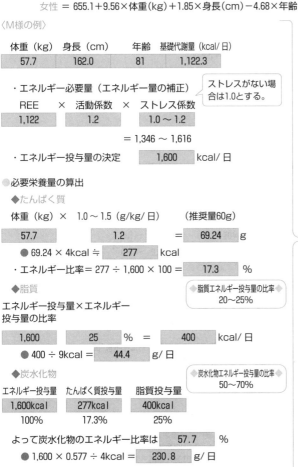

体重（kg） 身長（cm） 年齢 基礎代謝量（kcal/日）

57.7	162.0	81	1,122.3

・エネルギー必要量（エネルギー量の補正）　ストレスがない場合は1.0とする。

REE × 活動係数 × ストレス係数

1,122	1.2	1.0 〜 1.2

＝ 1,346 〜 1,616

・エネルギー投与量の決定　1,600 kcal/日

●必要栄養量の算出
◆たんぱく質
体重（kg）× 1.0〜1.5（g/kg/日） （推奨量60g）

57.7	1.2	＝	69.24 g

● 69.24 × 4kcal ≒ 277 kcal
・エネルギー比率＝ 277 ÷ 1,600 × 100 ＝ 17.3 ％

◆脂質　脂質エネルギー投与量の比率 20〜25％
エネルギー投与量×エネルギー投与量の比率

1,600	25 ％	＝	400 kcal/日

● 400 ÷ 9kcal ＝ 44.4 g/日

◆炭水化物　炭水化物エネルギー投与量の比率 50〜70％
エネルギー投与量 たんぱく質投与量 脂質投与量

1,600kcal	277kcal	400kcal
100%	17.3%	25%

よって炭水化物のエネルギー比率は 57.7 ％
● 1,600 × 0.577 ÷ 4kcal ＝ 230.8 g/日

〈M様の栄養必要量〉
◆エネルギー 1,600kcal
◆たんぱく質 69g
　エネルギー比率 17.3%
◆脂質 44g
　エネルギー比率 25.0%
◆炭水化物 231g
　エネルギー比率 57.7%

6
栄養管理計画

必要栄養量算出シートの記入方法

　原則として ▨▨▨ 枠内に該当する数字を入力する（エクセル計算が行えるようにしておくと便利）。

●エネルギー必要量の算出
　1. 病棟（居室）名，対象者氏名，担当医師名，管理栄養士名を記入する。
　2. 体重，身長，年齢を入力し，REEを算出する。
　　（体重は現体重を入力する。低栄養・肥満の判定の時は，理想体重）
　3. 活動係数，ストレス係数（おおよその範囲で記入）を入力すると必要エネルギー量がストレス係数の範囲で算出される。
　4. 上記の範囲より，エネルギー投与量を決定し，入力する。

●必要栄養量の算出
　◆たんぱく質：たんぱく質量は，ストレスの度合いにより体重当たりの必要量が異なるので，下記の表を参考に，体重1kg当たりのたんぱく質必要量を入力する。
　◆脂質：脂質エネルギー比を入力すると，脂質必要量が算出される。
　◆炭水化物：たんぱく質，脂質量が決定すると残りのエネルギーが炭水化物からのエネルギーとなる。

◆活動係数◆	
寝たきり	1.2
ベッド以外での活動あり	1.3

◆ストレス係数◆	
①手術後	1.0 ～ 1.2
②長管骨骨折	1.15 ～ 1.3
③褥瘡/がん/COPD*	1.1 ～ 1.3
④腹膜炎/敗血症	1.1 ～ 1.3
⑤重症感染症/多発外傷	1.2 ～ 1.4
⑥多臓器不全症候群	1.2 ～ 2.0
⑦熱傷	1.2 ～ 2.0

◆ストレスの度合い別血清アルブミン値とたんぱく質必要量◆

栄養状態	血清アルブミン値	たんぱく質必要量
正　常	3.5g/dL以上	0.8～1.0g/kg/日
軽度の消耗	2.8～3.5g/dL	1.0～1.2g/kg/日
中等度消耗	2.1～2.7g/dL	1.2～1.5g/kg/日
重度の消耗	2.1g/dL以下	1.5～2.0g/kg/日

注）*COPD：慢性閉塞性肺疾患。
参考）国立健康・栄養研究所（Ganpuleら）による基礎代謝量推定式
　男性：〔0.0481×体重（kg）＋0.0234×身長（cm）－0.0138×年齢－0.4235〕×1,000÷4.186
　女性：〔0.0481×体重（kg）＋0.0234×身長（cm）－0.0138×年齢－0.9708〕×1,000÷4.186
この式は20～74歳の集団で作成され，18～79歳の集団で妥当性が確認されている。

食事計画

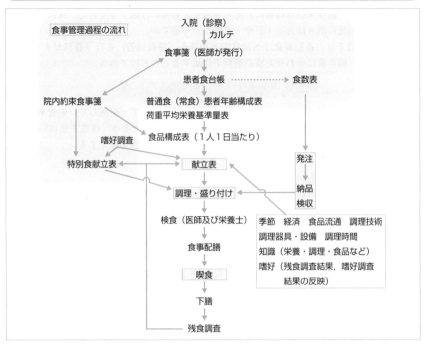

食事管理過程の流れ

入院（診察）
カルテ

食事箋（医師が発行）

患者食台帳 ·········▶ 食数表

院内約束食事箋　　普通食（常食）患者年齢構成表
荷重平均栄養基準量表

嗜好調査　　食品構成表（1人1日当たり）

特別食献立表 ◀──　献立表 ◀── 　発注

調理・盛り付け ◀── 納品
検収

検食（医師及び栄養士）

季節　経済　食品流通　調理技術
調理器具・設備　調理時間
知識（栄養・調理・食品など）
嗜好（残食調査結果，嗜好調査
　　　結果の反映）

食事配膳

喫食

下膳

残食調査

注）　　　部分は病院の場合
資料）飯田範子作成

〔栄養ケア・マネジメント関係書類〕

　介護保険施設などで栄養ケア・マネジメントを実施し，栄養マネジメント加算を算定する施設においては，下記の栄養ケア・マネジメント関係帳票が必要となる。

帳票名	内容等
栄養スクリーニング	入所後遅くとも1週間以内に関連職種と協働して，低栄養状態のリスクを把握する。 低栄養状態のリスクにかかわらず，3か月ごとに実施する。
栄養アセスメント	栄養スクリーニングを踏まえ，入所者ごとに解決すべき課題を把握する。
栄養ケア計画	個別の栄養アセスメントに基づいて，入所者の栄養補給，栄養食事相談，課題解決のための関連職種の分担などについて作成する。 入所者または家族に説明し，同意を得る。変更の際も同意を得ること。
栄養ケア提供経過記録	栄養ケア提供の主な経過を記録する。
栄養ケアモニタリング	栄養ケア計画に基づいて，低栄養状態の低リスク者は3か月ごと，低栄養状態の高リスク者及び栄養補給法の移行の必要性がある者の場合には2週間ごとなど適宜行う。ただし，低栄養状態の低リスク者も含め，体重は1か月ごとに測定する。 ＊関連職種は，長期目標の達成度，体重などの栄養状態の改善，栄養補給量などの改善事項を含めた栄養ケア計画変更の必要性を判断する

食品構成表

　食品構成表は，給与栄養目標量に対応する献立を容易に作成するために，食品群ごとの目安となる使用量に置き換えて1日や1食当たりで示す。

　特定給食施設では，各監督官庁へ給食の実施報告（栄養報告）を行う義務があるため，必ず作成する。報告書に合わせた食品群別で作成すると効率的である。

食品群別荷重平均成分表作成手順

　食品群別荷重平均栄養成分表とは，食品の使用比率に応じて（荷重して）栄養素量を平均し，食品群ごとの100g当たり栄養素量として表したものである。作成方法はいくつかあるが，ここでは過去1年間の食材料使用実績から求める方法を紹介する。

食品群別荷重平均成分表の作成

　栄養素量を食品群別に算出した成分値を示すものであり，食品構成作成の際に目安となる。

　群別で扱う栄養価と，その群内の食品成分値との差がかけ離れることのないよう，各施設の食品使用状況が反映される荷重平均で作成するのが望ましい。

　①1年間または1～3か月間に使用した「各食品の純使用量」を求める。
　②確認できた食品を群別に分類し，「各食品群別の純使用量」を計算する。
　③計算した各食品群の合計値に対して，その食品群内の各食品が占める使用割合を百分率で求める。
　④求めた値をそれぞれの食品の重量と考えて栄養価計算を行う。
　⑤各食品群別の④の合計が，それぞれの群別荷重平均成分値となる。

給与栄養目標量決定

　今回の栄養素等量の設定として，エネルギー1,800kcal，たんぱく質75gとする。
　一般給与の食物内容評価の栄養比
　穀類エネルギー比＝穀類エネルギー / 総エネルギー×100
　　　　　　　　　＝50～60％以下
　動物性たんぱく質比＝動物性たんぱく質量 / 総たんぱく質量×100
　　　　　　　　　＝40～50％以下

食品構成表の作成

穀類（食品群1）

穀類エネルギー比を50％とすると，1,800kcal×0.5＝900kcal が穀類全体のエネルギー量。
月間で，麺4回（うどん，そば，スパゲティ），パン4回を献立に組み入れる予定。
麺（うどん，そば，スパゲティは麺類の食品群）

・茹でうどん　220g×2回＝440g
・茹でそば　200g×1回＝200g　　合計740g
・乾スパゲティ　100g×1回＝100g

パン（パン類の食品群）

・パン　120g×4回＝480g

　小麦粉，パン粉を50g/月（その他の穀類の食品群）
を合計したものを除いた分から米の量を算出する。

〈エネルギー量〉

- 麺類　740ｇ÷31日≒24ｇ…１日当たり麺類使用量

  麺類100ｇ当たり171kcal なので，24ｇでは41kcal

- パン類　480ｇ÷31日≒16ｇ…１日当たりパン類使用量＝40kcal

  パン類100ｇ当たり248kcal なので16ｇでは40kcal

- その他の穀類　50ｇ÷31日≒２ｇ…１日当たりその他の穀類使用量＝７kcal

  その他の穀類100ｇ当たり349kcal なので２ｇでは７kcal

- 米　穀類合計900kcal－（麺類41kcal＋パン類40kcal＋その他の穀類７kcal）＝812kcal

  …１日当たり米のエネルギー量は812kcal

  米100ｇ当たりのエネルギー量は342kcal なので，

  （812kcal÷342kcal）×100≒237ｇ　812kcal の米の量

  １か月の食事回数は，31日×３食で93回，麺類・パン類の回数は８回なので，

  93回－８回＝85回が米飯の回数

  （米237ｇ×31日）÷85回≒90ｇ（１人１日。米飯換算で，90×2.5≒220ｇ）

動物性たんぱく質食品

動物性たんぱく質比40～50％とすると，75ｇ×0.4～0.5＝30～37.5ｇ…動物性たんぱく質量
１日当たり平均使用量を魚介類（生）55ｇ，魚介類（干）0.5ｇ，水産練り製品３ｇ（食品
群10），肉類（生）55ｇ，その他の加工品２ｇ（食品群11），卵28ｇ（食品群12），牛乳150ｇ，
乳製品20ｇ（食品群13）とすると，たんぱく質は33.9ｇとなり，動物性たんぱく質は
（33.9ｇ÷75ｇ）×100＝45.2％で，目標値内に収まる。

野菜類，果実類，藻類（食品群６，７，９）

１日当たり平均使用量を，緑黄色野菜150ｇ，その他の野菜200ｇ，きのこ類３ｇ，漬物５ｇ
とし，果物はかんきつ類30ｇ，その他の果実類50ｇとし，藻類は0.6ｇ使用とする。

いも類（食品群２）

１日当たり平均使用量を，じゃがいも40ｇ，その他のいも類10ｇとする。

豆類（食品群４）

穀類，野菜類，果実類，きのこ類（食品群８），藻類（食品群９），いも類のたんぱく質量
合計が63.5ｇ，たんぱく質必要量が75ｇなので，75ｇ－63.5ｇ＝11.5ｇが残りとなる。
これを豆類で補う。１日当たり平均使用量を，大豆製品100ｇ，その他の豆類５ｇとする。

〈脂質エネルギー比〉

脂質エネルギー比は20～30％にする。1,800kcalの20～30％は，1,800×0.2～0.3＝
360～540kcal で，これが１日量となる。

上記の脂質合計は33.8ｇで，脂質１ｇ当たり９kcal なので，33.8ｇ×9≒304kcal，
360～540kcal－304kcal＝56～236kcal が残りとなる。

種実類と油脂類（食品群５，14）をそれぞれ１ｇと12ｇとすると，合計の脂質は46.0ｇ
となり，脂質エネルギー量は414kcal となる（46.0 lcal×９kcal）。

脂質エネルギー比は（414kcal÷1,800kcal）×100＝23.0％で，目標範囲内に収まる。

砂糖類（食品群３）

食品群１・２・４～14のエネルギー量合計は，1,766kcal となる。荷重平均栄養目標量の
1,800kcal とするために，あと34kcal が必要となる。そこで，砂糖を10ｇとする。

これで，食品構成が完成する（エネルギー1,800kcal，たんぱく質75ｇ，給与栄養目標量
と食品構成表との差は±５％以内に収まるようにする）。

食品構成表の算出方法

食品群別荷重平均成分表

食品群名		エネルギー	たんぱく質	脂質	炭水化物	食物繊維	ナトリウム	カリウム
		kcal	……………………… g ………………………				……… mg ………	
1 穀類	米	342	6.1	0.9	77.6	0.5	1	89
	パン類	248	8.9	4.1	46.5	4.2	468	86
	麺類	171	5.3	1.7	31.5	3.2	105	86
	その他の穀類	349	8.3	1.5	75.8	2.5	0	110
2 いも類	じゃがいも類	51	1.8	0.8	15.9	9.8	1	420
	いも加工品類	7	0.2	0	3	2.9	10	12
3 砂糖及び甘味類		339	0.1	0	86	0.5	3	26
4 豆類	大豆製品	108	9.4	6.3	5.4	3.2	10	391
	大豆・その他の豆類	242	14.9	2.9	44.4	11.6	11	630
5 種実類		620	19.8	56.7	17.5	12.0	3	430
6 野菜類	緑黄色野菜	24	1.5	0.2	5.7	2.3	12	360
	漬物	25	2.0	0.1	5.1	2.2	1,128	253
	その他の野菜類	58	4.3	0.3	8.8	1.5	2	163
7 果実類		168	1.9	0.1	42.2	4.0	6	424
8 きのこ類		19	2.2	0.2	4.3	3.0	4	277
9 藻類		203	12.5	2.8	57.5	41.2	5,841	1,488
10 魚介類	生	112	21.3	3.2	0.1	0.0	117	343
	塩蔵・缶詰	332	77.1	2.9	0.8	0.0	130	940
	水産練り製品	89	12.1	0.5	9.2	0.0	850	76
11 獣鳥肉類	生	212	19.2	15.5	0.2	0.0	48	327
	その他の加工品	380	40.1	24.7	0.2	0.0	600	135
12 卵類		142	12.2	10.2	0.4	0.0	140	130
13 乳類	牛乳	50	3.6	2.3	5.3	0.0	51	173
	その他の乳類	103	6.7	7.3	4.4	0.0	153	158
14 油脂類	動物性	720	0.6	80.0	0.2	0.0	11	22
	植物性	893	0.0	100.0	0.0	0.0	0	0
15 調味料類	食塩	100	0.0	0.0	0.0	0.0	39,000	100
	しょうゆ	77	7.7	0.0	7.9	0.1	5,400	390
	みそ	182	12.5	6.0	21.9	4.9	4,900	380
	その他の調味料	200	1.6	23.1	11.2	0.8	2,530	132
16 調理済み流通食品		41	0.0	0.0	10.2	0.0	4	0

資料）飯田範子作成

カルシウム	リン	鉄	亜鉛	レチノール活性当量	ビタミンB₁	ビタミンB₂	ビタミンC	食塩相当量
···········mg··········				µg	·····················mg·····················			g
5	95	0.8	1.4	0	0.08	0.02	0	0.0
23	68	0.5	1.4	0	0.07	0.05	0	1.2
85	11	45.0	0.5	0	0.01	0.15	0	0.3
20	60	0.5	0.3	0	0.11	0.03	0	0.0
4	46	1.0	0.2	0	0.08	0.03	28	0.0
75	10	0.5	0.1	0	0.00	0.00	0	0.0
4	5	0.1	0.0	0	0.00	0.00	3	0.0
90	145	2.0	0.9	0	0.11	0.06	0	0.0
87	178	2.7	2.2	0	0.20	0.11	0	0.0
930	601	8.3	5.7	1	0.43	0.20	0	0.0
26	4	0.5	0.2	249	0.07	0.07	33	0.0
46	42	0.4	0.2	13	0.03	0.05	13	3.0
26	44	0.3	0.3	6	0.08	0.03	18	0.0
28	43	2.0	0.1	19	0.11	0.02	60	0.0
4	79	0.6	0.4	0	0.07	0.18	0	0.0
675	249	7.4	1.9	216	0.21	0.30	5	14.9
24	263	0.6	0.6	20	0.19	0.12	1	0.3
28	790	5.5	2.8	0	0.55	0.35	0	0.3
120	77	0.2	0.2	21	0.01	0.04	1	2.2
4	185	0.7	2.0	5	0.81	0.20	1	0.1
10	149	0.7	1.1	4	0.3	0.09	22	1.6
46	170	1.5	1.1	210	0.06	0.37	0	0.4
122	58	0.1	0.4	24	0.04	0.18	0	0.1
207	156	0.0	0.9	74	0.04	0.03	1	0.4
14	18	0.4	0.1	800	0.00	0.00	0	0.0
1	1	0.0	0.1	0	0.00	0.00	0	0.0
22	0	0.0	0.0	0	0.00	0.17	0	99.5
29	160	1.7	0.9	0	0.05	0.10	0	14.5
100	170	4.0	1.1	0	0.03	0.05	0	12.4
23	36	0.6	0.1	5	0.01	0.01	1	5.9
1	0	0.0	0.1	0	0.00	0.00	0	0.0

軟食，流動食，その他の基準

病態，年齢適応が異なるので個々に対応可。

全粥・七分粥・五分粥食の基準

		全粥食	七分粥食	五分粥食
適応		1．発熱，手術後などの消化・吸収能力の低下及び食欲不振のとき 2．歯・口腔内の異常で咀嚼困難のとき 3．高齢者で咀嚼能力低下のとき	1．全粥，常食へ移行する前の食事 2．患部痛のある扁桃術後，泌尿器術後などに用いる	1．固形食の移行期 2．急性胃腸疾患，発熱時，手術後，食欲不振，ストレスなどの多いとき 3．低残渣食，胃潰瘍食，離乳食などのベースになる
食事内容		1．原則として野菜は加熱し，揚げ物以外調理は可能 2．繊維が多く，不消化な食品は使用しない 3．脂肪の多い肉，加工品は10g以下。小骨の多い魚，たこ，いかなどの不消化なものは使用しない 4．刺激食品，強刺激性スパイス（カレー・とうがらし）の多量使用以外は使用可	1．副食に全粥菜をつける場合は生野菜不可 2．五分菜をつける ●扁桃手術の際，酸味，濃い味を避けて小さく切る	1．野菜などは熟煮とする 2．水分量が減る，焼く，揚げるは禁じる。 3．主菜，副菜ともに水分（煮汁・あんなど）があるほうが食べやすい 4．繊維・脂肪が少なく，消化・吸収のよい食品（胃内停滞時間が短い）を使用する 5．味付けは薄味，必要があるときは刻み，小さく切る（口腔内刺激を軽減）
調理方法		煮・蒸・焼・炒・生・揚煮（少量） 禁：揚げ物，硬く焼いたもの，多量の生野菜	＊全粥食と同様	熟煮・蒸・生・焼（卵のみ） ●ただし，蒸し焼き，ホイル焼き，ホイルをかぶせて焼く，水分を補給，ピカタ，ムニエルは可
香辛料		●強刺激性スパイス（カレー，とうがらし）の多量使用は不可 ●からし，わさびなどは原則として使用しないが，状況によっては使用しても可。マスタードは可	＊全粥食と同様	●香りづけ，味付けに少量用い，刺激を感じない程度とする ●しょうが，こしょう，ゆず，ゆかり

	全粥食	七分粥食	五分粥食
穀類・種実類・菓子	●全粥，パン，マカロニ，そば，スパゲティ，クラッカー ●種実は擂ったものは可（ただし炒りごま少量は可） 禁：中華そば，揚げパン	●麺は煮込まなくて可 禁：中華麺・そば	●五分粥，パン（施設により異なる） ●煮込みうどん，そうめん，冷や麦，ビーフン（煮），マカロニ（軟・少量），パン粉，小麦粉，白玉粉，ホットケーキ，ビスケット，コーンフレーク，カステラ ●種実類（ごまなど）は擂りごま，練りごま可 ●スパゲティは少量（施設により異なる）
いも類	禁：ポテトチップス，フライドポテト，こんにゃく，しらたき ●施設によっては使用可，少量使用可あり。特に糖尿病食の粥	＊全粥食と同様	＊全粥食と同様
油脂類	ごま油は少量なら可。ドレッシング 禁：ラード，ヘット，中華ドレッシング，バンバンジードレッシング	＊全粥食と同様	サラダ油，乳化型ドレッシング

三分粥・流動食の基準

	三分粥食	流動食
適応	1．流動食に続いて固形食に移る準備期 2．急性胃腸炎，発熱時，嚥下困難，食道手術，全身状態のよくないとき 3．手術後	1．手術後，消化器の働きが正常でないとき 2．咀嚼・嚥下不能時，高熱時，極度の食欲不振時
食事内容	1．熟煮，裏ごし，マッシュ，刻みを原則とする 2．主菜，副菜ともに水分（煮汁・あんなど）があるほうが食べやすい 3．たんぱく質源は，主としてほぐした白身魚，卵，豆腐，乳製品を中心とし，肉類は極力控える ●流動食に近いと考えてよい	1．咀嚼なしで嚥下できるもの 2．口腔内で速やかに流動態になるもの ●症状により，完全に流動物のみの場合と，逆に流動物は禁止の場合があるので注意する ●患部に刺激を与えない。口腔から咽頭部の通過に差し支えない滑らかさを要する。適温は体温程度

	三分粥食	流動食
調理方法	熟煮・蒸，裏ごし，マッシュ	＊三分粥食と同様
香辛料	＊五分粥食と同様，もしくはスパイスは使用しない	スパイスは使用しない
穀類・種実類・菓子	三分粥，パンがゆ，煮込みうどん，そうめん，冷や麦，麩，ウエハース，小麦粉，栗（裏ごし）	●重湯（味付き，卵黄など混ぜても可），小麦粉 ●はちみつ湯 ●ミルクココア
いも類	じゃがいも，やまいも，里いも，片栗粉，さつまいも（裏ごし）	葛湯，いもの裏ごし（ペースト），ポタージュ
油脂類	マヨネーズ，マーガリン，生クリーム，バター	マーガリン，バター，生クリーム

消化器系疾患食の基準

病態，年齢適応が異なるので個々に対応可。

	胃・腸	肝　臓	膵臓・胆嚢
適応	1．胃粘膜損傷の修復時 2．腹痛を伴う下痢，嘔吐のある場合 3．胃及び腸管の炎症及び運動が亢進し，食物の通過は可能であるが，消化・吸収が低下しているとき	1．傷害された肝細胞の修復再生時 2．病状に応じ，十分なたんぱく質，エネルギー，適正な栄養素補給時	1．疼痛・発熱や異常所見（アミラーゼ値，白血球など）出現時，膵液の分泌を極力抑制する場合 2．大量の胆汁の流出により，早期排泄による脂質の消化障害により，下痢傾向となる場合
食事内容	1．胃壁や胃液分泌を刺激せず，過度に熱いもの，冷たいものは避ける 2．軟らかく，胃内に長く停滞しないよう加熱調理が基本。脂質は停滞時間を延長するので避ける 3．繊維質は，腸の蠕動運動を促進するので控える。野菜などは軟らかく煮るか裏ごしにする	1．高たんぱく，高エネルギー，高ビタミンが原則。ただし，栄養過多による脂肪肝には十分に配慮 2．黄疸のある場合，脂質は20～30ｇに制限する。腹水のある場合，塩分を3～6ｇに控える 3．脂肪肝の場合，糖尿病肝臓食に準じる	1．発作時は絶食。炎症や疼痛が軽減されたら糖質の投与から開始し，徐々にたんぱく質を増量する 2．原則として，膵臓に対する負荷が最も少ない糖質を十分量投与するが，糖尿病合併の場合も真性糖尿病のように血糖コントロールに注意し糖質を強く制限しない 3．たんぱく質は脂質の少ない良質のものを十分に摂りコレステロール含有量に注意

	胃・腸	肝　臓	膵臓・胆嚢
調理方法	煮・蒸・焼 禁：揚げ物，硬く焼いたもの，なま物	煮・蒸・焼・生（少量）・揚 禁：特にないが，黄疸症状出現時は揚げ物	煮・蒸・焼 禁：炒め物，揚げ物，硬く焼いたもの，なま物
香辛料	控える	●強刺激性スパイス（カレー，とうがらし）の多量使用は不可 ●からし，わさびなどは原則として使用しないが，状況によっては使用しても可。マスタードは可	控える
穀類・種実類・菓子	●全粥，パン，マカロニ，スパゲティ，クラッカー 禁：中華そば，揚げパン，そば，種実類 ＊菓子はゼリー，プリン，ブラマンジェなどは可	●全粥，パン，マカロニ，そば，スパゲティ，クラッカー 禁：過酸化物質を避けるため，中華そば，揚げパン，スナック菓子は控える	●五分粥，パン（施設により異なる） ●煮込みうどん，そうめん，冷や麦，ビーフン（煮），マカロニ（軟・少量），パン粉，小麦粉，白玉粉，ホットケーキ，ビスケット，コーンフレーク，カステラ ●種実類（ごまなど）は擂りごま・練りごま可 ●スパゲティは少量（施設により異なる）
いも類	禁：ポテトチップス，フライドポテト，こんにゃく，しらたき ●施設によっては使用可，少量使用可あり。特に糖尿病食の粥食	＊胃・腸食と同様	じゃがいも，やまいも，里いも，はるさめ，片栗粉，さつまいも （裏ごし）
油脂類	ごま油は少量可。ドレッシング 禁：ラード，ヘット，中華ドレッシング，バンバンジードレッシング	黄疸症状出現期以外，特に制限なし	初期，食品に含まれる脂肪のみ。 徐々に増量・中鎖脂肪酸を多く含むもの

6

栄養管理計画

代謝栄養障害食の基準

病態，年齢適応が異なるので個々に対応可。

	糖尿病	糖尿病腎症	肝性糖尿病
適応	1.重症度の軽重を問わず，糖尿病の診断を受けた全ての患者に必要とする 2.医師の指示により，年齢，性別，標準体重，運動量，病状，合併症を考慮し，摂取エネルギー，各栄養素の配分が必要な場合	糖尿病患者のうち，浮腫・乏尿・蛋白尿・BUN・血中クレアチニンの上昇，窒素代謝に由来する尿毒性物質の蓄積など，腎機能の低下が認められた場合	糖尿病に慢性肝障害を合併している場合
食事内容	1.摂取エネルギーを決定し，エネルギー産生栄養素の配分を考慮する。炭水化物は50〜60％，たんぱく質はケトン体の産生が高まり体たんぱくの崩壊を補うため，1.0〜1.5g/標準体重kg/日，15〜20％E，脂質は不飽和脂肪酸に留意し，20〜25％Eとする 2.ビタミン，ミネラルについては不足しないよう配慮。コントロール不良や感染症吸収障害などの合併症がある場合，多めに確保	1.原則として総エネルギー量とたんぱく質の制限，食塩制限を症状に応じて行う 2.非ネフローゼ症候群は通常の糖尿病食で可。過剰のたんぱく質を避け，ネフローゼ併発の場合，尿中たんぱく質喪失量を考慮し，状態に応じ水分，塩分，カリウム，リンの制限を行う 3.透析療法の場合，エネルギー・たんぱく質は軽度制限。塩分は中等度3〜5gとする	1.摂取エネルギー内で肝疾患のタイプに応じ，たんぱく質の比率を増減する 2.粘膜再生のため，ビタミン類を十分に確保する。同時にカリウムの補給にも考慮する
調理方法	煮・蒸・焼・炒・揚状態に応じる	煮・蒸・焼・炒・揚状態に応じる	煮・蒸・焼・炒・揚状態に応じる
香辛料	膵炎などの合併症状がない場合，過度でなければ制限なし	膵炎などの合併症状がない場合，過度でなければ制限なし	膵炎などの合併症状がない場合，過度でなければ制限なし
穀類・種実類・菓子	摂取エネルギーの配分内で使用可 禁：菓子類（ショ糖が多く含まれ急速に血糖を上昇させるため）	摂取エネルギーの配分内で使用可 禁：菓子類（ショ糖が多く含まれ急速に血糖を上昇させるため。場合によっては機能性表示食品の菓子類使用）	摂取エネルギーの配分内で使用可 禁：菓子類（ショ糖が多く含まれ急速に血糖を上昇させるため。場合によっては機能性表示食品の菓子類使用）
いも類	摂取配分内で使用可	摂取配分内で使用可	摂取配分内で使用可
油脂類	適正エネルギー内においては制限なし。不飽和脂肪酸に配慮	適正エネルギー内においては制限なし。不飽和脂肪酸に配慮	適正エネルギー内においては制限なし。不飽和脂肪酸に配慮
禁止食品	菓子類・嗜好品・ショ糖を多く含むもの	菓子類・嗜好品・ショ糖・カリウムを多く含むもの	菓子類・嗜好品・ショ糖を多く含むもの

	肥　満	痛　風
適応	1. 合併症を伴い，脂肪組織を主とする標準体重を目標とした減量を必須とする場合 2. 脂肪細胞における代謝性変化のための代謝障害に関連した症状出現により合併症の有病率の高さを認められた場合	1. 尿酸代謝異常が認められ，高尿酸血症を来している場合 2. 関節炎発作，尿酸排泄低下時。合併症を来すおそれがある場合
食事内容	1. 肥満の程度，合併症の有無にかかわらず，代謝に悪影響のない程度のエネルギー制限を行う→医師の管理下 2. 低エネルギー食を長期に行う場合，カルシウム，リン，鉄，ビタミンなどが不足しがちになるので，使用食品，調理などに配慮する。コレステロール含有量に注意する	1. プリン体を厳密に制限すると他の栄養素に偏りを来すおそれがあるので，過剰にならないよう，厳密ではなく，ある程度緩和した低プリン体食とする。 2. プリン体が核酸の形で存在するので，水に易溶性，油に難溶性であることから，調理法に考慮する 3. アミノ酸が尿酸産生するので，たんぱく質は過剰摂取とならないよう，尿酸の溶解度を高めるため，カルシウムやカリウムを摂る
調理方法	煮・蒸・焼・炒・揚 状態に応じる 禁：揚げ物	煮・蒸・生 炒・揚は極力控える
香辛料	過度でなければ特に制限なし	過度でなければ特に制限なし
穀類・種実類・菓子	摂取エネルギーの配分内で使用可 禁：菓子類は原則的に禁止。ただし，嗜好品は精神的苦痛の緩和のために低エネルギーのものは可	摂取エネルギーの配分内で使用可 禁：菓子類は原則的に禁止。ただし，嗜好品は精神的苦痛の緩和のために低エネルギーのものは可
いも類	摂取配分内で使用可	摂取配分内で使用可
油脂類	適正エネルギー内においては制限なし。不飽和脂肪酸に配慮	適正エネルギー内においては制限なし。不飽和脂肪酸に配慮
禁止食品	高エネルギー食品	高プリン体含有食品

6

栄養管理計画

循環器疾患食の基準

病態，年齢適応が異なるので個々に対応可。

	心臓・高血圧	脂質異常症
適応	1. 浮腫，腹水を生じる場合の水分及び食塩の摂取制限を必要とする場合 2. 肥満は疾患の負担を増すので，適正なエネルギー，各栄養素の確保を必要とする場合	1. 血清コレステロール，トリグリセリド，リン脂質が増加し，食事成分の是正が必要な場合 2. 外因性のコレステロール制限を必要とし，多価不飽和・一価不飽和・飽和脂肪酸比（PMS比）を適正に保つ必要があるとき
食事内容	1. 原則は塩分の制限とし，症状に応じ増量する。安定期でも7g以下とし，腎症合併の場合，たんぱく質を制限する 2. 肥満のある場合の症例が多く，適正エネルギー，許容された体重量に応じて，場合によっては変化させる 3. 便秘にならないよう，食物繊維の確保	1. 原則として血清リポたんぱく質濃度の影響を考え，タイプごとにエネルギー，コレステロールを制限(150～300mg以下) 2. 胆汁酸の排泄を促し，LDLを低下させるため，食物繊維・大豆たんぱく質・植物たんぱく質を摂取する。砂糖・果糖は制限 3. EPA，DHAなどPMS比を考慮し，多価不飽和脂肪酸（中鎖脂肪酸を除いて）40%以上摂るようにする
調理方法	煮・蒸・焼・炒・生・揚，各症状に応じる	煮・蒸・焼・炒・生・揚，各症状に応じる
香辛料	減塩食の味に変化をつけるため，過度の使用がなければ制限なし	特に過度でなければ制限なし
穀類・種実類・菓子	穀類，種実，特に制限なし 禁：スナック菓子，インスタント食品	穀類，種実，特に制限なし 禁：スナック菓子，インスタント食品
いも類	禁：ポテトチップス	禁：ポテトチップス
油脂類	適正エネルギー内においては制限なし。低塩のものを使用	禁：ラード，ヘット，バターは少量。植物性中心

腎・泌尿器系疾患食の基準

病態，年齢適応が異なるので個々に対応可。

	腎疾患	ネフローゼ症候群	血液透析・腹膜透析
適応	1．浮腫，尿量減少，蛋白尿，腎クリアランス低下などの腎機能低下が認められた場合 2．腎障害により機能が低下し，体液の恒常性が維持できなくなった際，及び体たんぱく質崩壊の防止	腎糸球体の疾患により低たんぱく質血症と浮腫が出現した際の失われた血清たんぱく質を補充し，水の貯留を減少させる場合	1．慢性腎不全が進行し，人工透析の開始が必要となった場合 2．透析導入後のコントロール不良及び導入期，合併症併発期間もコントロール良好の安定期，両方の食事基準が必須
食事内容	1．各病期・症状に応じ，適正エネルギー・適正たんぱく質の確保，食塩，水分，カリウム，リンの制限を配慮 2．糖尿病，痛風などの合併があるときはエネルギーを抑える 3．症状に応じて栄養価は細分化されるが，糖質と脂質を主要エネルギー源とする	1．腎機能低下のない場合，プロテインスコアの高いたんぱく質を摂り，エネルギー源は糖質と脂質（不飽和脂肪酸）を主要とし，症状に応じ添加食塩量，尿量に応じ水分を制限する 2．高カリウム血症，低カリウム血症の症状によりカリウム量の増減，発症時塩分量 0〜3ｇ，寛解期 7ｇ程度とし，BUN，蛋白尿の状態によりたんぱく質量を考慮	1．エネルギーは体動量に応じて十分に，たんぱく質は BUN を考慮し，コントロール不良・良好により，合併症の有無に応じて増減する 2．水分喪失量は，透析をしない日は不感蒸泄代謝水の目安，塩分は汗のみの排泄となるので，7ｇ以下を目安とする。カリウム，リンについては合併症のない場合に緩和する
調理方法	煮・蒸・焼・炒・揚，各症状に応じる	煮・蒸・焼・炒・揚，各症状に応じる	煮・蒸・焼・炒・揚，各症状に応じる
香辛料	減塩食の味に変化をもたせるため，過度の使用でなければ刺激を感じない程度で使用可	減塩食の味に変化をもたせるため，過度の使用でなければ刺激を感じない程度で使用可	減塩食の味に変化をもたせるため，過度の使用でなければ刺激を感じない程度で使用可
穀類・種実類・菓子	制限なし 禁：塩分含有量の多い菓子類 症状に応じ機能性表示食品に分類される菓子類	制限なし 禁：塩分含有量の多い菓子類 症状に応じ機能性表示食品に分類される菓子類	制限なし 禁：塩分含有量の多い菓子類
いも類	制限なし。カリウムの排除に注意 禁：塩分含有量の多いもの	制限なし。カリウムの排除に注意 禁：塩分含有量の多いもの	制限なし。カリウムの排除に注意 禁：塩分含有量の多いもの
油脂類	制限なし。不飽和脂肪酸の摂取に配慮 禁：塩分過多のドレッシング類	制限なし。不飽和脂肪酸の摂取に配慮 禁：塩分過多のドレッシング類	制限なし。不飽和脂肪酸の摂取に配慮 禁：塩分過多のドレッシング類
禁止食品	塩蔵物。症状によって生野菜，果物，大豆製品	塩蔵物。症状によって生野菜，果物，大豆製品	塩蔵物。症状によって生野菜，果物，大豆製品

6

栄養管理計画

給与栄養目標量計算表

（日本人の食事摂取基準2020年版）

	年齢(歳)	身体活動レベル	人数	エネルギー(kcal)	たんぱく質 RDA(g)	たんぱく質 エネルギー比(%)	たんぱく質 下限~上限(g)	脂質 エネルギー比(%)	脂質 下限~上限(g)	ビタミンA RDA(μgRAE)	ビタミンA EAR(μgRAE)	ビタミンB$_1$ RDA(mg)	ビタミンB$_1$ EAR(mg)	ビタミンB$_2$ RDA(mg)	ビタミンB$_2$ EAR(mg)
男性	1~2	II		950	20		31~48		21~32	400	300	0.51	0.43	0.57	0.48
	3~5	II		1,300	25		42~65		29~43	450	350	0.70	0.59	0.78	0.65
	6~7	I		1,350			44~68		30~45			0.73	0.61	0.81	0.68
		II		1,550	30		50~78		34~52	400	300	0.84	0.70	0.93	0.78
		III		1,750			57~88		39~58			0.95	0.79	1.05	0.88
	8~9	I		1,600			52~80		36~53			0.86	0.72	0.96	0.80
		II		1,850	40		60~93		41~62	500	350	1.00	0.83	1.11	0.93
		III		2,100			68~105		47~70			1.13	0.95	1.26	1.05
	10~11	I		1,950			63~98		43~65			1.05	0.88	1.17	0.98
		II		2,250	45		73~113		50~75	600	450	1.22	1.01	1.35	1.13
		III		2,500			81~125		56~83			1.35	1.13	1.50	1.25
	12~14	I		2,300		13~20	75~115		51~77			1.24	1.04	1.38	1.15
		II		2,600	60		85~130		58~87	800	550	1.40	1.17	1.56	1.30
		III		2,900			94~145		64~97			1.57	1.31	1.74	1.45
	15~17	I		2,500			81~125		56~83			1.35	1.13	1.50	1.25
		II		2,800	65		91~140	20~30	62~93	900	650	1.51	1.26	1.68	1.40
		III		3,150			102~158		70~105			1.70	1.42	1.89	1.58
	18~29	I		2,300			75~115		51~77			1.24	1.04	1.38	1.15
		II		2,650	65		86~133		59~88	850	600	1.43	1.19	1.59	1.33
		III		3,050			99~153		68~102			1.65	1.37	1.83	1.53
	30~49	I		2,300			75~115		51~77			1.24	1.04	1.38	1.15
		II		2,700	65		88~135		60~90	900	650	1.46	1.22	1.62	1.35
		III		3,050			99~153		68~102			1.65	1.37	1.83	1.53
	50~64	I		2,200			77~110		49~73			1.19	0.99	1.32	1.10
		II		2,600	65	14~20	91~130		58~87	900	650	1.40	1.17	1.56	1.30
		III		2,950			103~148		66~98			1.59	1.33	1.77	1.48
	65~74	I		2,050			77~103		46~68			1.11	0.92	1.23	1.03
		II		2,400	60	15~20	90~120		53~80	850	600	1.30	1.08	1.44	1.20
		III		2,750			103~138		61~92			1.49	1.24	1.65	1.38
	75以上	I		1,800	60	15~20	68~90		40~60	800	550	0.97	0.81	1.08	0.90
		II		2,100			79~105		47~70			1.13	0.95	1.26	1.05

注）身体活動レベル：Ⅰ低い，Ⅱふつう，Ⅲ高い。Ⅰは自宅にいてほとんど外出しない者，高齢者施設で自立に近い状態で過ごしている者，Ⅱは自立している者。

RDA：推奨量。ある母集団のほとんど（97~98％）の人が1日の必要量を満たすと推定される1日摂取量。

EAR：推定平均必要量。ある母集団の平均必要量の推定値で，そこに属する50％の人が必要量を満たすと推定される1日摂取量。

ビタミンC		カルシウム		鉄		食塩相当量	炭水化物			食物繊維	ビタミンD	亜鉛
RDA	EAR	RDA	EAR	RDA	EAR		エネルギー比	下限〜上限	平均			
(mg)		(mg)		(mg)		(g)	(%)	(g)	(g)	(g)	(μg)	(mg)
40	35	450	350	4.5	3.0	3.0		119〜154	137	—	3.0	3
50	40	600	500	5.5	4.0	3.5		163〜211	187	8以上	3.5	4
60	50	600	500	5.5	5.0	4.5		169〜219	194	10以上	4.5	5
								194〜252	223			
								219〜284	252			
70	60	650	550	7.0	6.0	5.0		200〜260	230	11以上	5.0	6
								231〜301	266			
								263〜341	302			
85	70	700	600	8.5	7.0	6.0		244〜317	281	13以上	6.5	7
								281〜366	324			
								313〜406	360			
100	85	1,000	850	10.0	8.0	7.0		288〜374	331	17以上	8.0	10
								325〜423	374			
								363〜471	417			
100	85	800	650	10.0	8.0	7.5	50〜65	313〜406	360	19以上	9.0	12
								350〜455	403			
								394〜512	453			
100	85	800	650	7.5	6.5	7.5		288〜374	331	21以上	8.5	11
								331〜431	381			
								381〜496	439			
100	85	750	600	7.5	6.5	7.5		288〜374	331	21以上	8.5	11
								338〜439	389			
								381〜496	439			
100	85	750	600	7.5	6.5	7.5		275〜358	317	21以上	8.5	11
								325〜423	374			
								369〜479	424			
100	80	750	600	7.5	6.0	7.5		256〜333	295	20以上	8.5	11
								300〜390	345			
								344〜447	396			
100	80	700	600	7.0	6.0	7.5		225〜293	259	20以上	8.5	10
								263〜341	302			

食塩相当量，食物繊維は，目標量（DG）：生活習慣病の発症及び重症化予防のために，現在の日本人が当面の目標とすべき量。

ビタミンDは，目安量（AI）：特定の集団において不足状態を示す人がほとんどいない量。

亜鉛は，RDA（推奨量）。

6

栄養管理計画

（日本人の食事摂取基準2020年版）

年齢(歳)	身体活動レベル	人数	エネルギー(kcal)	たんぱく質 RDA(g)	たんぱく質 エネルギー比(%)	たんぱく質 下限〜上限(g)	脂質 エネルギー比(%)	脂質 下限〜上限(g)	ビタミンA RDA(μgRAE)	ビタミンA EAR	ビタミンB₁ RDA(mg)	ビタミンB₁ EAR	ビタミンB₂ RDA(mg)	ビタミンB₂ EAR
1〜2	Ⅱ		900	20		29〜45		20〜30	350	250	0.49	0.41	0.54	0.45
3〜5	Ⅱ		1,250	25		41〜63		28〜42	500	350	0.68	0.56	0.75	0.63
6〜7 Ⅰ	Ⅰ		1,250			41〜63		28〜42			0.68	0.56	0.75	0.63
6〜7 Ⅱ	Ⅱ		1,450	30		47〜73		32〜48	400	300	0.78	0.65	0.87	0.73
6〜7 Ⅲ	Ⅲ		1,650			54〜83		37〜55			0.89	0.74	0.99	0.83
8〜9 Ⅰ	Ⅰ		1,500			49〜75		33〜50			0.81	0.68	0.90	0.75
8〜9 Ⅱ	Ⅱ		1,700	40		55〜85		38〜57	500	350	0.92	0.77	1.02	0.85
8〜9 Ⅲ	Ⅲ		1,900			62〜95		42〜63			1.03	0.86	1.14	0.95
10〜11 Ⅰ	Ⅰ		1,850			60〜93		41〜62			1.00	0.83	1.11	0.93
10〜11 Ⅱ	Ⅱ		2,100	50		68〜105		47〜70	600	400	1.13	0.95	1.26	1.05
10〜11 Ⅲ	Ⅲ		2,350			76〜118		52〜78			1.27	1.06	1.41	1.18
12〜14 Ⅰ	Ⅰ		2,150		13〜20	70〜108		48〜72			1.16	0.97	1.29	1.08
12〜14 Ⅱ	Ⅱ		2,400	55		78〜120		53〜80	700	500	1.30	1.08	1.44	1.20
12〜14 Ⅲ	Ⅲ		2,700			88〜135		60〜90			1.46	1.22	1.62	1.35
15〜17 Ⅰ	Ⅰ		2,050			67〜103	20〜30	46〜68			1.11	0.92	1.23	1.03
15〜17 Ⅱ	Ⅱ		2,300	55		75〜115		51〜77	650	500	1.24	1.04	1.38	1.15
15〜17 Ⅲ	Ⅲ		2,550			83〜128		57〜85			1.38	1.15	1.53	1.28
18〜29 Ⅰ	Ⅰ		1,700			55〜85		38〜57			0.92	0.77	1.02	0.85
18〜29 Ⅱ	Ⅱ		2,000	50		65〜100		44〜67	650	450	1.08	0.90	1.20	1.00
18〜29 Ⅲ	Ⅲ		2,300			75〜115		51〜77			1.24	1.04	1.38	1.15
30〜49 Ⅰ	Ⅰ		1,750			57〜88		39〜58			0.95	0.79	1.05	0.88
30〜49 Ⅱ	Ⅱ		2,050	50		67〜103		46〜68	700	500	1.11	0.92	1.23	1.03
30〜49 Ⅲ	Ⅲ		2,350			76〜118		52〜78			1.27	1.06	1.41	1.18
50〜64 Ⅰ	Ⅰ		1,650		14〜20	58〜83		37〜55			0.89	0.74	0.99	0.83
50〜64 Ⅱ	Ⅱ		1,950	50		68〜98		43〜65	700	500	1.05	0.88	1.17	0.98
50〜64 Ⅲ	Ⅲ		2,250			79〜113		50〜75			1.22	1.01	1.35	1.13
65〜74 Ⅰ	Ⅰ		1,550		15〜20	58〜78		34〜52			0.84	0.70	0.93	0.78
65〜74 Ⅱ	Ⅱ		1,850	50		69〜93		41〜62	700	500	1.00	0.83	1.11	0.93
65〜74 Ⅲ	Ⅲ		2,100			79〜105		47〜70			1.13	0.95	1.26	1.05
75以上 Ⅰ	Ⅰ		1,400		15〜20	53〜70		31〜47			0.76	0.63	0.84	0.70
75以上 Ⅱ	Ⅱ		1,650	50		62〜83		37〜55	650	450	0.89	0.74	0.99	0.83

※ 全行とも「女性」。

注）身体活動レベル：Ⅰ低い，Ⅱふつう，Ⅲ高い。Ⅰは自宅にいてほとんど外出しない者，高齢者施設で自立に近い状態で過ごしている者，Ⅱは自立している者。

RDA：推奨量。ある母集団のほとんど（97〜98％）の人が1日の必要量を満たすと推定される1日摂取量。

EAR：推定平均必要量。ある母集団の平均必要量の推定値で，そこに属する50％の人が必要量を満たすと推定される1日摂取量。

ビタミンC		カルシウム		鉄		食塩相当量	エネルギー比	炭水化物		食物繊維	ビタミンD	亜鉛
RDA	EAR	RDA	EAR	RDA	EAR			下限～上限	平均			
(mg)		(mg)		(mg)		(g)	(%)	(g)	(g)	(g)	(μg)	(mg)
40	35	400	350	4.5	3.0	3.0		113～146	130	—	3.5	3
50	40	550	450	5.5	4.0	3.5		156～203	180	8以上	4.0	3
60	50	550	450	5.5	4.5	4.5		156～203	180	10以上	5.0	4
								181～236	209			
								206～268	237			
70	60	750	600	7.5	6.0	5.0		188～244	216	11以上	6.0	5
								213～276	245			
								238～309	274			
85	70	750	600	12.0	10.0	6.0		231～301	266	13以上	8.0	6
								263～341	302			
								294～382	338			
100	85	700	650	12.0	10.0	6.5		269～349	309	17以上	9.5	8
								300～390	345			
								338～439	389			
100	85	650	550	10.5	8.5	6.5	50～65	256～333	295	18以上	8.5	8
								288～374	331			
								319～414	367			
100	85	650	550	10.5	8.5	6.5		213～276	245	18以上	8.5	8
								250～325	288			
								288～374	331			
100	85	650	550	10.5	9.0	6.5		219～284	252	18以上	8.5	8
								256～333	295			
								294～382	338			
100	85	650	550	11.0	9.0	6.5		206～268	237	18以上	8.5	8
								244～317	281			
								281～366	324			
100	80	650	550	6.0	5.0	6.5		194～252	223	17以上	8.5	8
								231～301	266			
								263～341	302			
100	80	600	500	6.0	5.0	6.5		175～228	202	17以上	8.5	8
								206～268	237			

食塩相当量，食物繊維は，目標量（DG）：生活習慣病の発症及び重症化予防のために，現在の日本人が当面の目標とすべき量。
ビタミンDは，目安量（AI）：特定の集団において不足状態を示す人がほとんどいない量。
亜鉛は，推奨量。

6　栄養管理計画

献立作成と日本食品標準成分表2020年版（八訂）

　文部科学省科学技術・学術審議会資源調査分科会は，日本食品標準成分表を 5 年ぶりに改訂し，調理済み食品の情報の充実，エネルギー計算方法の変更など全面改訂を行い，収載食品数を2,478食品とした。この成分表は，食品成分に関する唯一の公的データであり，給食・調理現場などでの栄養管理・指導，個人の食事管理や加工食品の表示などにおける参考資料として，また教育，研究，行政分野での基礎資料として幅広く活用されている。

食品群別収載食品

食品群	食品数（八訂）	食品数（七訂）	食品群	食品数（八訂）	食品数（七訂）
1 穀類	205	159	10 魚介類	453	419
2 いも及びでん粉類	70	62	11 肉類	310	291
3 砂糖及び甘味類	30	27	12 卵類	23	20
4 豆類	108	93	13 乳類	59	58
5 種実類	46	43	14 油脂類	34	31
6 野菜類	401	362	15 菓子類	185	141
7 果実類	183	174	16 し好飲料類	61	58
8 きのこ類	55	49	17 調味料及び香辛料類	148	129
9 藻類	57	53	18 調理加工食品類	50	22
合　計				2,478	2,191

献立作成時の主な食品選択

献立作成時…生，皮むき・生　　栄養評価時…計量時の状態

1 穀類

　小麦粉…一等　薄力粉：天ぷら，ケーキなど

　　　　　　　　中力粉：麺類

　　　　　　　　強力粉：パンなど

　こめ…水稲穀粒（精白米 うるち米）

　ご飯…水稲めし・精白米 うるち米（料理を検索する際の栄養価計算）

　※はったい粉…麦こがし

　※揚げ玉…天かす

2 いも及びでん粉類

　板こんにゃく…製粉こんにゃく

　かたくり粉…じゃがいもでん粉

　※タピオカ…キャッサバでん粉

　はるさめ…普通はるさめ（じゃがいもでん粉・さつまいもでん粉）

3 砂糖及び甘味類

　砂糖…車糖・上白糖

6 野菜類

さやいんげん…いんげんまめ・若ざや

さやえんどう（絹さや）…えんどうまめ・若ざや

もやし
- …緑豆もやし（やや太め，日本では 9 割を占める）
- …ブラックマッペもやし（細め，関西に多い）
- …大豆もやし（豆付き）

みずな…京菜

長ねぎ…根深ねぎ

青ねぎ…葉ねぎ

ゴーヤ…にがうり

なんばん…とうがらし

かいわれ…かいわれだいこん

しゅんぎく…きくな

9 藻類

カットわかめ…湯通し塩蔵わかめ・塩抜き

10 魚介類　─種類がわからない場合の栄養価計算の際に用いるとよい─

あじ類…まあじ

いわし類…まいわし

しらす干し…しらす干し・微乾燥品

ちりめんじゃこ…しらす干し・半乾燥品

かじき類…めかじき

かれい類…まがれい

さば類…たいへいようさば

さけ類…べにざけ，しろさけ（あきさけ）

ししゃも類…ししゃも・からふとししゃも（カペリン）

たい類…まだい

から類…まだら

まぐろ類…びんなが

えび類…ブラックタイガー

むきえび…しばえびで栄養価計算，廃棄なし

たこ類…まだこ・ゆで

いか類…するめいか

11 肉類　─種及び部位を選択する─

うし…乳用肥育牛肉

ぶた…大型種肉

にわとり…若鶏肉

サラミ…ドライソーセージ

ソフトサラミ…セミドライソーセージ

13 乳類

牛乳…普通牛乳

スキムミルク…脱脂粉乳

粉チーズ…パルメザンチーズ

スライスチーズ，6 P チーズ…プロセスチーズ

ヨーグルト…全脂無糖ヨーグルト

アイスクリーム…ラクトアイス普通脂肪

6

栄養管理計画

14 油脂類
 サラダ油…調合油
 バター…有塩バター
 （製菓用）バター…無塩バター

16 し好飲料類
 清酒…普通酒
 みりん…本みりん
 ※みりん風調味料は調味料に含まれる

17 調味料及び香辛料
 しょうゆ…濃口しょうゆ   米みそ…淡色辛みそ
 食塩類…食塩   西京みそ…甘みそ
 食酢類…穀物酢   麦みそ…麦みそ
 こしょう…混合・粉（少々＝0.01g） オイスターソース…かき油
 マヨネーズ…卵黄型マヨネーズ みりん風調味料
 コンソメ…固形ブイヨン
 顆粒（粉末）調味料…顆粒和風だし
 ※だし類は液体だしで，特定給食施設では使用することが少ない
資料）飯田範子作成

献立作成の条件

- ●基本事項
  - ①給与栄養目標量を満たすことである。給与栄養目標量に対し，日差が±10%以内で，一定期間内の平均値が一致するように計画する。
  - ②食品群別使用重量の一定期間内の平均値が食品構成に合うように工夫する。
  - ③料理の組み合わせや使用食品に変化があり，調和がとれているかどうかを，ⅰ使用食品の種類と数，ⅱ色彩，ⅲ季節感，ⅳ味，ⅴ供食時温度，ⅵ単一材料と多種類材料の組み合わせ，ⅶ切り方，の点で配慮する。
  - ④保有食器の種類によって，盛り付け効果を考える。
  - ⑤料理担当者の能力及び人数を考慮する。
  - ⑥料理時間の配分を考える。
  - ⑦適温給食ができるかを考える。
  - ⑧設備，調理機器の稼働状況を把握しておく。
  - ⑨食品衛生上，発注から調理，供食に至る全過程の安全性を確認する。
  - ⑩期間内平均材料費が予算内に収まるようにする。
- ●記載項目

  給食施設の献立表は，その用途などにより多少の違いはあるが，次のような項目が記載されるのが普通である。
  - ①献立表の名称
  - ②食事の種類（病院給食の場合など）
  - ③実施月日と曜日
  - ④作成栄養士及び上司決済捺印欄
  - ⑤予定及び実施給食数
  - ⑥食事区分（朝食，昼食，夕食，間食）
  - ⑦献立名（料理名）
  - ⑧食品材料名
  - ⑨1人当たり食品材料可食部量
  - ⑩1人当たり栄養素等量（エネルギー・たんぱく質・脂質・その他，必要に応じる）
  - ⑪総食品材料可食部量（⑨×予定給食数）
  - ⑫廃棄率
  - ⑬総食品材料素材量重量（総使用予定食品材料重量）
  - ⑭備考（調理方法，盛り付け図，その他献立に関する指示や連絡事項）
- ●予定献立表の記載の方法
  - ①献立の記入順序は，施設によって異なるが，一般的に主食・主菜・副菜・汁物・デザート・飲み物の順が多い。
  - ②食品名は料理ごとに調理手順に従って記入する。その際に，肉類・魚介類の種類・部位・形状等を記載する。
  - ③同じ料理の中で別個に調理するものは，その食品材料をグループに分けて，それぞれを（　）でまとめる。
  - ④調理に必要な水分量を記入する。
  - ⑤だし汁に使用する鶏がら，豚骨，煮干しなどは，その名前を記入する。栄養量は記入しないが，その費用は記入し，食材料の費用に含める。

⑥調味料は，重量（g）または（%）で記入し，少々または適宜というような表現はしない。

⑦可食部量，正味量，純使用量というように表現されるものは，実際に喫食し，栄養素等摂取の対象になる分量のことである。

⑧素材量，材料量，総使用量などと表現されるものは，可食部分に廃棄部分を含む食品材料の量を意味する。

⑨廃棄率は，素材重量に対する廃棄部重量の率（%）で表される。

⑩総使用量，使用総量は，予定給食数に対して使用する食材料の使用重量を意味する。

⑪栄養素等量の計算は「日本食品標準成分表」（食品成分表）に従い，記載されているエネルギーや栄養素と同じ表示単位とする。

⑫備考には，調理方法を箇条書きにする。

⑬視覚的な添え物として食べないものは，栄養素等量に計算はしない。

⑭食品成分表に載っていない食品は，栄養的に類似した食品を選んで計算する。

⑮調理加工食品は，食品成分表に記載されているもの以外は，その材料の構成割合を確かめ，原材料の目安量を記入し，それぞれの栄養素等量を計算する。

●実施献立表

　予定献立に基づいて給食を実施した際に生じる変更（材料の変更，調味料などの重量の増減など）を訂正記入したものが実施献立である。これは次回の献立作成の参考資料となる。実施献立表は記録書となり，栄養出納表（p.133参照）や報告書の基礎資料となる。

〔献立作成の合理化〕

　給食施設における献立作成業務は大きな割合を占める。したがって，その業務部分をいかに合理化し，目的を達成するかは大きな課題である。そのためには，献立評価を確実に行い，それをもとに標準化することが有効である。

〔栄養出納表*の作成要領〕

①食品構成量を書き込む。

②対象の献立表から，可食部 1 人当たり使用量を転記する。

③食品群別使用量について，期間の合計を求める。

④計算期間内の 1 日当たり平均量を求める。

⑤比較増減量を求める。

⑥期間 1 日当たり平均給与栄養目標量を計算し，その合計を求める。

⑦栄養比率を求めて検討と評価を行い，問題点を発見したときは，解決のための対応処置をとる。

⑧エネルギー，たんぱく質，脂質以外の栄養素の合計を求め，各栄養素の適正度を判断する。

⑨最後に総合評価をする。

〔献立の評価〕

　献立の評価は，献立計画がどのように実施運営されたかという，実施状況に対して検討することである。この評価は多方面から行い，栄養管理業務全体の改善の資料として次の計画にフィードバックすることが重要である。

　評価の観点と内容は，p.129に示す。

注）*栄養出納表（例）は，p.133参照。なお，月ごとの栄養出納表では，1 人 1 日平均食品重量，エネルギー，たんぱく質，脂質，カルシウム，鉄，ビタミン A・B₁・B₂・C 等，主な栄養素を記載する（p.133では省略）。

献立作成の手順

喫食者の栄養を管理し，季節感を取り入れ，嗜好に合った献立を作成することで，栄養・嗜好を満足させる給食の提供を計画する。

プロセス	担当者	手順	備考（参照文書等）
年齢構成表及び給与栄養目標量，食品構成表作成	栄養士	・年1回(11月)作成 ・人員構成表（年齢別・性別）を基に給与栄養目標量作成 ・上記の栄養目標量に収まるよう，食品類別の数量を配分・構成 ・荷重平均栄養成分表(100g単位)を基に，各食品の数量当たり栄養素を計算 ・食料構成栄養比率基準に留意	〈年間行事食〉 年間行事食の予定作成 ・時期：毎年3月 ・年間行事食予定表に予定を記入し，施設長に提出
給食会議（栄養管理者会議）	給食会議メンバー	・献立を予定する1か月前に献立会議を実施し，該当月の行事食を確定	月1回の開催実施
予定献立表作成	栄養士	・食料構成に合わせた食品を使用し，献立作成 ・予定献立は1か月分を1か月前までに作成，予定（実施）献立表に記入しパソコンに入力 ・内容確認後，確認印を押印	
予定献立表の見直し	栄養士	・1週間前に，担当者が作成した1週間分予定献立の見直し	PC（給食管理システム）
予定献立の承認	施設長	・予定献立の内容確認の上，承認 ・予定献立表に捺印	
予定献立表掲示	栄養士	・1週間分の予定献立を厨房内・施設内各フロアに掲示	
調理実施	調理担当	・予定献立に従った調理実施 ・予定（実施）献立表から，その間1人1日純使量を食品別に栄養出納表及び給食食品表へパソコンソフトより出力	
月間栄養報告書提出	栄養士	・月末に月間栄養報告書を施設長へ提出	〈食品構成栄養比率基準〉 給与栄養目標量と食品構成の誤差は±5％以内

資料）飯田範子：金沢学院大学学生食堂

6
栄養管理計画

栄養食事指導指示箋

指導実施日	年　月　日（　　曜日）	午前・午後

医療機関名	患者名
医師名	

TEL　　　－　　　－	生年月日	大正 昭和 平成 令和　　年　　月　　日	男 ・ 女
FAX　　　－　　　－			

主病名	身長　　cm　体重　　kg　標準体重　　kg

食事名	検査値（　　年　　月　　日実施）

医師指示事項 　熱量　　（　　　　kcal) 　たんぱく質（　　　　g) 　脂質　　（　　　　g) 　塩分　　（　　　　g) ●P：F：C[*1]（　：　：　） 　P/S[*1]（　　）	FBG[*2]　＿＿mg/dL　　TP　　　　＿＿g/dL HbA1c　＿＿%　　　　AST[*3]　＿＿μ/L TC　　＿＿mg/dL　　ALT[*4]　＿＿μ/L HDL-C　＿＿mg/dL　　γ-GTP[*5]　＿＿μ/L TG　　＿＿mg/dL　　BUN　　＿＿mg/dL 尿酸　　＿＿mg/dL　　Cr　　　＿＿mg/dL

※糖尿病については以下も記入

発症	最近　6か月前　1年前　3年前　5年前　10年前　20年以上前　不明
合併症	なし・腎症・神経障害・網膜症・その他（　　　　　　　）
運動療法	可・否　　活動強度　その他（　　　　　　）

特記（指示）事項

注）[*1]については，記載がない場合もある。
　　[*2]FBG：空腹時血糖，[*3]AST：アスパラギン酸アミノトランスフェラーゼ，
　　[*4]ALT：アラニンアミノトランスフェラーゼ，[*5]γ-GTP：γ-グルタミルトランスフェラーゼ

献立の評価

評価の観点	評価の内容
1．給与栄養目標量に対する評価 　(1)栄養出納表・栄養月報より 　(2)給食施設栄養管理状況調査表 　(3)食材費の予定に対する実績の比較	●給与栄養目標量の平均は±10％以内か ●栄養比率が基準に合っているか ●1か月分の平均栄養素等量や食品のバランスが適切か ●価格は適切か
2．調査実施に対する評価 　(1)献立記載の食品重量は適切か 　(2)調味料の重量は適切か 　(3)盛り付け量は適切か 　(4)料理作業時間は適切か 　(5)衛生的な作業ができたか	●食品構成に基づいた食品重量が使用されているか ●味付けは対象者を満足させられるか，調味料の過不足はなかったか，修正したとすればどのように変えたのか ●1人分の盛り付け重量とできあがり重量との関係はどうか ●1回で食べきれる量であったか（残菜率から推測するとよい） ●食事時間に間に合ったか ●作業工程の効率化を考えたか ●中心温度や保温温度の記録はできているか
3．喫食状況に対する評価 　(1)喫食率は正常か 　(2)残食率 　(3)嗜好調査	●喫食率は原価に跳ね返るので，予定給食数と供食数は差が少ないほどよい ●残菜率を毎日調査し，正常範囲であったか（5％以内） ●残菜の多い料理や食品はあるか ●嗜好調査と照合し検討資料とする ●アンケートによる調査を行い，対象者の共通の嗜好傾向を知り，個人対応も時には考える
4．対象者の栄養状態の評価 　（アセスメント）	●身体計測により，健康状態や発育状態，さらに疾患の回復状態を知る ●血液検査から健康状態を知り，栄養との関連について検討する ●生活習慣病予防・治療の必要性を検討する ●検尿により健康状態を知り，場合によっては医療や指導へつなげる

食事関係帳票類（事業所）

帳票名	内容	主な項目
人員構成表	利用者の状況	性・年齢・身体活動レベル，身体状況，健康状態
給与栄養目標量	利用者の人員構成等に応じた給与栄養目標量 算出の根拠が明確で，定期的（1回/6か月） 必要に応じて見直し	エネルギー，たんぱく質，脂質。ビタミンA・B_1・B_2・C。 カルシウム，鉄，食物繊維，ナトリウム（食塩相当量），その他対象者にとって重要と判断されるもの
食品構成表	給与栄養目標量に見合った食品群別の目標摂取量	
荷重平均成分表	施設で使用する食品の実績に応じたもの	
食数管理表	施設の種別等食事提供数の実績	食種別・形態別/食。加算・非加算別等
予定献立表	計画書・作業指示書でもある献立表。給与栄養目標量に見合ったもの	食品構成表に基づき作成。管理者の承認（決裁）を得る
実施献立表	食材料などを含めた実施記録で，保管が必要	実施年月日，食種別，朝昼夕の献立・食品名，数量等，提供された全食種の献立表
給与栄養量表（栄養月報）	給与栄養量/月。目標量の達成状況評価	食品群別使用量・栄養量（給与栄養目標量と同様）
	対象別の算出・評価が望ましい	
検食簿	栄養面（量・質，盛り付け，味付け，色彩，形態），衛生面（異物，加熱状態，異味・異臭）	実施年月日，朝昼夕別，検食時間，所見，検食者名，施設長の決裁を得る
嗜好調査	利用者の嗜好等の把握	給食関係会議等で共有し，献立に反映
喫食（残食）調査	喫食（残食）量の把握	毎食，料理ごと
食品衛生関係書類	関係法規の基準及び大量調理施設衛生管理マニュアルによる点検，記録	

検食簿（施設用）

確認欄	管理責任者	給食担当者

月　　日（　）検食時間　　時　　分	記録者			特記事項
献立名				
衛生面	異物混入	1 なし	2 あり	
	適切な加熱	1 適切	2 不適切	
	異味異臭	1 なし	2 あり	
主食の硬さ	1 良い	2 普通	3 悪い	
食品の選択	1 良い	2 普通	3 悪い	
分量	1 良い	2 普通	3 悪い	
味付け	1 良い	2 普通	3 悪い	
盛り付け	1 良い	2 普通	3 悪い	
感想・意見				
提供数				
残食量				

喫食量調査票

日付		月　日（　　）				月　日（　　）				月　日（　　）			
喫食量		10割	8 割	5 割	2 割	10割	8 割	5 割	2 割	10割	8 割	5 割	2 割
朝食	主食												
	主菜												
	副菜												
昼食	主食												
	主菜												
	副菜												
夕食	主食												
	主菜												
	副菜												

注）各項目で食べた量に〇を付ける。

（　　年　月　日～　　年　月　日）

		食品構成	日（　）	日（　）	日（　）	日（　）	日（　）	計
穀類	米							
	小麦							
	大麦・雑穀							
いも類	さつまいも							
	じゃがいも							
	その他のいも類							
砂糖類								
豆類	大豆製品							
	その他の豆類							
	みそ							
種実類								
野菜類	緑黄色野菜							
	その他の野菜							
	乾燥野菜							
	漬物							
果実類	柑橘類							
	その他の果実類							
藻類								
魚介類	生							
	干							
	加工品							
肉類								
卵類								
乳類	牛乳							
	乳製品							
	その他の乳類							
油脂								

注）月ごとの栄養出納表では，1人1日平均食品重量，エネルギー，たんぱく質，脂質，カルシウム，鉄，
ビタミンA・B_1・B_2・Cなど，主な栄養素を記載する（ここでは省略）。

6

栄養管理計画

食材料受払簿

食品名（　　　　　　　　　　　　　　　）

月　日（　）	受入数量	払出数量	残量（在庫量）	備　考

7

栄養食事指導

● 栄養食事指導を行うには，食事基準（約束食事箋）の作成が必要となる。成分栄養別約束食事箋などを医師の指示のもと，作成することが必要である。

● 栄養食事指導指示箋は，基本的な必須項目を把握することが重要であり，指導報告内容も同様である。

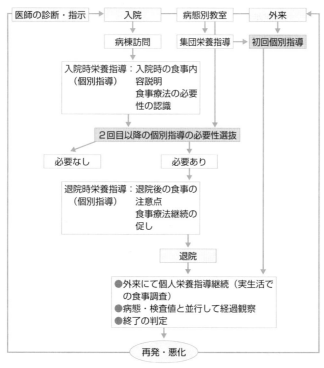

約束食事箋

一般食

			常食	全粥食	七分粥食	高血圧食
エネルギー（kcal）			1,600〜1,700	1,400〜1,500	1,300	1,600
たんぱく質（g）			60〜70	55〜60	55〜60	60〜70
脂　質　　（g）			40〜45	35〜40	30〜35	35〜40
炭　水　化　物（g）			240〜260	210〜230	180	260
食　塩　相　当　量（g）			男性：7.5未満，女性：6.5未満 （日本人の食事摂取基準2020より）			6未満
食品構成	穀　類	米	195	145	115	190
		パン類	5	0	0	10
		麺類	30	30	20	25
		その他雑穀	5	5	5	10
	いも類	じゃがいも・さつまいも	25	30	30	50
		こんにゃく類	30	0	0	5
		その他いも類	20	20	20	20
	砂糖類	砂糖類	8	8	8	10
	菓子類	菓子類	0	0	0	0
	油脂類	油脂類	7	5	5	5
	種実類	種実類	2	1	0	3
	豆　類	みそ	18	18	18	10
		大豆・大豆製品	60	50	50	100
		その他豆類	2	2	2	10
	魚介類	魚介類（生）	50	50	50	50
		魚介類（塩蔵・缶詰）	10	7	7	5
		魚介類（ねり製品）	5	5	0	0
	肉　類	獣鳥肉類	55	55	50	50
		肉加工品	5	3	0	0
	卵　類	卵類	25	25	25	25
	乳　類	牛乳	200	200	200	200
		乳製品	5	10	20	5
	野菜類	緑黄色野菜	150	150	150	150
		その他の野菜類	200	200	200	200
		漬物	5	1	0	0
	果実類	柑橘類	40	30	0	20
		その他果実類	50	40	70	80
	藻　類	海藻類	5	3	0	10
	嗜好飲料類	嗜好飲料類	0.5	0.5	0	0
	調味料類	調味料類	35	35	35	30
	調理加工食品類	調理加工食品類	10	10	5	0

〔糖尿病食〕

	1,200kcal	1,440kcal	1,600kcal
エネルギー（kcal）	1,200	1,440	1,600
たんぱく質（g）	55	65	70
脂　質（g）	35	40	40
炭水化物（g）	170	200	240
食塩相当量（g）	5未満	5未満	5未満
単位配分 表1	6.8	8.8	10.8
表2	1	1	1
表3	3	4	4
表4	1.7	1.7	1.7
表5	1	1	1
表6	1	1	1
調味料	0.5	0.5	0.5

病態により調整。

〔糖尿病腎症〕

	1,600kcal
エネルギー（kcal）	1,600
たんぱく質（g）	40
脂　質（g）	50
炭水化物（g）	250
食塩相当量（g）	5未満

食品群名		数量（g）
穀類	米	180
	パン類	0
	麺類	0
	その他雑穀	20
いも類	じゃがいも・さつまいも	50
	こんにゃく類	5
	その他いも類	20
砂糖類	砂糖類	30
菓子類	菓子類	0
油脂類	油脂類	30
種実類	種実類	3
豆類	みそ	5
	大豆・大豆製品	50
	その他豆類	0
魚介類	魚介類（生）	50
	魚介類（塩蔵・缶詰）	0
	魚介類（ねり製品）	0
肉類	獣鳥肉類	30
	肉加工品	0
卵類	卵類	25
乳類	牛乳	0
	乳製品	0
野菜類	緑黄色野菜	100
	その他の野菜	200
	漬物	0
果実類	柑橘類	10
	その他果実類	40
藻類	海藻類	0
嗜好飲料類	嗜好飲料類	0
調味料類	調味料類	20
調理加工食品類	調理加工食品類	0

（食品構成）

7　栄養食事指導

成分栄養別

名称 栄養価	エネルギー コントロール	たんぱく質 コントロール	脂質コントロール
エネルギー（kcal）	1,200	1,800	1,400 〜 1,500
たんぱく質（g）	53	40	50 〜 60
脂　質　（g）	30	50	15 〜 20
炭 水 化 物（g）	180	280	260 〜 280
食塩相当量※（g）	5 〜 7未満	5 〜 7未満	5 〜 7未満
米/粥	130/130	240/210	210
小麦粉（麺・パン含む）	30	35	35
大麦・雑穀類	3	3	2
魚介類（生）	（白身魚）50	70	70
魚介類（干）	2	2	2
肉類（加工品含む）	（赤身）50	（赤身）60	（赤身）60
牛乳	200	200（粥のみ400）	200
乳製品	2	2	2
卵類	25	25	25
大豆（乾燥）	1	1	−
大豆製品	45	60	60
その他の豆類	2	2	1
緑黄食野菜	120	120	120
その他の野菜	220	220	220
乾燥野菜	2	2	−
漬物類（減塩ねり梅）	1	10	2（梅びしお）
藻類	5	5	2（のり佃煮）
いも類	65	65	70
果実類	80	50	50
油脂類	10	15	10
種実類	2	2	2
砂糖類	4 〜 6	13	13
みそ	6	13	13
適　応	肥満，糖尿病，痛風，脂肪肝，脂質異常症など	腎不全・糖尿病性腎症・肝不全の安定期，慢性腎炎，ネフローゼなど	急性膵炎・肝不全・急性肝炎の安定期，胆石・胆嚢炎の非発作時など

※病態により調整。

栄養食事指導指示箋

紹介元医療機関 施設名 医師名 紹介先医療機関 施設名									
	予約日時		年 月 日（ ）			: ～			
患者名	生年月日		年 月 日			歳		☐男性 ☐女性	

身長 　　　cm	体重 　　　kg	病名	

加算対象疾患

☐糖尿病	☐肝臓病	☐妊娠高血圧症	☐腎臓病
☐膵臓病	☐貧血	☐心臓・高血圧	☐胃潰瘍
☐痛風	☐脂質異常症	☐高度肥満	☐その他（　　　　　　　）

指示内容

エネルギー	kcal	1,000	1,200	1,400	1,600	1,800	2,000
たんぱく質	g	30	40	50	60	70	80
脂質	g		20	30	40	50	
食塩相当量	g		3	6	9		
P/S比		基準値 1.5 に 準じる	☐継続指導希望 （指示内容は前回参照）				

その他（特記事項・検査値等）

入院栄養食事指導料 1：病院で入院中。初回 260 点（2,600 円），2 回目 200 点（2,000 円）

入院栄養食事指導料 2：診療所で入院中。初回 250 点（2,500 円），2 回目 190 点（1,900 円）

外来栄養食事指導料 1：当該保険医療機関の管理栄養士が行う。初回 ①対面 260 点（2,600 円），②情報通信機器等 235 点（2,350 円）。2 回目以降 ①対面 200 点（2,000 円），②情報通信機器 180 点（1,800 円）

外来栄養食事指導料 2：他の保険医療機関・連携医療機関・日本栄養士会や都道府県栄養士会運営栄養ケア・ステーションの管理栄養士が行う。初回 ①対面 250 点（2,500 円），②情報通信機器等 225 点（2,250 円），2 回目以降 ①対面 190 点（1,900 円），②情報通信機器等 170 点（1,700 円）

対象患者：①厚生労働大臣が定める特別食〔心臓疾患，妊娠高血圧症候群の患者に対する減塩食，十二指腸潰瘍患者・侵襲の大きな消化管手術後患者に対する潰瘍食，クローン病・潰瘍性大腸炎等で腸管機能が低下している患者に対する低残渣食，高度肥満症（肥満度が＋ 40%以上または BMI が 30 以上）の患者に対する治療食，てんかん食（外傷性を含む難治性てんかん），グルコーストランスポーター 1 欠損症またはミトコンドリア脳筋症の患者に対する治療食でグルコースの代わりにケトン食を熱量源として供給する目的で炭水化物量制限と脂質量増加が厳格に行われたものを含む〕。②がん患者，③摂食機能または嚥下機能が低下した患者，④低栄養状態にある患者

高血圧の患者に対する減塩食（塩分総量が 6 g 未満のもの）及び小児食物アレルギー患者（食物アレルギー検査・他の保険医療機関から提供された食物アレルギー検査結果を含む，食物アレルギーをもつことが明らかな 9 歳未満の小児）に対する食物アレルギー食も特別食とする。③は，医師が硬さ，付着性，凝集性などに配慮した嚥下調整食（日本摂食嚥下リハビリテーション学会分類の基づく）に相当する食事を要すると判断した患者。④は，血中アルブミンが 3.0 g /dL 以下である患者または医師が栄養管理により低栄養状態の改善を要すると判断した患者。

資料）厚生労働省：診療報酬の算定方法の一部改正に伴う実施上の留意事項について（最終改正：令和 4 年 3 月 4 日厚生労働省告示第 54 号）

栄養指導記録及び報告書

指導年月日　　　　　　　　年　　　月　　　日

主治医	㊞		入院　・　外来	
氏名		同伴者	無　・　有　（　　　　　　　　　　）	
食種		指導回数		

S	〈朝食〉毎朝食べる・時々食べる・食べない 〈昼食〉家で作った弁当・外食・社員食堂・その他（　　　　　） 〈夕食〉家庭で食べる・外食（　回／週）・その他（　　　　　） 〈量的配分〉朝食（　　）・昼食（　　）・夕食（　　） 〈偏食〉ある・ない（　　　　　　　） 〈間食〉食べる・食べない（　　　　　） 〈酒類〉飲む・時々飲む・飲まない（　　　　　　） 〈たばこ〉吸わない（　　前にやめた）・吸う（　　本／日）
O	食事摂取等に関する特記事項
A	病識 （ある・普通・乏しい） 食事療法に対する姿勢 （ある・普通・乏しい） 食事療法に対する理解度 （ある・普通・乏しい） 家族の協力体制 （ある・普通・乏しい）
P	〈指導事項〉
	報告者（管理栄養士）

注）S：患者の自覚症状や家族の訴えなどの主観的情報（subjective），O：身体的所見，検査結果などの客観的情報（objective），A：入手した情報に基づく判断結果・評価（assessment），P：以上の事実に基づく計画の作成（plan）。

8

食数管理業務

- 食数・食形態などを把握し，遅滞なく適切な食事を提供することが重要であり，そのことが経費削減にもつながる。
- 食札管理においては，作成の基本ルールを決めることが調理・盛り付けの作業，配膳の誤りをなくすことにつながる。
- オーダリングシステムの導入が進んでいる。参考までに給食部門からみたシステムの展開を掲載する。

食数管理の目的と手順

| 目的 | 食数・食形態などを把握し，遅滞なく適切な食事を提供するとともに，余分な調理を防ぎ，経費の削減を図る。 |

手順

前日：対象者の状態，栄養アセスメント記録などを参照しながら食数を確認する。
朝食の場合は，18 時までとする。
献立 1 週間前（発注時），1 日前（仕込み時）の予定人数目安を調理師に伝える。

当日：確定人数を調理部へ伝え，食数表に記録する。昼食は 9 時まで，夕食は 15 時までを目安にする。
（治療食の場合には電子カルテから食札を発行し，食事に付ける）

月末：月間の実食数を確定し，委託業者の食数報告と照合する。

注）栄養科または厨房内の掲示板に日々の食数が掲示される。

電子カルテオーダリングシステムと給食システム

〔給食部門からみたオーダリングシステム〕

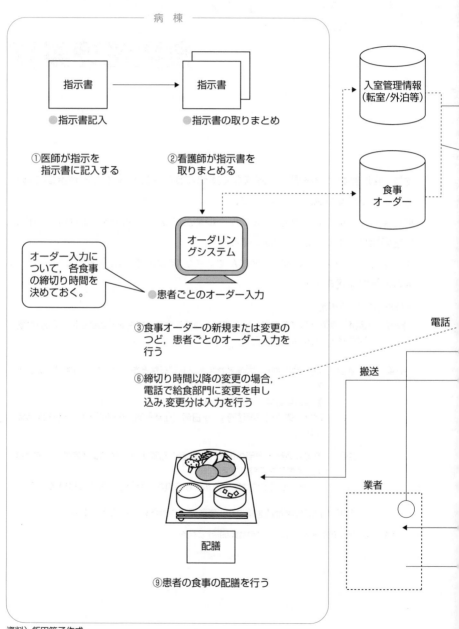

資料）飯田範子作成

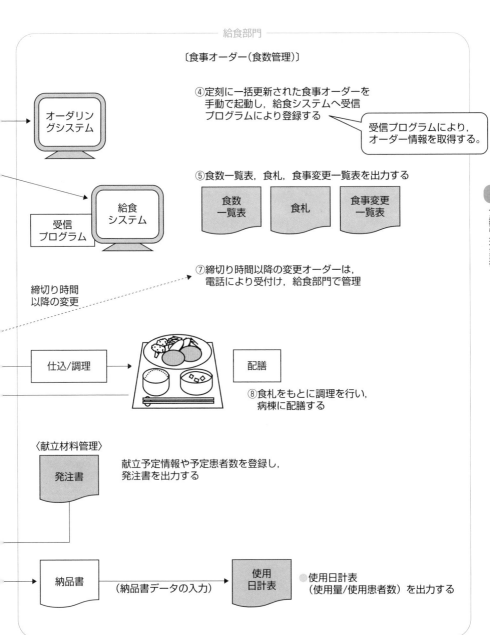

―給食部門―

〔食事オーダー（食数管理）〕

オーダリングシステム

④定刻に一括更新された食事オーダーを
手動で起動し，給食システムへ受信
プログラムにより登録する

受信プログラムにより，
オーダー情報を取得する。

受信プログラム

給食システム

⑤食数一覧表，食札，食事変更一覧表を出力する

食数一覧表

食札

食事変更一覧表

締切り時間以降の変更

⑦締切り時間以降の変更オーダーは，
電話により受付け，給食部門で管理

仕込/調理

配膳

⑧食札をもとに調理を行い，
病棟に配膳する

〈献立材料管理〉

発注書

献立予定情報や予定患者数を登録し，
発注書を出力する

納品書

（納品書データの入力）

使用日計表

●使用日計表
（使用量/使用患者数）を出力する

8

食数管理業務

食数表

月　日（　　曜日）		病棟 A			病棟 B			病棟 C		
		朝	昼	夕	朝	昼	夕	朝	昼	夕
常　食										
全　粥										
七分粥										
五分粥										
三分粥										
重　湯										
糖尿病	常食									
	全粥									
腎臓病	常食									
	全粥									
合　計										

その他対応（禁止）食	例：牛乳, 卵, 肉, 青魚，納豆 など記載									

注）通常の立ち入り検査には不要であるが，厚生局の監査には必要。

食札管理

〔食札の色，シールなどで区分が必要な内容〕

> ・主食（ご飯と粥，パンなど）の別
> ・食形態（常食，軟食＊，刻み食，ミキサー食，ゼリー食，流動食など）の別
> ・食具や食べ方（箸，スプーン，全介助など）の別
> ・禁止（嫌いなもの，アレルギーや治療による禁食）の別
> ・補食（補助食品の有無）の別

注）管理栄養士・栄養士が責任をもって管理し，調理及び配膳に関わる者が食札を確認する。

〔食札（例）〕

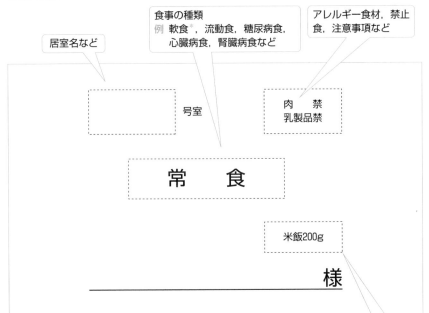

食事の種類
例 軟食＊，流動食，糖尿病食，心臓病食，腎臓病食など

アレルギー食材，禁止食，注意事項など

居室名など

号室

肉　禁
乳製品禁

常　食

米飯200g

様

主食の種類，グラム（g）数
例 全粥，七分粥，五分粥，三分粥，重湯など

注）＊軟食：粥以下の軟らかい主食（ただし，ミキサー食，流動食は除く）。

食事伝票

加算 ・ 非加算

病室	医師	看護師	管理栄養士
	病名		身長　　　　　cm
			体重　　　　　kg

ID
名前
男・女（　歳）

年　　月　　日　朝・昼・夕より
（入院・開始・変更）

年　　月　　日　朝・昼・夕まで
（退院・食止・外泊）

〔一般食〕

個別指示	（主食） 米飯・おにぎり・全粥・粥ミキサー	（副食） 刻み・極刻み・ミキサー・とろみ
一般食*1	1．常　食	
	2．軟菜食*2	
	3．分粥食（七分・五分・三分）	
	4．流動食	

〔特別治療食〕

個別指示	（主食） 米飯・おにぎり・全粥・粥ミキサー	（副食） 刻み・極刻み・ミキサー・とろみ
治療食	1．エネルギーコントロール食 　（Ⅰ・Ⅱ・Ⅲ・Ⅳ）	肥満・糖尿病・痛風・脂肪肝・脂質代謝異常など
	2．塩分コントロール食（Ⅰ・Ⅱ）	心疾患・高血圧症（非加算）など
	3．たんぱく質コントロール食 　（Ⅰ・Ⅱ・Ⅲ）	腎不全・肝不全・糖尿病性腎症・慢性腎炎 ネフローゼなど
	4．脂質コントロール食（Ⅰ・Ⅱ）	急性膵炎・肝不全・胆石・胆嚢炎・急性肝炎など
	5．低残渣食	腸疾患・イレウス・クローン病など
	6．胃潰瘍食	胃・十二指腸潰瘍，急性・慢性胃炎など
	7．貧血食	鉄欠乏性貧血など
	8．特別な場合の検査食（注腸造影検査食）	大腸Ｘ線検査・大腸内視鏡検査
その他	1．経腸栄養（1日　　　kcal） 　　朝：　　　mL 　　昼：　　　mL 　　夕：　　　mL 2．術後食（　　　　　　）	品名 （　　　　　　　　　　）

〔特記事項（禁止食，基準にあてはまらない場合に記入して下さい。）〕
パン禁・麺禁・牛乳禁・納豆禁

注）〔食事伝票（食事箋）・延食届け締切り時間〕
　　　【時間厳守】朝：前日17時まで，昼：当日11時まで，夕：当日16時まで
　　　*1 副食の食形態が刻み以下の場合は，軟菜食とする。
　　　*2 軟菜食：軟らかい副食（ただし，ミキサー食，流動食は除く）。

食材料の購買管理

- 食材管理は，給食経営に大きな影響を与える。
- 安全で良質の食材料を献立計画に基づいて購買するためには，発注・検収・保管・購買コントロールが重要である。
- 適正な納入業者を選択するためには，情報を収集し，分析・評価した上で，要件事項，諸条件を満たす業者を選定する。

食材料管理業務の流れ

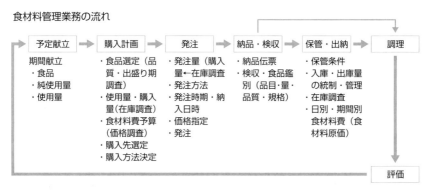

資料）管理栄養士国家試験教科研究会編：管理栄養士国家試験受験講座 給食管理，p.81（1991）第一出版を一部改変

購入業者の選定方法（学校給食）

1．契約条件

1）　食材の安全と確認

　食材の保管，加工，配送について，HACCPシステムの導入によるなど，安全が図られていること及び確認のための立ち入り検査を条件とすることも必要である。

2）　品質・規格

　治療食調理にとって食品材料の品質と規格は第一の要件である。したがって，その品質・規格を明らかにして購入しなければならない。食品の場合，調味料や缶詰のように，製造メーカーや内容（品質），量などの規格が明確である。一方，生鮮食料品は，サイズ，形，その他の品質，規格を明確にし，条件設定することが大切である。

3）　購入量

　品質とともに重要なのは購入量である。治療食づくりに量が不正確では，正しい食事療法の実践はできない。

4）　納入時間

　品質，量に問題はなくても，生鮮食品の場合は時間に間に合わせなければならない。ただし，業者に無理な納入時間の設定は避ける。そのような可能性がある場合は，献立変更も考慮する必要がある。

5）　価格

　前記の1）〜4）の条件に比べると絶対的なものではない。しかし，給食管理上からみると，よいものを安価で購入することは予算の有効活用であり，入院患者の栄養管理を最大限に効率よく実践することにつながる。

2．契約方法

1）　単価契約

　必要品目に対し複数以上の業者から見積書を徴収し，価格，条件について比較検討の上，適正であると考えられる業者に対し，一定期間について単価により契約する方式である。

2）　指名競争入札

　資力，信用その他について適当であると認める特定多数の競争参加者を選んで競争させ，最も有利な条件を提供した者との間に締結する契約方式をいう。

3）　随意契約

　契約相手の選定に際して，競争方式によることなく，任意に特定の相手方を選んで契約する方式をいう。ただし，この契約方式によるときは契約の性質，または目的が競争によることができないか，不利であると考えられる場合に限ることが原則である。

3．購入業者の選定条件

指名競争入札参加業者，見積もり徴収指定業者などの選定には次の条件を満たしていることが必要である（選定基準）。

　　　①衛生管理が徹底している。

　　　②品質がよい。

　　　③時間が正確である。

　　　④立地条件がよい（急な納品にも対応できる）。

　　　⑤経営状況がよい。

給食委託業者選定（学校給食）

1．購入業者の選定方法
提案企画書の選考（要望があれば後日，意見聴取等も行う）により，総合的に行う。

2．選考委員
PTA代表，給食に専門的知識を有する学識経験者，学校長会給食担当校長，委託該当校長，法人経営に専門的知識を有する税理士。

3．選考内容及び選考基準
別に定める。

4．業者に必要な資格など
①地方自治法施行令第167条の４第１項に規定する者（法人：破産者で復権を得ない者，個人：破産者で復権を得ない者，被補佐人など）でないこと。

②一般競争入札に参加できる者（地方自治法施行令第167条の４第２項の規定*による違法行為に該当しない者）。

③次に掲げるものを滞納していないこと。
- 所得税または法人税
- 消費税
- 市（区）の市民税（区民税）及び固定資産税
- 市（区）の水道料金及び下水道使用料

④１日当たり400食以上調理することができる，またはこれと同等以上の能力があると認められた者であること。

⑤食品衛生監視員による採点を受け，食品衛生監視票の項目の要件を満たしていること。

⑥調理施設内に，調理師法第３条第１項に規定する調理師の免許を有する者及び栄養士法第２条第１項に規定する栄養士の免許を有する者を必置していること。

⑦自社（業者側）が衛生管理マニュアルを作成しており，従業員に対し計画的に衛生教育を実施するなど，十分な衛生管理を行っていること。

⑧生産物賠償責任保険に加入していること。

5．企画書などの提出
①提出書類　　企画書（別紙様式 p.150）　　部
②提出期限　　　　年　月　日（　）　　時
③提出場所　_____

6．意見聴取（書類選考で要望があった場合）
　　　年　月　日（　）　　時

7．決定通知
　　　年　月　日（　）　　時

8．委託開始日
　　　年　月　日（　）

注）＊契約の履行に当たり，故意に工事もしくは製造を粗雑にし，または物件の品質もしくは数量に関して不正の行為をしたときなど。

9
食材料の購買管理

委託側から受託側への企画書

〔企画書の内容〕

1. 給食業務を行うことに対する受託側の考え方，対象者との関わり方・サービスについて，意見を記載する。
2. 給食業務における運営組織を記載する。
   ①管理組織図
   ②非常事態（食中毒，災害など）が発生した場合の連絡体制表
   ③業務運営組織図
3. 対象者への食事の提供を円滑にするために，どのような食材仕入れシステムを構築しているか，記載する。
4. 食材における冷凍・加工食品の占める割合をそれぞれ記載する。
5. 献立について記載する。
   ①次の条件で，4月1週間分の献立表を作成する（栄養分析も記入）。参考として，四季の献立表（5・7・10・1月）を提出する。
   ● 1人1日当たりの給食費（消費税を含む）

食材料費	940円	1日当たり
加工費	260円	人件費・水光熱費・雑用品等

   ● 食事基準 （男子）

1日の平均基準エネルギー　2,800kcal		
主　食	精白米	500g/日
副　食	たんぱく質	85g/日
	脂質	25〜30%エネルギー比/日

   ②請負条件として，通常の給食費で次の提供を行う場合，具体的にどのような献立を提供できるか，複数あげる。
   ● 食物アレルギー（小麦）をもつ人に応じた食事
   ● 主食がご飯とパンのときの食事
   ● 肥満の人に応じた食事
6. 安全衛生管理について記載する。
   ①衛生管理に対する基本的指針及び衛生管理マニュアル
   ②食中毒が発生した場合の対処マニュアル及び補償内容
   ③具体的な従業員の衛生管理
   ④昨年度の従業員に対する健康管理実施状況
7. 調理従事者に対する研修などについて記載する。

注） 　　　　は，委託側，受託側の協議によって定める。
高校男子寮の例である。

食材料発注日計表（記入例）

料理名	食品名	発注用 純使用量 1人分(g)	発注用 純使用量 110人分(kg)	発注用 廃棄率(%)	発注用 総使用量(kg) 110人分	発注用 発注量(kg) 110人分	備考	購入先	原価計算用 実施使用量(kg)	原価計算用 単価(円)	原価計算用 価格(円)	1人分価格(円)
ご飯	精白米	80	8.8		8.8	10.00		青果丸文	8.8	1,980	3,960.0	36.0
	水	104	11.44		11.44							
豆腐ハンバーグソースがけ	絹ごし豆腐	45	4.95		4.95	5.00		青果丸文	4.99	300	1,500.0	13.6
	豚ひき肉	35	3.85		3.85	3.85		金澤畜肉	3.85	800	3,080.0	28.0
	食塩	0.4	0.04		0.04	0.04		関東食糧	0.04	410	3.3	0.0
	ホワイトペッパー	0.01	0.001		0.001	0.0011		関東食糧	0.001	360	4.5	0.0
	玉ねぎ	20	2.2	6	2.34	2.30		青果丸文	2.39	150	300.0	2.7
	植物油	1	0.11		0.11	0.11		関東食糧	0.04	548	14.6	0.1
	ひじき	2	0.22		0.22	0.22		関東食糧	0.22	2,266	498.5	4.5
	鶏卵	10	1.1	15	1.29	1.30		青果丸文	1.74	190	570.0	5.2
	パン粉	9	0.99		0.99	0.99		関東食糧	0.99	1,044	516.8	4.7
	ケチャップ	9	0.99		0.99	0.99		関東食糧	1.00	330	330.0	3.0
	ウスターソース	9	0.99		0.99	0.99		関東食糧	1.10	390	198.6	1.8
マッシュポテト	じゃがいも	50	5.5	10	6.11	6.20		青果丸文	6.95	200	1,240.0	11.3
	生クリーム(動物性)	3	0.33		0.33	0.33		青果丸文	0.33	398	796.0	7.2
	食塩	0.3	0.03		0.03	0.03		関東食糧	0.03	410	2.5	0.0
	ホワイトペッパー	0.01	0.001		0.001	0.00		関東食糧	0.001	360	4.5	0.0
	サラダ菜	8	0.88	10	0.89	0.89		青果丸文	0.66	100	1,000.0	9.1
	ミニトマト	30	3.3	2	3.37	15g×220個		青果丸文	2.77	298	4,768.0	43.4
								合計			36,386.2	330.8

注）主食，主菜，副菜を抜粋したものである。

9
食材料の購買管理

食品の廃棄率

〔発注係数（倉出し係数）〕

廃棄率 （%）	係　数	廃棄率 （%）	係　数
5	1.05	35	1.54
6	1.06	40	1.67
10	1.11	45	1.82
15	1.18	50	2.00
20	1.25	55	2.22
25	1.33	60	2.50
30	1.43		

●発注量の計算

① 総使用量 $=\dfrac{純使用量（可食部量）}{（可食率\%^{*}）} \times 100$
（発注量）

② 総使用量＝純使用量×発注係数 (倉出し係数)

●発注係数の計算
（ 1 ÷可食率$\%^{*}$ ） × 100

注）*可食率％＝ 100％－廃棄率％

廃棄率の目安(%)	食品群					
	いも類	緑黄色野菜	その他の野菜	きのこ類	果　物	魚介類・卵類
0	さといも（冷凍）	カット野菜				切身 液卵
		切りみつば	根切りもやし			
5		トマト ししとうがらし さやいんげん ほうれんそう 青じそ	きゅうり レタス	きくらげ	いちご	
6		葉ねぎ	玉ねぎ 白菜			
10	じゃがいも さつまいも	にんじん にら ほうれんそう 万能ねぎ さやえんどう 糸みつば	なす			
15		ピーマン かぼちゃ 小松菜 オクラ 水菜	れんこん キャベツ		レモン	鶏卵
20		チンゲンサイ グリーンアスパラガス	ごぼう	えのきたけ しめじ しいたけ(生)	みかん キウイフルーツ 柿	無頭殻付きえび
25		春菊	しょうが サニーレタス		りんご	
30			かぶ			
35		根みつば	セロリー		オレンジ	
40		パセリ	カリフラワー 長ねぎ		スイカ バナナ	
45					メロン	
50		ブロッコリー	だいこんおろし			
55					グレープフルーツ	
60					レモン（汁）	

注）料理の形によって廃棄率が変わる。
　　掲載した数値は，通常の特定給食施設で活用されている割合である。

10

納入食材料の検収・判別

- 食材料管理は，給食経営に大きな影響を与える。
- 安全で良質の食材料を献立計画に基づいて購買するためには，発注・検収・保管・購買コントロールが重要である。
- 適正な納入業者を選択するためには，情報を収集し，分析・評価した上で，要件事項，諸条件を満たす業者を選定する。

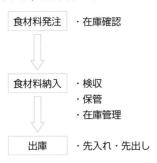

食材料検収管理

フローチャート	要　点	確認事項
受け入れ検収	・納品伝票をもとに現物を確認する（検品）。 ・品質，賞味期限，鮮度，温度，異物混入等について，点検を行う。	・「温度」：納入業者運搬時の適切な温度管理が行われているか，確認する。
●冷蔵庫 ●冷凍庫 ●食品庫 での保管・管理	●冷蔵庫での保管 ・10℃以下：野菜，果物，乳製品，卵，肉類 ・5℃以下：魚介類 ・専用容器の使用，所定の保管場所での保管。 ●冷凍庫での保管 ・−18℃以下 ●食品庫で保管 ・室温：米，乾物，缶詰，穀類加工品，調味料，油など ・常温保存してよい加工食品・調味料：区分して専用ふた付き容器・ケースに入れて保管する。 ＊食品の包装・容器，保管場所等に必ず納入日を記入しておく。	・冷蔵庫温度点検・記録（午前と午後） ・食品の「相互汚染」予防 ・冷凍庫温度点検・記録（午前と午後） ・食品庫の温度，湿度点検記録（午前と午後） ・鼠族昆虫等による「汚染」の予防
出　庫	●先入れ・先出し＊を徹底する。 ・保存した食品を使用するときは，記入した納入日，賞味期限を確認する。 ・庫内の整理整頓を常に行い，賞味期限や保管状態を確認する。	

〔特記事項〕
□検品時，納入業者を調理場内に立ち入らせない。
□保管時の劣化等を考慮し，出庫時及び調理時に必ず確認し，不良品は廃棄する。
□加工食品は，賞味期限や保存方法を必ず確認する。

注）＊先入れ・先出し：品物が劣化することを防ぐために，保管期間の長いもの（先入れ）から順に使用する（先出し）こと。

検収記録簿

	施設長	現場責任者

年　　　月　　　日（　）

納品時刻	納入業者	品目名	生産地ロット番号	期限表示	特記事項	数量	鮮度	包装	異物	品温	受取者
○：○	A株式会社	鮭切身	北海道 (○○○○○)	○月 ○日	容器破損のため返品	○	○	×	○	℃	
：										℃	
：										℃	
：										℃	
：										℃	
：										℃	
：										℃	
：										℃	
：										℃	
：										℃	
：										℃	
：										℃	
：										℃	
：										℃	

〈備考〉

注）保存基準のある食品は，計測して基準よりも高い場合は業者に改善を求める。
　　生鮮食品は，使い切る量をできる限り当日に仕入れる。
　　鮮度・包装・異物については，○×表記とする。
　　包装は，外装（段ボール，ビニール袋）の形成不良や圧縮状態の確認を行う。

10
納入食材料の検収・判別

食品の判別

〔品質〕

	分類	判別点	内　容
獣鳥肉類	生肉	色，光沢，弾力，匂い	①適度な色：牛肉は鮮紅色，豚肉は淡灰紅色，鶏肉は灰紅色，鶏ささ身は淡灰紅色で，ツヤがありきめが細かく，弾力のあるものがよい。 ②適度の湿り気と特有の香りをもち，悪臭のないものがよい。 ③脂身：牛肉は乳白色に近くツヤがあるもの，豚肉は乳白色でツヤがあり適度の粘りがあるもの，鶏肉は黄色みを帯びたツヤのあるものがよい。
	加工肉（ハム，ソーセージ，ベーコン）	表示，色，弾力，香り，匂い	① JAS マーク：手にするだけではなかなかわからないので，JAS（日本農林規格）マークのあるものを選ぶ。これは法律に従い厳重な検査を行い，一定の品質を保証するもので，製造年月日や賞味期限なども表示されている。 ②薄切り製品：切断面が明るい淡紅色で，気孔がなく，肉と肉が密着し，香りのよいものがよい。
卵　類		光沢，手触り，透視，振音	①外観：表面に光沢なく，ひび割れなど破損のないものがよい。 ②割卵：黄身が盛り上がり，白身が流れないものがよい。 ③透視：光に透かしてみて明るく見えるものがよい。 ④手触り：ややざらついた感じのものがよい。 ⑤振音：軽く振って音のしないものがよい。
乳　類	牛乳	表示，容器，異物，色，粘稠性，味，匂い	①製造日：3日以内に製造され，ふた，ビン，パックが損傷を受けたり汚れていないものがよい。 ②異物：異物の混入を認めないものがよい。 ③色・濃度：ツヤのある乳白色で，少しとろみがあるものがよい。 ④酸味：酸味や酸味臭がないものがよい。
	乳製品（チーズ，バター）	表示，異物，匂い，カビ，色，香り，組織	①容器包装：包装，容器が完全で，製造年月日などが表示されているものがよい。 ②色・香り：特有の色と香りがあり，異臭のないものがよい。 ③組織：組織が均一のものがよい。

	分類	判別点	内　容
魚介類と加工品	鮮魚	眼球，うろこ，えら，弾力，匂い	①外観：新鮮な光沢と輝きを有するものがよい。 ②体部：眼球が陥没せず張りがある，角膜が透明でうろこが密着し，えらが鮮紅色，肉に弾力性があるものがよい。 ③匂い：固有の匂いはあるが，アンモニア臭などの悪臭がないものがよい。
	貝類	夾雑物，匂い	①夾雑物：砂，泥などが入っていないものがよい。 ②匂い：異臭のないものがよい。
	塩干品	形，色，光沢，匂い，味	①外観：完全な形で光沢があるものがよい。 ②匂い：特有の匂いがあり，異臭のないものがよい。 ③油焼け：油焼けのしていないものがよい。 ④味：刺激のある味のないものがよい。
	ねり製品	匂い，光沢，弾力	①匂い：固有の香りがあり異臭がなく，光沢があり，弾力のあるものがよい。 ②外表：糸を引かないものがよい。
いも類		病虫害，形，腐敗，色沢	外見・鮮度：新鮮で傷・腐敗がなく，特有の形が整っているものがよい。
野菜類	葉菜類	色沢，形，病虫害	①色沢：色がみずみずしく，鮮やかで光沢のあるものがよい。 ②病虫害：枯れ葉が付いたり病虫害のないものがよい。
	根菜類	色沢，形，重量，病虫害	①病虫害：傷・腐敗がなく，病虫害のないものがよい。 ②外見：色・ツヤがよく，形が整い，適度な重さのあるものがよい。
果実類		色沢，匂い，熟度，形，重量	①外見・鮮度：新鮮で病虫害がなく，粒のそろったものがよい。 ②匂い：固有の香り・風味があり，色ツヤのよいものがよい。
豆　類	大豆，あずき，いんげん豆など	光沢，形，病虫害，夾雑物	外見：光沢があり，粒ぞろいで病虫害がなく，夾雑物の混入がないものがよい。

資料）飯田範子作成

10

納入食材料の検収・判別

原材料，製品等の保存温度

原材料，製品等

食品名	保存温度	食品名	保存温度
穀類加工品（小麦粉，デンプン） 砂糖	室温 室温	殻付卵 液卵 凍結卵 乾燥卵	10℃以下 8℃以下 −18℃以下 室温
食肉・鯨肉 細切した食肉・鯨肉を凍結した 　ものを容器包装に入れたもの 食肉製品 鯨肉製品 冷凍食肉製品 冷凍鯨肉製品	10℃以下 −15℃以下 10℃以下 10℃以下 −15℃以下 −15℃以下	ナッツ類 チョコレート	15℃以下 15℃以下
		生鮮果実・野菜 生鮮魚介類 　（生食用鮮魚介類を含む。）	10℃前後 5℃以下
ゆでだこ 冷凍ゆでだこ 生食用カキ 生食用冷凍カキ 冷凍食品	10℃以下 −15℃以下 10℃以下 −15℃以下 −15℃以下	乳・濃縮乳 脱脂乳 クリーム	10℃以下
		バター チーズ 練乳	15℃以下
魚肉ソーセージ，魚肉ハム及び 　特殊包装かまぼこ 冷凍魚肉ねり製品	10℃以下 −15℃以下	清涼飲料水 　（食品衛生法の食品，添加物等 　の規格基準に規定のあるもの 　については，当該保存基準に 　従うこと。）	室温
液状油脂 固形油脂（ラード，マーガリン， 　ショートニング，カカオ脂）	室温 10℃以下		

注）検収記録簿（p.157）に組み込むとよい。

資料）大量調理施設衛生管理マニュアル，衛食第85号別添（平成9年3月24日，最終改正：平成29年6月16日）

調理済み食品の温度管理

調理後の温度	● 調理後直ちに提供される食品以外の食品は，病原菌の増殖を抑制するために，10℃以下，または 65℃以上で管理することが必要である。
加熱調理後，食品を冷却する場合	● 30 分以内に中心温度を 20℃付近（または 60 分以内に中心温度を 10℃付近）まで下げるよう工夫する。 ※記録：冷却開始時刻，冷却終了時刻
調理終了後	● 調理終了後 30 分以内に提供できるもの：調理終了時刻を記録する。 ● 調理終了後提供まで 30 分以上を要する場合：①温かい状態で提供される食品；調理終了後速やかに保温食缶などに移し，保存する。 ※記録：食缶などへ移し替えた時刻 ②その他の食品；調理終了後提供まで 10℃以下で保存する。 ※記録：保冷設備への搬入時刻，保冷設備内温度，保冷設備からの搬出時刻
配送過程と時間・温度記録	● 保冷または保湿設備のある運搬車を用いるなど，10℃以下または 65℃以上の適切な温度管理を行い，配送する。 ※記録：配送時刻，65℃以上で提供される食品以外の食品については，保冷設備への搬入時刻・保冷設備内温度。
共同調理施設などで調理された食品	● 提供する施設において，温かい状態で提供される食品以外の食品であって，提供まで 30 分以上を要する場合は，提供まで 10℃以下で保存する。 ※記録：保冷設備への搬入時刻，保冷設備内温度及び保冷設備からの搬出時刻
喫食時間	● 調理終了後から 2 時間以内に喫食することが望ましい。

10

納入食材料の検収・判別

安全・衛生管理

● 食品衛生法の改正により，2021年6月から学校・病院その他の給食施設（20食程度/回以上）に対し，営業の許可，届出の手続きが求められるようになった。対象施設ではHACCPに沿った衛生管理の導入と食品衛生責任者の設定が必要になり，安全衛生管理の知識を得て適切で迅速な対応ができるよう心がける。

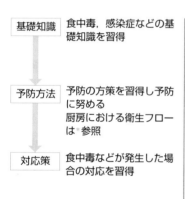

基礎知識	食中毒，感染症などの基礎知識を習得
予防方法	予防の方策を習得し予防に努める 厨房における衛生フローは*参照
対応策	食中毒などが発生した場合の対応を習得

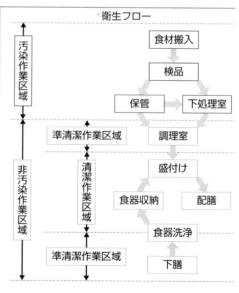

＊衛生フロー

食材搬入 → 検品 → 保管 → 下処理室 → 調理室 → 盛付け → 配膳 / 食器収納 → 食器洗浄 ← 下膳

汚染作業区域
非汚染作業区域
準清潔作業区域
清潔作業区域
準清潔作業区域

食中毒の基礎知識

食中毒に対する安全・衛生の概要

予防	①食中毒に関する基礎知識の理解	
	②人における衛生管理の徹底	特に手洗いの励行や定期的な検便
	③衛生的で安全な食材料の使用	検収の徹底
	④安全で迅速な調理	洗浄，消毒，加熱処理
	⑤適正な保管管理	食材料や調理済み食品の温度管理，庫内の衛生管理
	⑥施設設備・機器・用具の衛生管理の徹底	洗浄，消毒，乾燥
発生時の対処	①保健所への通知	直ちに届け出る（医師が診断した場合，24時間以内に医師から通知）
	②保存食（検食）の提出	衛生検査資料
	③関係者の検便とその報告	
	④患者の状況	給食数，患者数，発病状況，症状，喫食状況，食材料入手から供食までの全過程の調査
	⑤汚染経路の追及・報告	食材料入手から喫食までの全過程，人間関係，施設・設備・環境調査
	⑥施設消毒	
	⑦給食業務の一時停止	再開については保健所の指示を待つ
	⑧防止対策	汚染経路の追及と改善，拡大防止，協力体制・管理体制の改善など

二次汚染の防止

用途別・食品別	●包丁，まな板などの器具，容器などは用途別及び食品別（下処理用：魚介類・食肉類・野菜類用，調理用：加熱調理済み食品・生食野菜・生食魚介類用）にそれぞれ専用のものを用意し，混同しないようにして使用する。
木製の器具	●まな板，ざる，木製の器具は，汚染菌が残存する可能性が高いので，特に十分な殺菌に留意する。 ●極力使用を控えることが望ましい。
フードカッター・野菜切り機など	●最低1日1回以上，分解して洗浄・殺菌した後，乾燥させる。
シンク	●原則として用途別に相互汚染しないように設置する。
食品・移動性の器具・容器の取扱い	●床面から60cm以上の場所で行う。 ●跳ねる水などからの直接汚染が防止できる食缶などで食品を取り扱う場合には，30cm以上の台にのせて行う。
使用水	●貯水槽を設置している場合や井戸水を殺菌，濾過して使用する場合には，遊離残留塩素が0.1mg/L以上であることを始業前及び調理作業終了後に毎日検査・記録する。

不潔な場所との区別	隔壁などにより完全に区別する。
施設の出入り口・窓	施設の出入り口・窓は，極力閉めておく。
作業区域	汚染作業区域（検収場，原材料の保管場，下処理場），非汚染作業区域〔さらに準清潔作業区域（調理場）と清潔作業区域（放冷・調理場，製品の保管場）に区分〕を明確に区別する。 各区域を壁で区画，床面を色別，境界にテープを貼るなどにより明確に区画する。
手洗い設備	手洗い設備，履物の消毒設備は，各作業区域の入り口手前に設置する。 コック，ハンドルなどを直接手で操作しない構造のものが望ましい。
器具，容器など	器具，容器などは，作業動線を考慮し，あらかじめ適切な場所に適切な数を配置する。
排水構造	床面に水を使用する部分にあっては，適切な勾配（2/100 程度）及び排水溝（2/100 〜 4/100 の勾配を有するもの）を設ける。
排水口	シンクなどの排水口は，排水が飛散しない構造とする。
保管設備	外部から汚染されない構造の保管設備を設ける。
便所など	便所，休憩所，更衣室は，調理場などから 3m 以上離れた場所に設けられていることが望ましい。
その他	施設は，ドライシステム化を積極的に図ることが望ましい。

11
安全・衛生管理

施設・設備の補修・清掃・消毒	施設の床面（排水溝を含む），内壁のうち床面から 1m までの部分及び手指に触れる場所は 1 日に 1 回以上，施設の天井及び内壁のうち底面から 1m 以上の部分は 1 月に 1 回以上清掃する。 清掃は，全ての食品が調理場内から完全に搬出された後に行う。
ねずみ・昆虫などの点検・駆除	ねずみ，昆虫などの発生状況を 1 月に 1 回以上巡回点検する。 駆除を半年に 1 回以上（発生を確認したときにはその都度）実施する。
施設管理	みだりに部外者を立ち入らせたりしない。
原材料の管理	配送用包装のまま非汚染作業区域に持ち込まない。
施設温度・湿度管理	調理場は，湿度 80 ％以下，温度は 25℃以下に保つことが望ましい。
手洗い設備	石けん，爪ブラシ，ペーパータオル，殺菌液などを定期的に補充し，常に使用できる状態にしておく。
井戸水などの使用	井戸水などの水を使用する場合には，検査機関などに依頼して，年 2 回以上水質検査を行う。
貯水槽の管理	貯水槽は，清潔を保持するため，専門の業者に委託して年 1 回以上清掃する。
便所	業務開始前，業務中及び業務終了後など定期的に清掃及び消毒を行って，衛生的に保つ。
嘔吐物の処理	迅速かつ適切に嘔吐物の処理を行い，利用者・調理従事者などへのノロウイルス感染及び施設の汚染防止に努める。

食中毒の種類

		主な特徴	症　状	潜伏期間	原因食品
細菌性食中毒					
感染型	腸炎ビブリオ	・通性嫌気性菌 ・好塩性，真水・酸に弱い ・感染型の中では増殖能が高い ・夏に集中して発生	下痢，腹痛	10〜24時間	海産魚介類，漬物
	サルモネラ属菌	・通性嫌気性菌 ・哺乳類・鳥類の腸管内に棲息 ・熱に弱い（60℃・30分の加熱で死滅）	下痢，腹痛，発熱	5〜72時間	食肉，卵・卵製品（ケーキ，マヨネーズなど）
	カンピロバクター・ジェジュニ/コリ	・微好気性菌 ・鶏・牛など家畜やペット類の腸管内に棲息 ・人畜共通感染症	発熱，腹痛，下痢（小児は血液が混じりやすい）	2〜7日	生肉類（特に鶏肉），飲料水，サラダ
	病原性大腸菌	●腸管病原性大腸菌（EPEC） ・サルモネラ属菌とよく似た急性胃腸炎	発熱，腹痛，下痢	12〜72時間	糞便などで汚染された水，野菜など
		●腸管組織侵入性大腸菌（EIEC） ・赤痢菌に類似した症状	発熱，下痢，血便，腹痛	1〜5日	
		●腸管毒素原性大腸菌（ETEC） ・旅行者下痢症の起因菌 ・発熱なし ・体内でコレラ類似の毒素産生	激しい水様性の下痢	12〜72時間	
		●腸管出血性大腸菌（EHEC） ・通性嫌気性菌 ・O157：H7，O26，O111 ・ベロ毒素を産生 ・乳幼児や小児，基礎疾患を有する高齢者では，出血性腸炎，まれに急性腎不全，血小板の減少，貧血などの症状を呈する溶血性尿毒症症候群（HUS）を引き起こす。 ・脳障害	水様性下痢，血性下痢（下血），腹痛	4〜8日	
		●腸管付着性大腸菌（EAggEC） ・主に熱帯地方で発生 ・詳細は不明である。	腹痛，下痢	1〜5日	
	エルシニア・エンテロコリチカ	・通性嫌気性菌 ・0〜4℃でも発育できる低温細菌・冷蔵庫内の食品中でも増殖	発熱，腹痛（特に右下腹部痛），発疹	2〜5日	糞便などで汚染された食肉（特に豚肉），飲料水
中間型	ウエルシュ菌	・偏性嫌気性菌 ・芽胞形成（耐熱性） ・不十分な温め直しが一因	下痢，腹痛（症状は軽い）	6〜18時間	シチュー，カレー，スープなど

			主な特徴	症　状	潜伏期間	原因食品
中間型	セレウス菌	下痢型	・通性嫌気性菌 ・芽胞形成（耐熱性） ・土壌・塵埃などに広く分布 〔下痢型〕 　菌は体内で増殖 　56℃，5分で毒力がなくなる	腹痛，下痢 （ウエルシュ菌食中毒に似る）	8〜16時間	にぎりめし，弁当，プリン
毒素型		嘔吐型	〔嘔吐型〕 　菌は食品中で増殖 　126℃，90分でも安定（耐熱性）	嘔吐，腹痛 （黄色ブドウ球菌食中毒に似る）	1〜5時間	焼飯，焼きそば，スパゲティーなど
	黄色ブドウ球菌		・通性嫌気性菌 ・耐塩性 ・菌は熱に弱いが，毒素（エンテロトキシン）は耐熱性（加熱無効） ・化膿性疾患の代表的起因菌	嘔吐，腹痛，下痢	1〜5時間 （平均約3時間）	にぎりめし，弁当，和菓子，シュークリーム
	ボツリヌス菌		・偏性嫌気性菌 ・土壌に広く分布 ・芽胞は耐熱性であるが．毒素は熱に弱い ・摂食前の加熱が有効 ・致命率が高い（約30%） ・亜硝酸ナトリウムの添加で予防（ハム，ソーセージなど）	嘔吐や視力障害，言語障害，嚥下困難などの神経症状，重病例では呼吸麻痺により死亡	8〜36時間	真空パック食品，缶詰，いずし
ウイルス性食中毒						
ウイルス性	ノロウイルス		・人から人への二次感染あり ・二枚貝（特にカキ）からの感染防止には85℃，90秒以上の加熱（大量調理施設衛生管理マニュアルより）が必要	嘔吐，下痢，腹痛，発熱，頭痛	1〜2日	汚染された二枚貝・水，感染した人，患者の糞便・吐物
寄生虫による食中毒						
アニサキス			・海産魚介類の生食による感染防止には60℃，1分間の加熱または−20℃，24時間以上の冷凍貯蔵	激しい腹痛，吐き気，嘔吐	1〜10時間	汚染されたアジ，イカ，サバ，タラ
自然毒食中毒						
植物性			・じゃがいもの芽，毒きのこ，食用植物と間違えて摂取し発症	嘔吐，しびれ	30分以内〜1時間	じゃがいも，ツキヨタケ，スイセン
動物性			・フグのテトロドトキシン，毒のある魚及び貝	しびれ，嘔吐，意識障害	（イシナギは12時間以内）	フグ，イシナギ，アサリ，ホタテ

注）東京都福祉保健局：食品衛生の窓などを参考に加筆。

11
安全・衛生管理

ノロウイルスの予防

1. 下痢や発熱，嘔吐など風邪によく似た症状がある場合にはまず，責任者に申し出る。
   - 従業員は出勤停止
   - 直ちに医師の診察及びノロウイルス検査受診
   - 結果が出るまで出勤停止を維持
2. 手指の洗浄・消毒
   - 手洗いは2回
3. 作業中は使い捨て手袋とマスク着用
4. 生食用野菜・果物の洗浄・消毒
5. 加熱して食べる食品は必ず中心温度の確認・記録
6. 貝類生食，特に手づくりカキ料理はメニュー組み入れ禁止
7. 厨房内へは厨房従業員以外立ち入り禁止
8. 調理器具・厨房内外の機材，施設の消毒を確実励行
   - 毎日の消毒は次亜塩素酸ナトリウム300倍（200ppm）溶液を使用
   - 調理器具・食器は消毒保管庫（80℃，30分以上）に収納
   - 洗浄後，水分を拭きとりアルコールを噴霧
   - 煮沸（100℃，1分以上）
   - 次亜塩素酸ナトリウム500倍（120ppm）溶液に5〜10分浸漬後，流水洗浄

新型コロナウイルス感染症の感染予防

1. 三密（密集，密接，密閉）を避ける。
   集団感染は，①換気が悪く，②人が密に集まって過ごすような空間，③不特定多数の人が接触する恐れが高い場所という共通点がある。できるだけ，そのような場所に行くことを避け，やむを得ない場合にはマスクをするとともに，換気をする，大声で話さない，相手と手が触れ合う距離での会話は避けるといったことに心がける。
2. 手洗いや咳エチケット（咳やくしゃみをする際，マスクやティッシュ，ハンカチ，袖，肘の内側などを使って口や鼻を押さえる）を守る。
   ※新型コロナウイルス感染症は，罹患しても約8割は軽症で経過し，治癒する例が多いことが報告されているが，高齢者や基礎疾患をもつ者は重症化することが多いと報告されている。

新型コロナウイルスの消毒・除菌

〔厚生労働省・経済産業省・消費者庁〕

方法	もの	手指	現在の市販品の薬機法*上の整理
水及び石けんによる洗浄	○	○	―
熱水	○	×	―
アルコール消毒液	○	○	医薬品・医薬部外品（ものへの適用は「雑品」）
次亜塩素酸ナトリウム水溶液（塩素系漂白剤）	○	×	「雑品」（一部，医薬品）
手指養以外の界面活性剤（洗剤）	○	―（未評価）	「雑品」（一部，医薬品・医薬部外品）
次亜塩素酸水（一定条件を満たすもの）	○	―（未評価）	「雑品」（一部，医薬品）
亜塩素酸水	○	―（未評価）	「雑品」（一部，医薬品）

*薬機法：医薬品，医療機器等の品質，有効性及び安全性の確保等に関する法律

新型コロナウイルス対策

1. 手や指など

　手洗い：洗い流すことが最も重要。手や指に付着しているウイルスの数は，流水による15秒の手洗いだけで1/100に，石けんやハンドソープで10秒もみ洗いし，流水で15病すすぐと1/10,000に減らせる。手洗いの後，さらに消毒液を使用する必要はない。

　アルコール（濃度70％以上95％以下のエタノール）：手洗いがすぐにできない状況では，アルコール消毒液も有効。アルコールは，ウイルスの膜を壊すことで無毒化する。手指など人体に用いる場合は，品質・有効性・人体への安全性が確認された「医薬品」・「医薬部外品」の表示があるものを使用し，よくすり込む。

2. ものに付着

　熱水：食器や箸などには熱水でウイルスを死滅させることができる。80℃の熱水に10分間さらす。

　塩素系漂白剤（次亜塩素酸ナトリウム）：テーブル，ドアノブなどには，市販の塩素系漂白剤の主成分である「次亜塩素酸ナトリウム」が有効。次亜塩素酸の酸化作用などにより，新型コロナウイルスを破壊し，無毒化する。市販の家庭用漂白剤を，次亜塩素酸ナトリウム濃度が0.05％になるように薄めて拭く。その後，水拭きする。

　洗剤（界面活性剤）：テーブル，ドアノブなどには，市販の家庭用洗剤の主成分である「界面活性剤」も一部有効。界面活性剤は，ウイルスの膜を壊すことで無毒化する。家庭用洗剤の場合は製品記載の使用方法に従ってそのまま使用し，台所用洗剤の場合は薄めて使用する。新型コロナウイルスに有効と判断された界面活性剤〔NITE（独立行政法人製品評価技術基盤機構）検証試験結果〕直鎖アルキルベンゼンスルホン酸ナトリウム0.1％以上，アルキルグルコシド0.1％以上，アルキルアミンオキシド0.05％以上，塩化

ベンザルコニウム 0.05％以上，塩化ベンゼトニウム 0.05％以上，塩化ジアルキルジメチルアンモニウム 0.01％以上，ポリオキシエチレンアルキルエーテル 0.2％以上，純石けん分（脂肪酸カリウム）0.24％以上，純石けん分（脂肪酸ナトリウム）0.22％以上

次亜塩素酸水：テーブル，ドアノブなどには，一部の次亜塩素酸水も有効。次亜塩素酸を主成分とする酸性の溶液で，酸化作用によりウイルスを破壊し，無毒化する。消毒したいものの汚れをあらかじめ落とす。拭き掃除には，有効塩素濃度 80ppm 以上（ジクロロイソシアヌル酸ナトリウムを水に溶かした製品では 100ppm 以上）の次亜塩素酸水を使い，消毒したいモノに対して十分な量で濡らす。濡らした後，きれいな布やペーパーで拭き取る。流水でかけ流す場合には，生成されたばかりの有効塩素濃度 35ppm 以上の次亜塩素酸水を使い，消毒したいモノに対して流水かけ流しを行う。かけ流した後，きれいな布やペーパーで拭き取る。

アルコール：手指と同様。

亜塩素酸水：有機物が存在する環境下での使用が想定されている。製品の用法・用量に従って必要に応じ希釈する。清拭する場合，遊離塩素濃度 25ppm（25mg/L）以上の亜塩素酸水をペーパータオルなどに染み込ませてからモノを清拭し，拭いた後数分以上置く。その後，水気を拭き取って乾燥させる。浸漬する場合，ものを遊離塩素濃度 25ppm（25mg/L）以上の亜塩素酸水に数分以上浸漬し，取り出した後に水気を拭き取り乾燥させる。排泄物や嘔吐物などの汚物がある場合，汚物をペーパータオルなどで静かに拭き取った上で，汚物のあった場所にペーパータオルなどを敷き，その上に遊離塩素濃度 100ppm（100mg/L）以上の亜塩素酸水を撒いて数分以上置く。ペーパータオルなどを回収後，残った亜塩素酸水を拭き取って乾燥させる。

3. 空気中

換気：新型コロナウイルスなどの微粒子を室外に排出するためにはこまめに換気を行い，部屋の空気を入れ換えることが必要。室内温度が大きく上がらないまたは下がらないよう注意しながら，定期的な換気を行う。窓を使った換気を行う場合，風の流れができるよう，二方向の窓を 1 時間に 2 回以上，数分間程度全開にする。

次亜塩素酸水と次亜塩素酸ナトリウム

次亜塩素酸水は，次亜塩素酸ナトリウムと同等の殺菌力があり，より大流量が得られるので，大量の食品殺菌に使用される。食品加工施設，学校・病院などの給食施設，パーティーや宴会の多いホテル・飲食店など，大量調理施設で役立つ。

	次亜塩素酸水	次亜塩素酸ナトリウム
pH	8.2 以下	8.2 ～ 8.8（アルカリ性）
匂い	無臭	塩素臭
消臭作用	臭い自体を分解	塩素臭が残る
刺激性	なし	酸と混合で有毒な塩素ガス発生
殺菌効果	次亜塩素酸ナトリウムの 8 倍	100ppm 以上で効果あり
対有機物反応	次亜塩素酸ナトリウムの 80 倍	
人体への影響	ほぼなし	たんぱく質腐食作用あり
手荒れ	アルコールや次亜塩素酸ナトリウムより低い	肌表面のたんぱく質が溶けるため荒れる
次亜塩素酸含有量	70 ～ 100％	10％
トリハロメタン生成	ほぼなし	生成あり

次亜塩素酸水：厚生労働省により 2002 年に殺菌料として指定。食材料の洗浄，食品を扱う器具の洗浄に使用可能。

食中毒対応マニュアル

受託側対応		✓
状況確認	委託側と連絡をとり，次の状況を把握する。	
	何人くらい症状が出ているか，どのような症状が出ているか。	☐
	保健所等への通知が委託側や治療した病院からなされたか。	☐
	同様の症状が出ている者がいないか。	☐
	保存食の保存状況，最近の検便実施状況など。	☐
第一報通知	担当部次長・エリアマネジャー（AMG）に通知する。不在の場合には，衛生管理責任者，または管理担当責任者のいずれかへ電話で通報する。	☐
	通知内容は，「有症苦情発生報告書」（p.178参照）を参考とし，内容をまとめ簡潔に報告する。詳細あるいは現在不明な点については「有症苦情発生報告書」に取りまとめ，別途報告する。	☐
	取り急ぎ第一報を遅滞なく正確に通知することを優先とする。	☐
「有症苦情発生報告書」による報告	第一報の通知が終了したら「有症苦情発生報告書」に記入する。	☐
	不明の場合には「不明」と明記する。	☐
	第一報を行った部署へ１時間以内にFAX送信する。	☐
経緯の整理（現地対策委員への報告準備）	何日何時頃，どのようなことが起こったのか，経緯を時系列で整理し，レポート用紙に書き出す。	☐
	いつ，どこで，誰が，何を，どうした（5W1H）の報告原則に従い，具体的に経緯を整理する。	☐
	ふだんと変わった点がなかったか，特に注意して記入する。	☐
	保健所，委託側に提出する（提出した）書類等はコピーをとり，経緯に添付する。	☐
	相手がいる事柄では「○○保健所○○課○○様が来られ，○○の提出を求められたので，コピーをとり，原本を提出した」のように，相手を特定できるよう記入する。	☐
	発症者の状況をできる限り性別・年代別，病棟別，発生日時別に整理し，現地対策委員にすぐ渡せるよう準備する。	☐
	発症日前３～７日間の献立表を整理し，現地対策委員にすぐ渡せるよう準備する。	☐
注意事項	施設に残っている食品を試食するなどのないよう徹底する。	☐
	保健所職員の調査がある場合は，調理場に残っている試食残渣などを捨てたり清掃せず，現状を保持する。	☐
	保健所職員や委託側の指示事項は必ずメモをとり，経緯としてノートに記入する。	☐
	厨房内で保菌者が発見された場合には自宅待機を命じ，医師の治療を受けるよう指示し，復帰に際しては必ず医師の指示を受ける。	☐
	新聞・ラジオ・テレビ等の問い合わせについては，広報担当と連携して対応するので，その旨を説明する。	☐

資料）飯田範子作成

11

安全・衛生管理

食中毒発生時の対応（疑い含む）

事故発生

情報の探知

1．連絡は
　①事業所・店舗（責任者・栄養士）
　②委託側
　③保健所
　④検査機関（定期検便検査）
　⑤その他

2．内容は
　①症状（喫食後）
　②発症者状況
　③調理従事者や家族の状況

発症者対応（一回目）

　①見舞
　②取引先
　③保健所調査による協力を得る

状況把握

　①発症者把握（１人あるいは集団）
　②発症者状況
　③喫食者（職員）欠勤・早退状況
　④調理従事者の欠勤・早退状況
　⑤どこの病院・施設の誰か，職員・顧客
　　の誰か

　⑥検便の検査結果
　⑦行事食などイベントによる食事提供方
　　法と喫食状況
　⑧風邪など疾病流行状況
　⑨その他（地域の食中毒発生状況）

食中毒受託側対応フローチャート

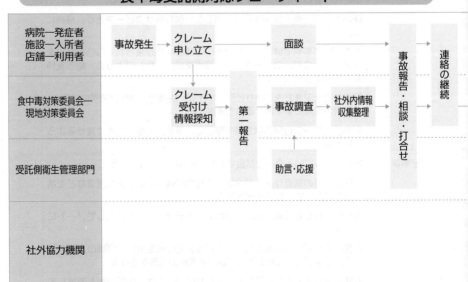

対　応

1．保健所との連絡

2．給食業務の取扱い
　①状況把握の事項を考慮して
　　給食の休止等の検討を行う
　②代行業務検討

3．関係機関との連携
　①委託側，保健所，検査機関
　　との連携

発症者対応（二回目）

1．発症者，取引先対応
　①事故経過報告
　②謝罪
　③保証

反省総括

　①記録保管
　②再発防止
　③従事者の研修
　④食材納入業者の点検

〔調査事項（用意するもの）〕

　①献立表
　②保存食及び食材
　③日常点検記録
　　・自主衛生管理点検簿
　　・個人衛生点検簿
　　・検収記録簿
　　・衛生事項記録簿
　　・中心温度記録簿
　　・調理従事者の健康記録
　　（検便結果，健康診断書）

　④標準調理作業書
　⑤食材の仕入れ先
　⑥調理従事者の勤務表とシフ
　　ト表　（欠勤者は理由を記
　　載）
　⑦その他，履歴書

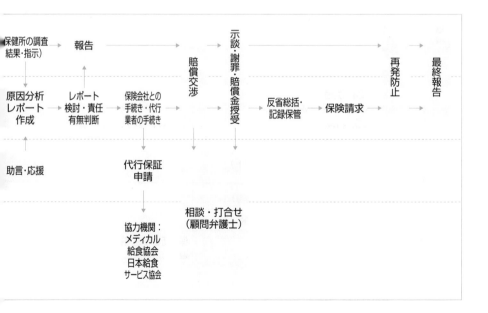

保健所の調査
結果・指示）　→　報告　→　賠償交渉　→　示談・謝罪・賠償金授受　→　再発防止　→　最終報告

原因分析
レポート
作成　→　レポート
検討・責任
有無判断　→　保険会社との
手続き・代行
業者の手続き　→　反省総括・
記録保管　→　保険請求

助言・応援

代行保証
申請

相談・打合せ
（顧問弁護士）

協力機関：
メディカル
給食協会
日本給食
サービス協会

事故発生時の確認・対応事項

〔食中毒など事故発生時の確認・対応事項チェックリスト（高齢者施設など）〕

再発防止のため，また冷静沈着に対応するために作成するとよい。

区分		✓	確認及び対応事項	担当者	参考事項
直ちに行う事項	発症状況		発生日時・場所・数		
			主な症状		
			通所者などの発症の有無		
			調理従事者の発症の有無		
			配膳などホール担当者の発症の有無		
			職員，介護者などの発症の有無		
			発症者の健康状態（重症・軽症）		
			医療機関への受診者		医療機関にかかった人，診断名，受診期間，検便の有無
			入院者の有無		医療機関に入院した人の有無，その場合の状態・状況
			施設の階別・棟別発症状況		発症者が特定階・施設に偏っていないか
			施設見取り図の入手		発症者の部屋が確認できるもの
			調理場図面の入手 （トイレなどの場所含む）		使用するトイレの位置が確認できるもの
			発症者の入浴利用状況（感染症）		
	給食関係		給食の提供状況		
			給食の献立（1週間前から）		
			給食以外の共通食 （行事食，調理実習など）		
			施設内の給水系統 （使用水，飲用適か否か）		水道直結，貯水槽使用，井戸水
			施設の空調方法，系統（換気のダクト）		
			施設の清掃方法 （掃除機のダクト，モップなど，消毒）		
	連絡		保存食及び残品の有無確認及び確保		
			連絡担当者，責任者の選定		保健所との連絡担当，責任者の決定，連絡方法の決定
			保健所への連絡		
			施設嘱託医への連絡		

区分		✓	確認及び対応事項	担当者	参考事項
順次行う事項	名簿		入所者名簿の作成		
			職員・給食従事者・その他関係者名簿の作成		
	調査		発症者の発症日時などの詳細調査（食中毒調査用紙個人票に基づき行う）		
			喫食状況調査		
			給食の調理方法		
			水道水の使用時点検記録などの確認		水質検査の記録を含む
			給食材料の仕入れ先		
	検査		発症者の検便，嘔吐物		
			調理従事者の検便		
	予防措置ほか		施設内の消毒		発症者嘔吐物からの二次感染防止
			調理場の消毒		給食施設の衛生を確保
			代替食の確保		給食自粛時，原因が給食と決定した後
			報道機関への対応		窓口の一本化
			入所者家族への対応		対応者の決定

11

安全・衛生管理

調理作業中の衛生管理

食品の加熱加工の記録簿

<table>
<tr><td colspan="4"></td><td>年　　月　　日</td></tr>
<tr><td colspan="4"></td><td>責任者</td><td>衛生管理者</td></tr>
<tr><td colspan="4"></td><td></td><td></td></tr>
</table>

品目名	No.1			No.2（No.1で設定した条件に基づき実施）	
（揚げ物）	①油温		℃	油温	℃
	②調理開始時刻		：	No.3（No.1で設定した条件に基づき実施）	
	③確認時の中心温度	サンプルA	℃	油温	℃
		B	℃	No.4（No.1で設定した条件に基づき実施）	
		C	℃	油温	℃
	④③確認後の加熱時間			No.5（No.1で設定した条件に基づき実施）	
	⑤全加熱処理時間			油温	℃

品目名	No.1			No.2（No.1で設定した条件に基づき実施）	
（焼き物, 蒸し物）	①調理開始時刻		：	確認時の中心温度	℃
	②確認時の中心温度	サンプルA	℃	No.3（No.1で設定した条件に基づき実施）	
		B	℃	確認時の中心温度	℃
		C	℃	No.4（No.1で設定した条件に基づき実施）	
	③②確認後の加熱時間			確認時の中心温度	℃
	④全加熱処理時間				

品目名	No.1			No.2		
（煮物）	①確認時の中心温度	サンプル	℃	①確認時の中心温度	サンプル	℃
	②①確認後の加熱時間			②①確認後の加熱時間		
（炒め物）	①確認時の中心温度	サンプルA	℃	①確認時の中心温度	サンプルA	℃
		B	℃		B	℃
		C	℃		C	℃
	②①確認後の加熱時間			②①確認後の加熱時間		

〈改善を行った点〉

〈計画的に改善すべき点〉

資料）大量調理施設衛生管理マニュアル，衛食第85号別添（平成9年3月24日，最終改正：平成29年6月16日）

安全・衛生チェック

記入担当者（　　　　　　　）　　年　　月　　日

	点検項目	氏名					氏名
		1	2	3	4	5	
調理前	1 健康診断，検便検査の結果に異常はありませんか	○	○	○	○	○	
	2 下痢，発熱等の症状はありませんか	○	○	○	○	○	
	3 手指や顔面に化膿創がありませんか	○	○	○	○	○	
	4 爪は短く切っていますか	○	○	○	○	×	
	5 指輪やマニキュアをしていませんか	○	○	○	○	○	
	6 着用する外衣，帽子，前掛けは作業専用で清潔なものですか	○	○	○	○	○	
	7 ピアス，イヤリング，ネックレス等の装身具をはずしましたか	○	○	○	○	○	
	8 毛髪が帽子から出ていませんか	○	○	○	○	○	
調理中	9 毛髪が帽子から出ていませんか	×	○	○	×	○	
	10 専用の履き物を使っていますか	○	○	○	○	○	
	11 手洗いを適切に行っていますか	○	○	○	○	○	
	12 トイレには外衣のままで入らないようにしていますか	○	○	○	○	○	
	13 調理場から出る場合には外衣を脱いでいますか	○	○	○	○	○	
	14 手指に傷のある者が直接食品の取扱いをしていませんか	○	○	○	○	○	
	15 盛り付け・サービス時に必要に応じて手袋の使用がされていましたか	○	○	○	○	○	
	16 盛り付け・サービス時にマスクを使用していましたか	○	○	○	○	○	

注）色文字は記入例。○×で記入する。

11
安全・衛生管理

身だしなみのポイント

　人と食品を細菌やウイルスの汚染から守るために，自分の身だしなみを整えることから始め，周囲を清潔に保つ必要がある。

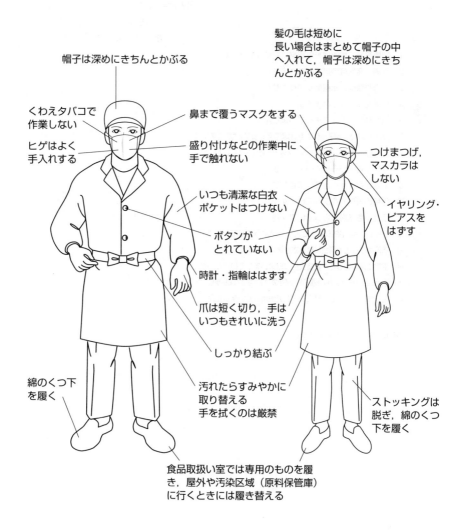

帽子は深めにきちんとかぶる

髪の毛は短めに
長い場合はまとめて帽子の中
へ入れて，帽子は深めにきちんとかぶる

くわえタバコで
作業しない

鼻まで覆うマスクをする

つけまつげ，
マスカラは
しない

ヒゲはよく
手入れする

盛り付けなどの作業中に
手で触れない

イヤリング・
ピアスを
はずす

いつも清潔な白衣
ポケットはつけない

ボタンが
とれていない

時計・指輪ははずす

爪は短く切り，手は
いつもきれいに洗う

しっかり結ぶ

綿のくつ下
を履く

ストッキングは
脱ぎ，綿のくつ
下を履く

汚れたらすみやかに
取り替える
手を拭くのは厳禁

食品取扱い室では専用のものを履
き，屋外や汚染区域（原料保管庫）
に行くときには履き替える

注）食品取扱い室に財布や携帯電話など私物を持ち込まない。

手洗い法

　食中毒予防には手の清潔が基本である。そのためには正しい手洗いを徹底する必要がある。手洗いの前に爪の状態などを確認し，順番を守って洗う。

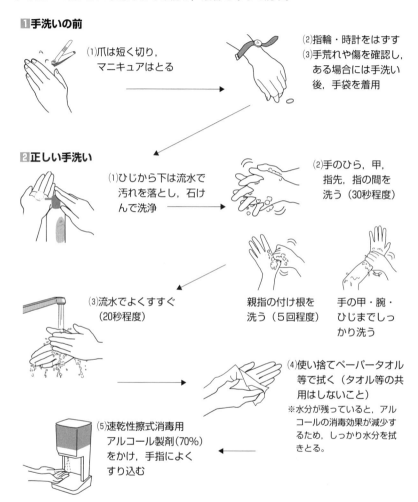

■1 手洗いの前

(1)爪は短く切り，マニキュアはとる

(2)指輪・時計をはずす
(3)手荒れや傷を確認し，ある場合には手洗い後，手袋を着用

■2 正しい手洗い

(1)ひじから下は流水で汚れを落とし，石けんで洗浄

(2)手のひら，甲，指先，指の間を洗う（30秒程度）

(3)流水でよくすすぐ（20秒程度）

親指の付け根を洗う（5回程度）

手の甲・腕・ひじまでしっかり洗う

(4)使い捨てペーパータオル等で拭く（タオル等の共用はしないこと）
※水分が残っていると，アルコールの消毒効果が減少するため，しっかり水分を拭きとる。

(5)速乾性擦式消毒用アルコール製剤(70%)をかけ，手指によくすり込む

■3 手洗い後の注意
●清潔な手になった後，汚れた手ぬぐい，エプロン，作業着などで手を拭くことは厳禁
●トイレ使用後，掃除用具などに触れた後は，■2 に戻って手洗いをやりなおす

注）■2 の(1)〜(3)は2回以上行う。

11

安全・衛生管理

調理施設の点検

調理施設の点検表

年　　月　　日

責任者	衛生管理者

①毎日点検

	点検項目	点検結果
1	施設へのねずみやこん虫の侵入を防止するための設備に不備はありませんか。	
2	施設の清掃は，すべての食品が調理場内から完全に搬出された後，適切に実施されましたか（床面，内壁のうち床面から1m以内の部分）。	
3	施設に部外者が入ったり，調理作業に不必要な物品が置かれていたりしませんか。	
4	施設は十分な換気が行われ，高温多湿が避けられていますか。	
5	手洗い設備の石けん，爪ブラシ，ペーパータオル，殺菌液は適切ですか。	

②1か月ごとの点検

1	巡回点検の結果，ねずみやこん虫の発生はありませんか。	
2	ねずみやこん虫の駆除は半年以内に実施され，その記録が1年以上保存されていますか。	
3	汚染作業区域と非汚染作業区域が明確に区別されていますか。	
4	各作業区域の入り口手前に手洗い設備，履き物の消毒設備（履き物の交換が困難な場合に限る）が設置されていますか。	
5	シンクは用途別に相互汚染しないように設置されていますか。加熱調理用食材，非加熱調理用食材，器具の洗浄等を行うシンクは別に設置されていますか。	
6	シンク等の排水口は排水が飛散しない構造になっていますか。	
7	すべての移動性の器具，容器等を衛生的に保管するための設備が設けられていますか。	
8	便所には，専用の手洗い設備，専用の履き物が備えられていますか。	
9	施設の清掃は，すべての食品が調理場内から完全に排出された後，適切に実施されましたか（天井，内壁のうち床面から1m以上の部分）。	

③3か月ごとの点検

1	施設は隔壁等により，不潔な場所から完全に区別されていますか。	
2	施設の床面は排水が容易に行える構造になっていますか。	
3	便所，休憩室及び更衣室は，隔壁により食品を取り扱う場所と区分されていますか。	

〈改善を行った点〉

〈計画的に改善すべき点〉

資料）大量調理施設衛生管理マニュアル，衛食第85号別添（平成9年3月24日，最終改正：平成29年6月16日）

衛生・安全チェックリスト

1　原材料納入時の時刻・温度調査（検収時）

10章，p.157検収記録簿参照。

2　調理室・冷凍庫・冷蔵庫の温度・湿度管理

	9：30	11：00	13：30	15：00	16：30
外気温度	℃	℃	℃	℃	℃
外気湿度	%	%	%	%	%
調理室温度	℃	℃	℃	℃	℃
調理室湿度	%	%	%	%	%
冷凍庫温度	℃	℃	℃	℃	℃
冷蔵庫温度	℃	℃	℃	℃	℃

3　料理保管中の温度

料理名	でき上がり（℃）	保温・保冷中の温度（℃）			保温機器	機器設定温度（℃）	備考
		12：00	12：20	13：00			

11

安全・衛生管理

食品保管時の記録簿

食品保管時の記録簿

			年　　　月　　　日

責任者	衛生管理者

①原材料保管時

品目名	搬入時刻	搬入時設備内 (室内) 温度	品目名	搬入時刻	搬入時設備内 (室内) 温度
	:	℃		:	℃
	:	℃		:	℃
	:	℃		:	℃

②調理終了後30分以内に提供される食品

品目名	調理終了時刻	品目名	調理終了時刻
	:		:
	:		:

③調理終了後30分以上に提供される食品

ア　温かい状態で提供される食品

品目名	食缶等への移し替え時刻
	:
	:

イ　加熱後冷却する食品

品目名	冷却開始時刻	冷却終了時刻	保冷設備への搬入時刻	保冷設備内温度	保冷設備からの搬出時刻
	:	:	:	℃	:
	:	:	:	℃	:

ウ　その他の食品

品目名	保冷設備への搬入時刻	保冷設備内温度	保冷設備からの搬出時刻
	:	℃	:
	:	℃	:

〈進言事項〉

資料）大量調理施設衛生管理マニュアル，衛食第85号別添（平成 9 年 3 月24日，最終改正：平成29年 6 月16日）

原材料の取扱い等点検

原材料の取扱い等点検表

　　　　　　　　　　　　　　　　　　　　　年　　月　　日

責任者	衛生管理者

①原材料の取扱い（毎日点検）

	点検項目	点検結果
1	原材料の納入に際しては調理従事者等が立ち会いましたか。	
	検収場で原材料の品質，鮮度，品温，異物の混入等について点検を行いましたか。	
2	原材料の納入に際し，生鮮食品については，1回で使い切る量を調理当日に仕入れましたか。	
3	原材料は分類ごとに区分して，原材料専用の保管場に保管設備を設け，適切な温度で保管されていますか。	
	原材料の搬入時の時刻及び温度の記録がされていますか。	
4	原材料の包装の汚染を保管設備に持ち込まないようにしていますか。	
	保管設備内での原材料の相互汚染が防がれていますか。	
5	原材料を配送用包装のまま非汚染作業区域に持ち込んでいませんか。	

②原材料の取扱い（月1回点検）

点検項目	点検結果
原材料について納入業者が定期的に実施する検査結果の提出が最近1か月以内にありましたか。	
検査結果は1年間保管されていますか。	

③検食の保存

点検項目	点検結果
検食※は，原材料（購入した状態のもの）及び調理済み食品を食品ごとに50g程度ずつ清潔な容器に密封して入れ，－20℃以下で2週間以上保存されていますか。	

〈改善を行った点〉

〈計画的に改善すべき点〉

注）※大量調理施設衛生管理マニュアルでは，保存食のことを検食と呼んでいる（検食＝保存食）。
資料）大量調理施設衛生管理マニュアル，衛食第85号別添（平成9年3月24日，最終改正：平成29年6月16日）

調理等の点検

調理等における点検表

年　　月　　日

責任者	衛生管理者

①下処理・調理中の取扱い

	点検項目	点検結果
1	非汚染作業区域内に汚染を持ち込まないよう，下処理を確実に実施していますか。	
2	冷蔵庫又は冷凍庫から出した原材料は速やかに下処理,調理に移行させていますか。	
	非加熱で供される食品は下処理後速やかに調理に移行していますか。	
3	野菜及び果物を加熱せずに供する場合には,適切な洗浄（必要に応じて殺菌）を実施していますか。	
4	加熱調理食品は中心部が十分〔75℃（二枚貝等ノロウイルス汚染のおそれのある食品の場合は85℃）で1分間以上等〕加熱されていますか。	
5	食品及び移動性の調理器具並びに容器の取扱いは床面から60cm以上の場所で行われていますか（ただし，跳ね水等からの直接汚染が防止できる食缶等で食品を取り扱う場合には,30cm以上の台にのせて行うこと）。	
6	加熱調理後の食品の冷却，非加熱調理食品の下処理後における調理場等での一時保管等は清潔な場所で行われていますか。	
7	加熱調理食品にトッピングする非加熱調理食品は，直接喫食する非加熱調理食品と同様の衛生管理を行い，トッピングする時期は提供までの時間が極力短くなるようにしていますか。	

②調理後の取扱い

	点検項目	点検結果
1	加熱調理後,食品を冷却する場合には,速やかに中心温度を下げる工夫がされていますか。	
2	調理後の食品は衛生的な容器にふたをして,他からの二次汚染を防止していますか。	
3	調理後の食品は適切に温度管理（冷却過程の温度管理を含む。）を行い，必要な時刻及び温度が記録されていますか。	
4	配送過程があるものは保冷又は保温設備のある運搬車を用いるなどにより,適切な温度管理を行い，必要な時間及び温度等が記録されていますか。	
5	調理後の食品は2時間以内に喫食されていますか。	

③廃棄物の取扱い

	点検項目	点検結果
1	廃棄物容器は，汚臭，汚液がもれないように管理するとともに，作業終了後は速やかに清掃し，衛生上支障のないように保持されていますか。	
2	返却された残渣は，非汚染作業区域に持ち込まれていませんか。	
3	廃棄物は，適宜集積場に搬出し，作業場に放置されていませんか。	
4	廃棄物集積場所は，廃棄物の搬出後清掃するなど，周囲の環境に悪影響を及ぼさないよう管理されていますか。	

〈改善を行った点〉

〈計画的に改善すべき点〉

資料）大量調理施設衛生管理マニュアル，衛食第85号別添（平成9年3月24日，最終改正：平成29年6月16日）

調理器具等及び使用水の点検

調理器具及び使用水の点検表

年　　月　　日

責任者	衛生管理者

①調理器具，容器等の点検表

	点検項目	点検結果
1	包丁，まな板等の調理器具は用途別及び食品別に用意し，混同しないように使用されていますか。	
2	調理器具，容器等は作業動線を考慮し，あらかじめ適切な場所に適切な数が配置されていますか。	
3	調理器具，容器等は使用後（必要に応じて使用中）に洗浄・殺菌し，乾燥されていますか。	
4	調理場内における器具，容器等の洗浄・殺菌は，すべての食品が調理場から搬出された後，行っていますか（使用中等やむをえない場合は，洗浄水等が飛散しないように行うこと）。	
5	調理機械は，最低1日1回以上，分解して洗浄・消毒し，乾燥されていますか。	
6	すべての調理器具，容器等は衛生的に保管されていますか。	

②使用水の点検表

採取場所	採取時期	色	濁り	臭い	異物	残留塩素濃度
						mg/L
						mg/L
						mg/L
						mg/L

③井戸水，貯水槽の点検表（月1回点検）

	点検項目	点検結果
1	水道事業により供給される水以外の井戸水等の水を使用している場合には，半年以内に水質検査が実施されていますか。	
	検査結果は1年間保管されていますか。	
2	貯水槽は清潔を保持するため，1年以内に清掃が実施されていますか。	
	清掃した証明書は1年間保管されていますか。	

〈改善を行った点〉

〈計画的に改善すべき点〉

資料）大量調理施設衛生管理マニュアル，衛食第85号別添（平成9年3月24日，最終改正：平成29年6月16日）

11

安全・衛生管理

作業終了後の器具，容器及び調理機械管理の点検

器具，容器及び調理機械管理点検表

		年	月	日

基本数量	包丁	まな板	ボウル・バット・ざる	フードカッター	野菜スライサー	ミキサー		責任者	衛生責任者
	本	枚	個	個	個	個			

器具及び容器（包丁，まな板，ボウル等）・調理機械（フードカッター，野菜スライサー等）の管理は，指定の洗浄・消毒・乾燥（p.187参照）どおり実施したか。

		包丁	まな板	ボウル・バット・ざる	フードカッター	野菜スライサー	ミキサー			
月 日 （ ）	洗浄									
	消毒									
	乾燥									
	数量確認									
	備考									
月 日 （ ）	洗浄									
	消毒									
	乾燥									
	数量確認									
	備考									
月 日 （ ）	洗浄									
	消毒									
	乾燥									
	数量確認									
	備考									
月 日 （ ）	洗浄									
	消毒									
	乾燥									
	数量確認									
	備考									

資料）飯田範子作成

器具等の洗浄・殺菌

調理機械	①機械本体・部品を分解する。なお，分解した部品は床にじか置きしないようにする。 ②飲用適の水（40℃程度の微温水が望ましい）で3回水洗いする。 ③スポンジタワシに中性洗剤または弱アルカリ性洗剤をつけてよく洗浄する。 ④飲用適の水（40℃程度の微温水が望ましい）でよく洗剤を洗い流す。 ⑤部品は80℃で5分間以上またはこれと同等の効果を有する方法で殺菌を行う。 ⑥よく乾燥させる。 ⑦機械本体・部品を組み立てる。 ⑧作業開始前に速乾性擦式消毒用アルコール製剤（70%）噴霧またはこれと同等の効果を有する方法で殺菌を行う。
調理台	①調理台周辺の片付けを行う。 ②飲用適の水（40℃程度の微温水が望ましい）で3回水洗いする。 ③スポンジタワシに中性洗剤または弱アルカリ性洗剤をつけてよく洗浄する。 ④飲用適の水（40℃程度の微温水が望ましい）でよく洗剤を洗い流す。 ⑤よく乾燥させる。 ⑥速乾性擦式消毒用アルコール製剤（70%）噴霧またはこれと同等の効果を有する方法で殺菌を行う。 ⑦作業開始前に⑥と同様の方法で殺菌を行う。
まな板， 包丁， ヘラ等	①飲用適の水（40℃程度の微温水が望ましい）で3回水洗いする。 ②スポンジタワシに中性洗剤または弱アルカリ性洗剤をつけてよく洗浄する。 ③飲用適の水（40℃程度の微温水が望ましい）でよく洗剤を洗い流す。 ④80℃で5分間以上またはこれと同等の効果を有する方法で殺菌を行う。 ⑤よく乾燥させる。 ⑥清潔な保管庫にて保管する。
ふきん， タオル等	①飲用適の水（40℃程度の微温水が望ましい）で3回水洗いする。 ②中性洗剤または弱アルカリ性洗剤をつけてよく洗浄する。 ③飲用適の水（40℃程度の微温水が望ましい）でよく洗剤を洗い流す。 ④100℃で5分間以上煮沸殺菌を行う。 ⑤清潔な場所で乾燥，保管する。

資料）大量調理施設衛生管理マニュアル，衛食第85号別添（平成9年3月24日，最終改正：平成29年6月16日）
　　　を一部改変

11

安全・衛生管理

設備の保守管理のチェックポイント

設備名	確認事項（定期，発生時）
給水・給湯	●専用水道の水質検査 ●弁・その他の漏洩及び付属機器の補修調整
蒸気管・ボイラー	●ボイラー本体・付属機器の清掃及び点検
排水	●床及び排水溝の清掃 ●管・トラップ・排水枡の清掃
電気	●定期巡視点検 ●電気機器・設備の点検
照明	●破損器具の補修
ガス設備 （プロパンガス）	●導管・その他の漏洩試験 ●漏洩の修理（業者） ●設備と作業状況の点検 ●配管と付属設備の点検 ●配管・調整器の耐圧気密試験
貯米タンク	●内部を空にして器内外及び関連機器の清掃
厨房機器	●食品に直接または人手を介して接触する可能性のある部位の洗浄・消毒及び機器周りの清掃 ●点検整備 ●消耗補用部品の交換
電気機器	●電気装置の点検，正常機能の保持 ●定期給油
燃焼機器	●燃焼器の点検，正常機能の保持 ●バーナー・ノズル・その他の手入れと調整
蒸気機器	●機能保持 ●付属器の点検補修 ●点検整備
冷凍機器	●安全装置・その他の点検及びガス補充
換気	●空気濾過器の点検整備，防火ダンパーの点検 ●換気扇とグリスフィルターの手入れ ●フード内外の掃除

注）建築及び一般諸設備関係を除く。
資料）日本建築学会編：建築設計資料集成（1994）丸善より一部改変

インシデント・アクシデント

インシデント：アクシデント（事故）には至らなかったが，ひやりとしたり，はっとしたりした事象。ヒヤリハットも含まれる。

例：清掃時，調理室の床に髪の毛が落ちていることに気づき，取り除いた，異物混入を未然に防止した　など。

アクシデント：予定外のことで起こってしまった事故。

例：床にこぼれた水で調理員が滑って転倒した，喫食者がみそ汁の中に金属片を発見した　など。

ラップやビニール手袋は，混入しても発見しやすいように色付きのものを使うことが望ましい。

事故の発生状況

場所	氏名	発生理由	処置・処理
調理室	○田□子	キャベツせん切り時，指を切る	医務室で手当をした

苦情・事件の発生

時刻	場所	内容	処理担当者
12：40	食堂	異物混入（みそ汁に髪の毛が入っていた）	△山が新しいものと交換し，お詫び申し上げた（管理栄養士○○に報告）

注）色文字は記入例。

11
安全・衛生管理

有症苦情発生報告書

1．認知
　いつ：　　　年　　月　　日　　時頃　誰が：
　どこから：

2．発生年月日
　　　　　　年　　月　　日　　時頃

3．患者の人数
　　　　　　　人（うち，入院患者　　　　　人）

4．患者の主な症状

5．発生日前3〜7日間の献立内容
　※別紙に献立表を添付すること

6．保存食の有無及び状況

7．従業員の健康診断及び検便の実施状況・結果
●前に受けた健康診断年月日：　　　　年　　　　月　　　　日（　人／　人中）

●直近の検便実施年月日：　　　　年　　　　月　　　　日（　人／　人中）

　合計　　　　　　　　人

8．最近（2〜3週間）の従業員の健康状況
　※別紙に個人衛生点検簿を添付すること

9．保健所からの改善指示連絡事項の有無とその内容
　　有・無（どちらかを○で囲む）
　　有の場合，その内容：

10．疑わしい原因食品として考えられる献立の有無とその内容
　　有・無（どちらかを○で囲む）
　　有の場合，その内容：

11．その他参考事項（オーナー・保健所等との対応など）

　　　年　　　月　　　日

食中毒対策委員長　殿

　　　　　　　　　　　　　　　　　責任者　　　　　　　　　　　㊞

資料）飯田範子作成

異物混入報告書

異物混入報告書

（検品検収時・提供前・提供後）上記項目，いずれかに○　事業所責任者→部次長またはエリアマネジャー→衛生課	年　　月　　日 受託側（　　）第　　事業部 責任者名

＿＿＿＿＿＿＿＿　殿

1．異物混入発生日	年　　月　　日　　曜日 朝食・昼食・夕食・夜食・その他（　　　　　　）			
2．発生時間	（午前・午後）　　　時　　　　分			
3．クレーム受付時間	（午前・午後）　　　時　　　　分			
4．クレーム報告経路	被害者本人の申し出 →　有・無	委託側，役職と氏名 →	責任者または代行者 →	部次長またはエリアマネジャー →
受付日時	：	：	：	：
5．被害に遭った方の名前	名前＿＿＿＿＿＿＿＿＿　（男・女），　　　歳			
	職員・入所者・入院者・デイサービス・その他（　　　　　）			
6．喫食の場所	食堂・病室・イベント会場・その他（　　　　　）			
7．異物は何か				
8．異物はどこに保管してあるか				
9．異物が混入していた提供メニューは				
10．顧客の容態				
11．顧客の機嫌				
12．顧客の話の内容				
13．異物混入の原因の推測				
14．今後の対策（記入漏れのないよう注意）				
衛生コメント				

●現物は場合によっては送付するため，指示があるまで保管する
●商品に異物が混入していた場合には，異物を受託側に送付し，調査を求める
●送付の場合は，宅急便でお願いする

注）事故発生時には速やかに報告する。各欄の該当項目を○で囲む。
　　提供前の異物発見の場合は，上記項目の1，2，7，9，13，14について記入。
資料）飯田範子作成

11 安全・衛生管理

洗浄・殺菌マニュアル

厨房機器全般

	調理機器	調理台	まな板，包丁，へらなど	ふきん，タオルなど
①	本体，部品を分解	周辺の片付け	飲用適の水で3回水洗い	飲用適の水で3回水洗い
②	飲用適の水で3回水洗い	飲用適の水で3回水洗い	スポンジたわしで洗浄	洗浄
③	スポンジたわしで洗浄	スポンジたわしで洗浄	洗剤を洗い流す	洗剤を洗い流す
④	洗剤を洗い流す	洗剤を洗い流す	80℃で5分間以上の殺菌	100℃で5分間以上の煮沸殺菌
⑤	80℃で5分間以上の殺菌	乾燥	乾燥	清潔な場所で乾燥，保管
⑥	乾燥	70％アルコール噴霧	清潔な保管庫で保管	—
⑦	組み立て	作業前に70％アルコール噴霧	—	—
⑧	作業前に70％アルコール噴霧		—	—

食器・機器・配膳車の詳細な洗浄・殺菌については，p.193〜196参照。

手洗い食器

フローチャート	要　点	確認事項
〔使用後〕 残飯をかき落とし微温水で下洗いする	・微温水（40℃）使用 ・食品残渣を洗い流す 　油脂分もできる限り洗い落とす	・食品残渣を食器につけたまま，洗浄槽に入れない ・残飯専用容器使用
洗浄槽に洗浄液を作り，専用スポンジでよくこすり洗いする	・殺菌済み専用スポンジ使用 ・洗剤は希釈倍率を守って使用 ・微温水（40℃）使用 ・中性洗剤	・汚れや油脂分を十分に洗い落とす
微温水ですすぐ	・微温水（40℃）使用 ・洗浄剤を十分に落とし，すすぎ洗いする	
殺　菌	・食器乾燥保管庫で殺菌・乾燥 ・温度が80℃に上昇してから30分以上かけて殺菌し，そのまま保管	〔食器乾燥保管庫確認事項〕 ①乾燥庫内温度 　設定温度（　　　℃） ②乾燥時間（タイマー） 　設定時間（　　　分）
保　管	・食器乾燥庫内保管 ・専用戸棚保管 ・専用容器・ケースでの保管	

〔特記事項〕
□食器を保管している戸棚の扉は，必ず密閉しておく。
□保管棚・保管庫は，定期的に清掃し，清潔に保つ。
　＊保管棚の扉・レールは，汚れていたらすぐに清拭する。
□食器を漂白する際，メラミン食器の場合には酸素系の漂白剤を使用する。
　＊塩素系の漂白剤で漂白すると，変色やメラミンコートを剥がしてしまう。
□食器を洗浄する際，スポンジ研磨材質（硬質側）でこすり洗いはしない。
　＊食器表面のコート材（メラミン樹脂等）を傷つけ，剥がしてしまう。

11 安全・衛生管理

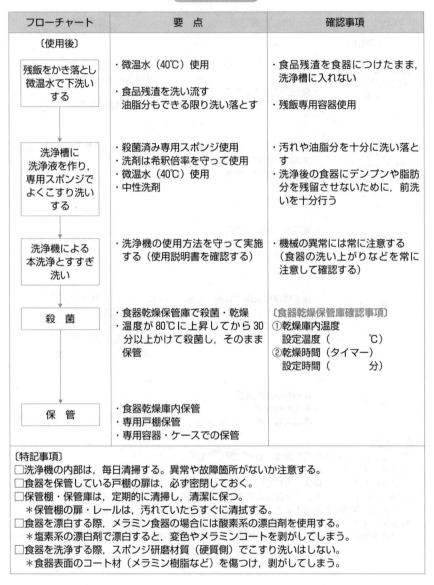

フローチャート	要　点	確認事項
〔使用後〕 残飯をかき落とし微温水で下洗いする	・微温水（40℃）使用 ・食品残渣を洗い流す 　油脂分もできる限り洗い落とす	・食品残渣を食器につけたまま，洗浄槽に入れない ・残飯専用容器使用
洗浄槽に洗浄液を作り，専用スポンジでよくこすり洗いする	・殺菌済み専用スポンジ使用 ・洗剤は希釈倍率を守って使用 ・微温水（40℃）使用 ・中性洗剤	・汚れや油脂分を十分に洗い落とす ・洗浄後の食器にデンプンや脂肪分を残留させないために，前洗いを十分行う
洗浄機による本洗浄とすすぎ洗い	・洗浄機の使用方法を守って実施する（使用説明書を確認する）	・機械の異常には常に注意する（食器の洗い上がりなどを常に注意して確認する）
殺　菌	・食器乾燥保管庫で殺菌・乾燥 ・温度が80℃に上昇してから30分以上かけて殺菌し，そのまま保管	〔食器乾燥保管庫確認事項〕 ①乾燥庫内温度 　設定温度（　　　　℃） ②乾燥時間（タイマー） 　設定時間（　　　　分）
保　管	・食器乾燥庫内保管 ・専用戸棚保管 ・専用容器・ケースでの保管	

〔特記事項〕
□洗浄機の内部は，毎日清掃する。異常や故障箇所がないか注意する。
□食器を保管している戸棚の扉は，必ず密閉しておく。
□保管棚・保管庫は，定期的に清掃し，清潔に保つ。
　＊保管棚の扉・レールは，汚れていたらすぐに清拭する。
□食器を漂白する際，メラミン食器の場合には酸素系の漂白剤を使用する。
　＊塩素系の漂白剤で漂白すると，変色やメラミンコートを剥がしてしまう。
□食器を洗浄する際，スポンジ研磨材質（硬質側）でこすり洗いはしない。
　＊食器表面のコート材（メラミン樹脂など）を傷つけ，剥がしてしまう。

食器消毒保管庫

フローチャート	要　点	確認事項
〔内側〕		
定期的に洗浄する	・殺菌済み専用スポンジを使用 ・中性洗剤使用 ・ラックをはずし，スポンジに洗剤をつけてラックを洗浄する ・スポンジに洗剤をつけて，内側面を洗浄する ・最後に底面を洗浄する	・食器は，戸棚保管あるいは一時保管とし，作業台の上を清拭・消毒してから置く ・食器を汚さないように十分注意する
すすぎ	・微温水（40℃）使用	・流水で水洗い ・跳ね水に注意
乾　燥	・清潔な布巾で水気を拭きとる ・自然乾燥あるいは機械作動により乾燥	・一時保管している食器は，速やかに保管庫内に納める（水気を拭きとった後行う）
〔外側〕		
拭き掃除	・清潔な布巾に洗剤をつけて拭く ・清潔な布巾で水拭きして洗剤を拭きとる	・取っ手や扉は，毎日拭く

〔特記事項〕
□定期的に清掃を行う。（　　回/月）
□清掃する際は，主電源を OFF にして，庫内の温度が下がってから行う
　（火傷をしないよう，温度が下がっているか確認する）。

11
安全・衛生管理

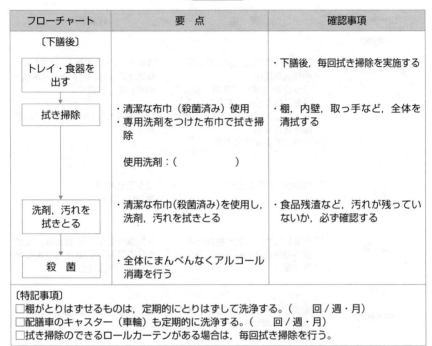

配膳車

フローチャート	要　点	確認事項
〔下膳後〕 トレイ・食器を出す		・下膳後，毎回拭き掃除を実施する
拭き掃除	・清潔な布巾（殺菌済み）使用 ・専用洗剤をつけた布巾で拭き掃除 　使用洗剤：(　　　　　　)	・棚，内壁，取っ手など，全体を清拭する
洗剤，汚れを拭きとる	・清潔な布巾（殺菌済み）を使用し，洗剤，汚れを拭きとる	・食品残渣など，汚れが残っていないか，必ず確認する
殺　菌	・全体にまんべんなくアルコール消毒を行う	

〔特記事項〕
□棚がとりはずせるものは，定期的にとりはずして洗浄する。(　　回 / 週・月)
□配膳車のキャスター（車輪）も定期的に洗浄する。(　　回 / 週・月)
□拭き掃除のできるロールカーテンがある場合は，毎回拭き掃除を行う。

床清掃マニュアル

完全ドライ方式

フローチャート	要　点	確認事項
〔使用後〕 床に落ちている ごみを取り除く	・専用ほうきなどでごみを取り除く ・作業は，すべての食品が調理場内から完全に搬出された後に行う	・戸棚の扉がすべて閉まっているか確認する
専用のモップや洗浄用具を使用し，洗剤を使って洗う	・専用のモップで拭き掃除を実施（専用清掃機器による清掃方法もある） ・洗剤は，希釈倍率を守って使用 ・微温水（40℃）使用 　使用洗剤：（　　　　　） 　洗剤希釈倍率：（　　　　　） ・微温水（40℃）を使用して，十分水拭きをする（汚れ，水気を十分に拭きとる）	●清掃用具の取扱いについて〔特記事項〕を確認 ・きれいなモップを使用する
乾　燥		

〔特記事項〕
□清掃用具は，専用の保管場所（専用ロッカーなど）で保管する。
□洗浄用機器を使用している場合，機械の清掃・メンテナンスを適切に行う。
□モップは，柄からはずして洗浄し，よく乾燥させる。
□床面・グリストラップは，毎日清掃する。

注）排水溝がない場合。

11
安全・衛生管理

セミドライ方式

フローチャート	要　点	確認事項
〔使用後〕 床に落ちている ごみを取り除く	・専用ほうきなどでごみを取り除く ・作業は，すべての食品が調理場内から完全に搬出された後に行う	・戸棚の扉がすべて閉まっているか確認する
専用のブラシやモップ，洗浄用具を使用し，洗剤を使って洗う	・専用のブラシやモップでこすり洗いし，拭き掃除を実施 ・洗剤は，希釈倍率を守って使用 ・微温水（40℃）使用 　使用洗剤：（　　　　　　） 　洗剤希釈倍率：（　　　　　　）	●清掃用具の取扱いについて〔特記事項〕を確認
微温水ですすぐ	・微温水（40℃）使用 ・洗浄剤を十分に落とし，すすぎ洗いする 　（専用のモップを使用すること）	・きれいなモップを使用する
乾　燥	・水切り用ワイパーなどで水気を取り除く，または清潔なモップで拭き上げる	

〔特記事項〕
□清掃用具は，専用の保管場所（専用ロッカーなど）で保管する。
□モップは，柄からはずして洗浄し，よく乾燥させる。
□床面・グリストラップは，毎日清掃する。
□排水溝は，毎週数回（汚れの状態に応じて）清掃を行う。

注）排水溝がある場合。

ウエット方式

フローチャート	要　点	確認事項
〔使用後〕 床に落ちている ごみを取り除く	・専用ほうきなどでごみを取り除く ・作業は，すべての食品が調理場内から完全に搬出された後に行う	・戸棚の扉がすべて閉まっているか確認する
専用のブラシや 洗浄用具を使用 し，洗剤を使っ て洗う	・専用のブラシでこすり洗いする ・洗剤は，希釈倍率を守って使用 ・微温水（40℃）使用 　使用洗剤：（　　　　　　） 　洗剤希釈倍率：（　　　　　　）	●清掃用具の取扱いについて 〔特記事項〕を確認
微温水ですすぐ	・微温水（40℃）使用 ・洗浄剤を十分に落とし，すすぎ洗いする	・ホースでの散水は，跳ね水による汚染拡大に十分留意して作業を行う
乾　燥	・水切り用ワイパーなどで水気を取り除く ・水が溜まるところは，モップで水気を拭きとる	

〔特記事項〕
□清掃用具は，専用の保管場所（専用ロッカーなど）で保管する。
□モップは，柄からはずして洗浄し，よく乾燥させる。
□床面・排水溝・グリストラップは，毎日清掃する。

11

安全・衛生管理

経営管理

● 経営は，事業体や組織が目的・理念に基づき方針を立て，経営資源（人・物・金・情報など）を活用し，運営する。

● 管理は，よい状態となるよう，必要な手段を使って統制する。

収益管理のイメージ

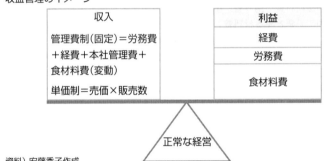

収入
管理費制(固定)＝労務費 ＋経費＋本社管理費＋ 食材料費(変動)
単価制＝売価×販売数

利益
経費
労務費
食材料費

正常な経営

資料）安藤秀子作成

原価管理

　原価管理を行う場合には，安定経営を目指して利益と採算を考える必要がある。

1．原価の分類

　原価という用語は，日常的に用いられる場合と学問的に用いられる場合がある。

　　①日常的な場合：新聞の折り込み広告で，「在庫品一掃のため原価販売」などとある
　　　場合の原価の意味は，「販売価格−利益」ということで，物品販売における「総原価」
　　　のことである。

　　②学問的な場合：原価計算の原価という意味は，製品の元値のことである。一般的に，
　　　原価計算において原価という経済用語を使用するときは，製造業における「製造原
　　　価」を意味する。

　●製造業における原価分類

　　・要素による分類

　　　製品を製造するには，さまざまな材料，労働力，設備などを使用し，その成果と
　　　して製品が生み出される。

　　・直接費と間接費

　　　原価に関わる費用には，材料費，労務費，経費がある。その費用が，製品の製造
　　　に直接関わったか，または直接でないとしても，必要なものとして関わったかによ
　　　り分類される。

　●給食施設の場合の分類

　　①材料費：物品製造に必要な原材料。

　　　・直接材料費：穀類，魚介類，肉類，野菜類，その他食材料など。

　　　・間接材料費：割り箸，手拭き用ウェットティッシュなど。給食を行う場合，間接
　　　　的に必要とする材料費。

　　②労務費（人件費）：物品製造に携わる労働者の給料・賃金。

　　　・直接労務費：直接料理を担当する調理師，調理員の給料・賃金。

　　　・間接労務費：使用済み食器類の洗浄を担当する者の給料・賃金。

　　③経費：上記の費用に該当しないが，物品製造に関係する費用。

　　　・直接経費：串カツ用の竹串，ペーパーシート，ポリエチレンラップ，布巾などの
　　　　調理時に直接使用する消耗品類。

　　　・間接経費：調理関係者の検便検査・健康診断用健康管理費，手洗い・消毒の洗剤
　　　　や消毒剤，調理場内の清掃用具，調理関係の小型消耗器具類。

2．原価計算の方法

　原価計算とは，製品を製造するために要した費用（材料費，労務費，経費）を製品別ま
たは製品単位別に求めることである。

製造原価＝材料費＋労務費＋経費

　原価計算によって，製造原価を知ることができれば，容易に販売価格を決定することが
できる。

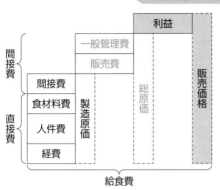

給食施設の原価構成

間接費：給食の実施に間接的な関わりの
　　　　ある費用。
直接費：提供する食事の生産に直接関わ
　　　　る費用。1 食当たり・料理単位
　　　　に換算しやすい費用。
食材料費：給食の実施に必要な食品の購
　　　　　入に支出した金額。
人件費：従業員に支払う賃金に，社会保
　　　　険料などの福利厚生費を加えた
　　　　費用。

資料）日本給食経営管理学会：給食経営管理用語辞典第 3 版，p. 38，第一出版（2021）

損益分岐点分析

　損益分岐点分析は，経営状態を把握したり，経営計画における収益性を予想するために行う。「どのくらいの費用で，どのくらいの売上を上げて，どのくらいの利益を得るか」を計画的に管理する方法である。

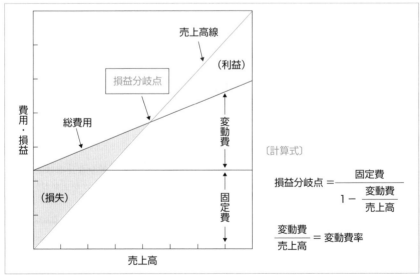

資料）大中佳子/全国栄養士養成施設協会，日本栄養士会監修：サクセス管理栄養士講座 給食経営管理論，第一出版（2012）

ある△△事業所における月間売上高が500万円，変動費が100万円，固定費が200万円である。このときの変動費率，損益分岐点の売上高と比率の計算式と計算結果を示しなさい（1目盛50万円で記入）。

解答

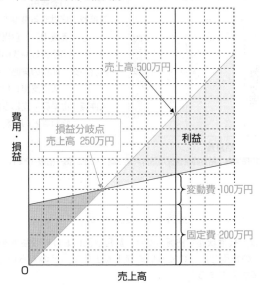

式

① 変動費率＝変動費÷売上高

　　変動費率 _____20_____ ％[*1]

② 損益分岐点売上高＝固定費÷（1－変動費率）

　　損益分岐点売上高 _____250万_____ 円[*2]

　● 損益分岐点は，利益も損失も発生しない売上高をいう（売上－費用＝0）。

③ 損益分岐点比率＝損益分岐点売上高÷売上高

　　損益分岐点比率 _____50_____ ％[*3]

　● 黒字の場合は100％未満，赤字の場合は100％以上になる。健全な比率は低いほうがよい。それには固定費の削減と変動費の低減を図り（売上げが上がり），営業状態が安定する。

④ 経営状態は，　利益が出ている　・損失が出ている・利益も損失も出ていない。

注）[*1]100（万円）÷500（万円）×100＝20（％）
　　[*2]200（万円）÷（1－0.2）＝250（万円）
　　[*3]250（万円）÷500（万円）×100＝50（％）

労務費の計算

例題 ある特定給食施設における1か月にかかる労務費を計算しなさい。ただし，

①業務（稼動）日数は，365日である。

②朝6時から夜19時まで稼動している。

③調理パートタイム職員は10人で，時間給1,050円であり，各々15日間勤務，作業時間は，各々5時間である。

④管理者として管理栄養士が1人勤務，1か月当たりの総支給額は，28万円である（正社員）。

⑤メニュー管理担当者として栄養士1人勤務，1か月当たりの総支給額は，20万円である（正社員）。

⑥責任者として専門調理師が2人勤務，1か月当たりの総支給額は，それぞれ28万円と26万円である（正社員）。

⑦給食事務担当者として事務員1人勤務，1か月当たりの総支給額は，17万円である（正社員）。

⑧正社員は，1日8時間労働である。

式 上記の番号と対応させると，

③調理パートタイム職員の労務費：10(人)×1,050(円)×15(日)×5(時間) = 787,500 円

④管理栄養士1人1か月当たりの労務費：280,000 円

⑤栄養士1人1か月当たりの労務費：200,000 円

⑥専門調理師2人1か月当たり：280,000 + 260,000 = 540,000 円

⑦事務員1人1か月当たり：170,000 円

解答 ③+④+⑤+⑥+⑦ = 1,977,500 円

総労務費 1,977,500円

12

経営管理

ABC分析

分析表の作り方

①メニューごとの売上げを計算し（売上高），総売上げに占める割合（構成比）を算出する。

②構成比の高いメニュー順に並び替える。

③その順に売上金額（売上高）を累計し，総売上金額に対する累積構成比（％）を算出する。

品名	使用金額 （万円）	占有比率 （％）	累積構成比率 （％）	分類
商品1	550	32.0	32.0	A
商品2	375	21.8	53.8	
商品3	180	10.5	64.2	
商品4	120	7.0	71.2	B
商品5	110	6.4	77.6	
商品6	95	5.5	83.1	
商品7	55	3.2	86.3	
商品8	50	2.9	89.2	C
商品9	40	2.3	91.6	
商品10	35	2.0	93.6	
商品11	30	1.7	95.3	
商品12	25	1.5	96.8	
商品13	20	1.2	98.0	
商品14	20	1.2	99.1	
商品15	15	0.9	100.0	
合計	1,720	100.0		

分析の結果

A：総売上高構成比（p.218では累積構成比）の上位70％まで。頻度・量が多いので，食材を安く仕入れると費用削減につながる。

B：総売上高構成比でAに次いで25％まで。

C：総売上高構成比で残りの5％まで。売上げ不振を表し，止めるか見直しを検討する必要がある。

〔グラフの作り方〕

　①メニューごとに，売上高（メニュー価格×販売個数）* を計算し，高い順に棒グラフで示す。

　②売上高を累計して，累積構成比率を折れ線グラフに示す。

　③売上高の累積構成比率をもとに，上記の考え方で，ABCのグループに分ける。

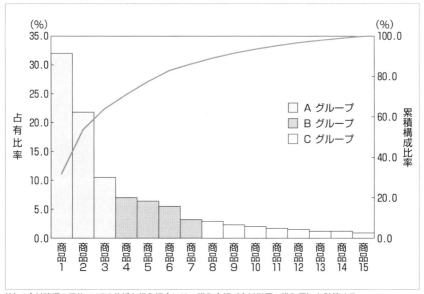

注）* 食材管理の目的でABC分析を行う場合には，購入金額（食材単価×購入量）を計算する。

災害時の対応

● 大規模災害時には，外部からの支援体制が整うまでに時間を要することが想定
　される。給食施設においては，平常時から備えを行うとともに，発災時には施
　設利用者に応じた食事内容への配慮，ライフラインの寸断などの状況下での安
　心安全な調理方法の確保など，複雑な対応が求められる。

災害発生から給食提供までの流れ（例）

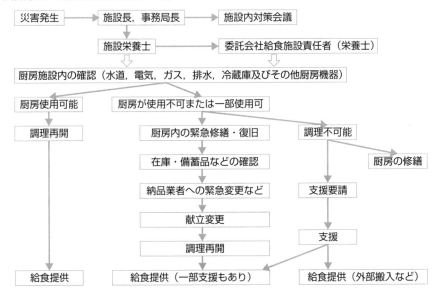

栄養科内のスタッフ役割分担

施設栄養士 A	施設や委託会社の連絡指示，上司との連絡調整
施設栄養士 B	厨房内設備の確認，備蓄食品の確認，給食献立の検討
委託栄養士	施設栄養士の指示を受け，給食献立の検討，調理師などへの指示（調理や配膳）

平常時の防災対策

取組み	家庭	備蓄として水，食料は最低3日分（推奨1週間）
	共助	避難所における給食・給水及び物資配布などの協力
	啓発	最低3日分（推奨1週間）備蓄〈アレルギー対応食など含む〉
備蓄	種類：量	アルファ米：2,500食，保存用パン：2,928食
		乾パン：17,100食，水（2L）：7,500本，粉ミルク：20.8kg
協定（流通備蓄）		ビスケット，クッキー，即席めん，粉ミルク，飲料水，パン，おにぎり，缶詰，レトルト食品，高齢者・乳幼児に配慮した食品，その他必要と認められる食品，政府所有米穀，農畜産物（農林水産部），生鮮食料品（農林水産部）
生活必需品		炊飯用具（鍋，やかん，包丁，缶切りなど），食器類
要配慮者・避難行動要支援者		定義：高齢者，障害者，妊産婦，乳幼児，難病患者や外国人などの要配慮者のうち，特に避難支援を要する者〈名簿作成：市町村〉
		備蓄：応急的に必要と考えられる食料，飲料水のほか粥，乳幼児の粉ミルク，食物アレルギー対応食品などの食料の備蓄に努める〈指定避難所〉
健康管理など		・被災地のニーズなどに的確に対応した健康管理（母子，高齢者，精神疾患，歯科保健などにおける保健指導及び栄養士などをいう）を行う。
		・被害が長期化する場合，避難所が多数設置されている場合など，被災者の健康管理を組織的に行うことが必要と思われる際は，被災者などの健康管理のための実施計画を策定することにより，計画的な対応を行う。
		・避難所などを巡回して被災者のニーズに対応した保健指導及び栄養指導を行う。
		・被害の規模に応じ，近隣市町村または県栄養士会など関係団体並びに他都道府県などに対し応援要請を行う。
自衛隊要請		炊事車による炊飯（温食）
炊き出し		市町村は，原則として避難所内または既存の給食施設もしくは仮設給食施設において，民間事業者，自治会・町内会，自主防災組織，ボランティアと連携して炊き出しを行うものとする。
		・日赤奉仕団への要請：健康福祉部
		・自衛隊への応援要請：県知事公室
		・集団給食施設への炊飯委託：関係各部
救援物資		国，他都道府県，その他機関への要請：県関係各部，県知事公室，県健康福祉部
		県内外の企業などへの協力呼びかけ：県知事公室，県健康福祉部

災害時の対応

避難生活での健康問題を予防する栄養・食生活

〔管理栄養士・栄養士向け〕

1. 避難所での確認
   ① 状況
   - ライフライン（水道，ガス，電気）及び燃料
   - 専門職・協力者（医師・保健師・看護師などの医療スタッフ，調理師，農協・漁協婦人部などの大量調理経験者，食生活改善推進員，野外設営が得意な住民，健康運動指導士・体育科教員など）
   - 支援物資の種類と量（水，飲料，食品，弁当，食材料など）
   - 炊き出しのための調理機材（コンロの代わりになるもの，鍋・包丁などの調理器具，食器など）

   ② 避難住民
   - 人数・年齢層
   - 特別な配慮の必要な人（乳幼児，妊婦・授乳婦，高齢などで嚥下困難な方，慢性疾患患者などで食事制限が必要な方，食物アレルギーのある方など）

2. 災害発生に伴う栄養問題
   - 配給飲食物や調理設備の制限
   - 水分摂取減少による脱水症状：飲料水が少なく水分摂取量が減少，トイレの数が限られるために行かなくて済むよう水分摂取を我慢することによる脱水
   - たんぱく質・ビタミン・ミネラル・食物繊維の不足：支援物資の到着状況により，おにぎり・パン・カップ麺などの炭水化物が主，野菜・肉・魚・乳製品など生鮮食品が未着
   - 温かい食事・汁物の要望：食べやすさや食事による安らぎのニーズ増加，冷たく硬い食品が多いための高齢者食事摂取量の減少
   - 疾患の悪化：食事療法の必要な患者ではストレス・栄養バランスの崩れ

3. 衛生管理
   - 被災地全体の衛生状態が悪化
   - 洗浄・殺菌資材の不足
   - 普段，大量調理を行っていないスタッフが炊き出し
   - 食中毒などの発生増加：喫食者の抵抗力が低下気味

   ① 喫食者
   - 食事の前に手洗い・消毒：水が十分ある場合，または手指用の消毒剤がある場合
   - 食べ物に触らない：直接触らず，袋や包装物を持って食べる
   - 早めに食べる：配給の食べ物はできるだけ早めに食べ，食べ残しなどは食事担当者へ返す
   - 食事は作り置きしない

   ② 食事担当者
   - 作業前に手洗い
   - 配給する食品の消費期限を確認

13

災害時の対応

　　　・先に届いた食品から出す：先入れ先出し
　　　・食料品は冷暗所など，適切な温度管理のもとで保管
　　　・下痢や吐き気がある人は担当から外れる
　　③調理担当者
　　　・食材料の消費期限を確認
　　　・食べ物には直接手で触れない：おにぎりはラップや使い捨て手袋で握る
　　　・食中毒の予防：腸管出血性大腸菌・サルモネラ・腸炎ビブリオなど細菌性食中毒予
　　　　防には中心温度75℃1分以上，ノロウイルス食中毒予防には85〜90℃90秒以上の加
　　　　熱。中心まで熱を通す
　4．水分補給
　　　2で述べたように水分摂取量を控える傾向にあるが，水分の摂取不足は①脱水症，②
　　深部静脈血栓症/肺塞栓症（エコノミークラス症候群），③低体温症（夏季は熱中症），
　　④慢性疾患の悪化などのリスクを高めるため，積極的に水分を摂り，摂取を控えないよ
　　う伝える。
　5．食事の確保
　　　健康・体力の維持のためにはエネルギー摂取量の確保が重要
　　　・備蓄食料・支援物資・各家庭からの持ち寄りなどを確保
　　　・不安感の解消：他のスタッフと協力し，話を聞いて不安感を和らげ，食欲低下を改
　　　　善する
　　　・食欲のない方へ対応：温かい汁物，栄養強化食品，栄養素調整食品，栄養機能食品
　　　　などの活用
　　　・おかずの配給・炊き出し・栄養士の献立作成
　　　・総合ビタミン剤の使用：医師や保健師と相談
　　　その他の工夫
　　　・果実ジュース・野菜ジュース
　　　・麦，強化米，雑穀（ひえ，あわ）を白米と一緒に炊く，七分つき米など分つき米の
　　　　利用
　　　・ビタミン・ミネラルが強化されたふりかけ・飲料・菓子など

表1　避難所における食事提供のための栄養の参照量（1歳以上，1人1日当たり）

栄養素等	避難所における食事提供の計画・評価のために当面の目標とする栄養の参照量 （震災後1〜3か月） 2011年4月21日発出	避難所における食事提供の評価・計画のための栄養の参照量 （震災後3か月〜） 2011年6月14日発出
エネルギー	2,000kcal	1,800〜2,200kcal
たんぱく質	55g	55g 以上
ビタミンB$_1$	1.1mg	0.9mg 以上
ビタミンB$_2$	1.2mg	1.0mg 以上
ビタミンC	100mg	80mg 以上

注）日本人の食事摂取基準で示されているエネルギー及び各栄養素の摂取基準値を基に，平成17年国勢調査結
　果で得られた性・年齢階級別の人口構成を用いた加重平均。エネルギー及び各栄養素は，身体活動レベルⅠ
　とⅡの中間値。ビタミンB$_1$・B$_2$はエネルギー量に応じて再計算。

表2　避難所における食品構成例

穀類	550g
いも類	60g
野菜類	350g
果実類	150g
魚介類	80g
肉類	80g
卵類	55g
豆類	60g
乳類	200g
油脂類	10g

注）平成21年国民健康・栄養調査結果を参考に作成。穀類の重量は，調理を加味した数量。

表3　避難所における食品構成例

食品群	パターン1（加熱調理が困難な場合）		パターン2（加熱調理が可能な場合）	
	回/日	食品例及び1回当たり量の目安	回/日	食品例及び1回当たり量の目安
穀類	3回	・ロールパン2個 ・コンビニおにぎり2個 ・強化米入りご飯1杯	3回	・ロールパン2個 ・コンビニおにぎり2個 ・強化米入りご飯1杯
いも・野菜類	3回	・さつまいも煮レトルト3枚 ・干しいも2枚 ・野菜ジュース（200mL）1缶 ・トマト1個ときゅうり1本	3回	・下記のうち1品 　肉入り野菜たっぷり汁物1杯 　肉入り野菜煮物（ひじきや切干大根等乾物利用も可）1皿 　レトルトカレー1パック 　レトルトシチュー1パック 　牛丼1パック ・野菜煮物1パック（100g） ・生野菜（トマト1個など）
魚介・肉・卵・豆類	3回	・魚の缶詰1/2缶 ・魚肉ソーセージ1本 ・ハム2枚 ― ・豆缶詰1/2個 ・レトルトパック1/2パック ・納豆1パック	3回	・魚の缶詰1/2缶 ・魚肉ソーセージ1本 ・カレー，シチュー，牛丼，いも・野菜の汁物，煮物に含まれる ・卵1個 ・豆缶詰1/2個 ・レトルトパック1/2パック ・納豆1パック
乳類	1回	・牛乳（200mL）1本 ・ヨーグルト1パック＋プロセスチーズ1つ	1回	・牛乳（200mL）1本 ・ヨーグルト1パック＋プロセスチーズ1つ
果実類	1回	・果汁100%ジュース（200mL）1缶 ・果物缶詰1カップ程度 ・りんご，バナナ，みかんなど1～2個	1回	・果汁100%ジュース（200mL）1缶 ・果物缶詰1カップ程度 ・りんご，バナナ，みかんなど1～2個

作成協力：平成23年度　厚生労働科学研究費補助金　循環器疾患・糖尿病等生活習慣病対策総合研究事業「日本人の食事摂取基準の改定と活用に資する総合的研究（研究 代表者 徳留 信寛）」活用研究班

13
災害時の対応

　　　　・栄養素を調整したバータイプ・ゼリータイプ・クッキータイプの食品
　　　　・栄養ドリンク・栄養機能食品
　６．身体活動
　　　　・スペースが限られ座りきり・寝たきりの生活が多くなる
　　　　・血行不良から血液が固まりやすい：血栓が脚から肺や脳，心臓へ行き血管を詰まら
　　　　　せ，肺塞栓・脳卒中・心臓発作などを起こして深部静脈血栓症／肺塞栓症（エコノ
　　　　　ミークラス症候群）となる
　　　　・高齢者の体力低下に伴う自立度低下（廃用症候群）を招きやすい
　　　身体を動かすことを勧め，避難所に健康運動指導士や体育教員，スポーツ指導者など
　　の協力を得て身体を動かす機会をつくる。
　　　　・脚や足の指をこまめに動かす，かかとを上下に動かすなど
　　　　・室内や外の歩行
　　　　・軽い体操
　７．要注意者への配慮
　　　次の方では不適切な食事の影響がより強く長期に生じる可能性があるため，できる限り
　　早く把握し，必要な食材について災害対策本部や県・市町村などを通じて要請する。
　　　　・食物アレルギーがある方
　　　　・疾病（腎臓病，糖尿病，高血圧など）による食事制限がある方
　　　　・乳幼児
　　　　・妊婦・授乳婦
　　　　・嚥下困難な高齢者

資料）厚生労働省：避難生活で生じる健康問題を予防するための栄養・食生活について，
　　　2011（2017改訂）
　　　　https://www.mhlw.go.jp/file/06-Seisakujouhou-10600000-Daijinkanboukou
　　　seikagakuka/1b.pdf（2022年6月2日参照）

14

関連法規・報告（抜粋）

関連法規・報告（抜粋）

栄養士

●栄養士法

（昭和22年12月29日法律第245号）
（最終改正：平成19年6月27日法律第96号）

〔定義〕

第1条　この法律で栄養士とは，都道府県知事の免許を受けて，栄養士の名称を用いて栄養の指導に従事することを業とする者をいう。

② この法律で管理栄養士とは，厚生労働大臣の免許を受けて，管理栄養士の名称を用いて，傷病者に対する療養のため必要な栄養の指導，個人の身体の状況，栄養状態等に応じた高度の専門的知識及び技術を要する健康の保持増進のための栄養の指導並びに特定多数人に対して継続的に食事を供給する施設における利用者の身体の状況，栄養状態，利用の状況等に応じた特別の配慮を必要とする給食管理及びこれらの施設に対する栄養改善上必要な指導等を行うことを業とする者をいう。

〔栄養士の免許〕

第2条　栄養士の免許は，厚生労働大臣の指定した栄養士の養成施設（以下「養成施設」という。）において2年以上栄養士として必要な知識及び技能を修得した者に対して，都道府県知事が与える。

② 養成施設に入所することができる者は，学校教育法（昭和22年法律第26号）第90条に規定する者とする。

③ 管理栄養士の免許は，管理栄養士国家試験に合格した者に対して，厚生労働大臣が与える。

〔免許を与えない場合〕

第3条　次の各号のいずれかに該当する者には，栄養士又は管理栄養士の免許を与えないことがある。

一　罰金以上の刑に処せられた者

二　前号に該当する者を除くほか，第1条に規定する業務に関し犯罪又は不正の行為があつた者

第3条の2　都道府県に栄養士名簿を備え，栄養士の免許に関する事項を登録する。

② 厚生労働省に管理栄養士名簿を備え，管理栄養士の免許に関する事項を登録する。

〔免許証〕

第4条　栄養士の免許は，都道府県知事が栄養士名簿に登録することによつて行う。

② 都道府県知事は，栄養士の免許を与えたときは，栄養士免許証を交付する。

③ 管理栄養士の免許は，厚生労働大臣が管理栄養士名簿に登録することによつて行う。

④ 厚生労働大臣は，管理栄養士の免許を与えたときは，管理栄養士免許証を交付する。

〔免許の取消等〕

第5条　栄養士が第3条各号のいずれかに該当するに至つたときは，都道府県知事は，当該栄養士に対する免許を取り消し，又は1年以内の期間を定めて栄養士の名称の使用の停止を命ずることができる。

② 管理栄養士が第3条各号のいずれかに該当するに至つたときは，厚生労働大臣は，当該管理栄養士に対する免許を取り消し，又は1年以内の期間を定めて管理栄養士の名称の使用の停止を命ずることができる。

③ 都道府県知事は，第1項の規定により栄養士の免許を取り消し，又は栄養士の名称の使用の停止を命じたときは，速やかに，その旨を厚生労働大臣に通知しなければならない。

④　厚生労働大臣は，第２項の規定により管理栄養士の免許を取り消し，又は管理栄養士の名称の使用の停止を命じたときは，速やかに，その旨を当該処分を受けた者が受けている栄養士の免許を与えた都道府県知事に通知しなければならない。

〔管理栄養士国家試験〕

第５条の２　厚生労働大臣は，毎年少なくとも１回，管理栄養士として必要な知識及び技能について，管理栄養士国家試験を行う。

〔受験資格〕

第５条の３　管理栄養士国家試験は，栄養士であつて次の各号のいずれかに該当するものでなければ，受けることができない。

　一　修業年限が２年である養成施設を卒業して栄養士の免許を受けた後厚生労働省令で定める施設において３年以上栄養の指導に従事した者

　二　修業年限が３年である養成施設を卒業して栄養士の免許を受けた後厚生労働省令で定める施設において２年以上栄養の指導に従事した者

　三　修業年限が４年である養成施設を卒業して栄養士の免許を受けた後厚生労働省令で定める施設において１年以上栄養の指導に従事した者

　四　修業年限が４年である養成施設であつて，学校（学校教育法第１条の学校並びに同条の学校の設置者が設置している同法第124条の専修学校及び同法第134条の各種学校をいう。以下この号において同じ。）であるものにあつては文部科学大臣及び厚生労働大臣が，学校以外のものにあつては厚生労働大臣が，政令で定める基準により指定したもの（以下「管理栄養士養成施設」という。）を卒業した者

〔不正行為〕

第５条の４　管理栄養士国家試験に関して不正の行為があつた場合には，当該不正行為に関係のある者について，その受験を停止させ，又はその試験を無効とすることができる。この場合においては，なお，その者について，期間を定めて管理栄養士国家試験を受けることを許さないことができる。

〔主治医の指導〕

第５条の５　管理栄養士は，傷病者に対する療養のため必要な栄養の指導を行うに当たつては，主治の医師の指導を受けなければならない。

〔名称の使用制限〕

第６条　栄養士でなければ，栄養士又はこれに類似する名称を用いて第１条第１項に規定する業務を行つてはならない。

②　管理栄養士でなければ，管理栄養士又はこれに類似する名称を用いて第１条第２項に規定する業務を行つてはならない。

特定給食施設

●健康増進法

　　　　（平成14年８月２日法律第103号）

（最終改正：令和３年５月19日法律第37号）

第５章　特定給食施設等

第１節　特定給食施設における栄養管理

〔特定給食施設の届出〕

第20条　特定給食施設（特定かつ多数の者に対して継続的に食事を供給する施設のうち栄養管理が必要なものとして厚生労働省令で定めるものをいう。以下同じ。）を設置した者は，その事業の開始の日から１月以内に，その施設の所在地の都道府県知事に，厚生労働省令で定める事項を届け出なければならない。

２　前項の規定による届出をした者は，同項の厚生労働省令で定める事項に変

更を生じたときは，変更の日から1月以内に，その旨を当該都道府県知事に届け出なければならない。その事業を休止し，又は廃止したときも，同様とする。

〔特定給食施設における栄養管理〕

第21条 特定給食施設であって特別の栄養管理が必要なものとして厚生労働省令で定めるところにより都道府県知事が指定するものの設置者は，当該特定給食施設に管理栄養士を置かなければならない。

2 前項に規定する特定給食施設以外の特定給食施設の設置者は，厚生労働省令で定めるところにより，当該特定給食施設に栄養士又は管理栄養士を置くように努めなければならない。

3 特定給食施設の設置者は，前2項に定めるもののほか，厚生労働省令で定める基準に従って，適切な栄養管理を行わなければならない。

〔指導及び助言〕

第22条 都道府県知事は，特定給食施設の設置者に対し，前条第1項又は第3項の規定による栄養管理の実施を確保するため必要があると認めるときは，当該栄養管理の実施に関し必要な指導及び助言をすることができる。

〔勧告及び命令〕

第23条 都道府県知事は，第21条第1項の規定に違反して管理栄養士を置かず，若しくは同条第3項の規定に違反して適切な栄養管理を行わず，又は正当な理由がなくて前条の栄養管理をしない特定給食施設の設置者があるときは，当該特定給食施設の設置者に対し，管理栄養士を置き，又は適切な栄養管理を行うよう勧告をすることができる。

2 都道府県知事は，前項に規定する勧告を受けた特定給食施設の設置者が，正当な理由がなくてその勧告に係る措置をとらなかったときは，当該特定給食施設の設置者に対し，その勧告に係る措置をとるべきことを命ずることができる。

〔立入検査等〕

第24条 都道府県知事は，第21条第1項又は第3項の規定による栄養管理の実施を確保するため必要があると認めるときは，特定給食施設の設置者若しくは管理者に対し，その業務に関し報告をさせ，又は栄養指導員に，当該施設に立ち入り，業務の状況若しくは帳簿，書類その他の物件を検査させ，若しくは関係者に質問させることができる。

2 前項の規定により立入検査又は質問をする栄養指導員は，その身分を示す証明書を携帯し，関係者に提示しなければならない。

3 第1項の規定による権限は，犯罪捜査のために認められたものと解釈してはならない。

● 健康増進法施行規則

（平成15年4月30日厚生労働省令第86号）

（最終改正：令和3年10月22日厚生労働省令第175号）

〔特定給食施設〕

第5条 法第20条第1項の厚生労働省令で定める施設は，継続的に1回100食以上又は1日250食以上の食事を供給する施設とする。

〔特定給食施設の届出事項〕

第6条 法第20条第1項の厚生労働省令で定める事項は，次のとおりとする。

一 給食施設の名称及び所在地

二 給食施設の設置者の氏名及び住所（法人にあっては，給食施設の設置者の名称，主たる事務所の所在地及び代表者の氏名）

三 給食施設の種類

四 給食の開始日又は開始予定日

五 1日の予定給食数及び各食ごとの予定給食数

六　管理栄養士及び栄養士の員数

〔特別の栄養管理が必要な給食施設の指定〕

第7条　法第21条第1項の規定により都道府県知事が指定する施設は，次のとおりとする。

一　医学的な管理を必要とする者に食事を供給する特定給食施設であって，継続的に1回300食以上又は1日750食以上の食事を供給するもの

二　前号に掲げる特定給食施設以外の管理栄養士による特別な栄養管理を必要とする特定給食施設であって，継続的に1回500食以上又は1日1,500食以上の食事を供給するもの

〔特定給食施設における栄養士等〕

第8条　法第21条第2項の規定により栄養士又は管理栄養士を置くように努めなければならない特定給食施設のうち，1回300食又は1日750食以上の食事を供給するものの設置者は，当該施設に置かれる栄養士のうち少なくとも一人は管理栄養士であるように努めなければならない。

〔栄養管理の基準〕

第9条　法第21条第3項の厚生労働省令で定める基準は，次のとおりとする。

一　当該特定給食施設を利用して食事の供給を受ける者（以下「利用者」という。）の身体の状況，栄養状態，生活習慣等（以下「身体の状況等」という。）を定期的に把握し，これらに基づき，適当な熱量及び栄養素の量を満たす食事の提供及びその品質管理を行うとともに，これらの評価を行うよう努めること。

二　食事の献立は，身体の状況等のほか，利用者の日常の食事の摂取量，嗜好等に配慮して作成するよう努めること。

三　献立表の掲示並びに熱量及びたんぱく質，脂質，食塩等の主な栄養成分の表示等により，利用者に対して，

栄養に関する情報の提供を行うこと。

四　献立表その他必要な帳簿等を適正に作成し，当該施設に備え付けること。

五　衛生の管理については，食品衛生法（昭和22年法律第223号）その他関係法令の定めるところによること。

●健康増進法等の施行について〔特定給食施設関係〕

（平成15年4月30日健習発第0430001号）

第4　特定給食施設等における栄養管理基準

規則第9条に，法第21条第3項に基づく特定給食施設等における栄養管理基準が定められたところであるが，その運用の詳細は以下のとおりである。

1　身体の状況，栄養の状態等の把握，食事の提供，品質管理及び評価（規則1号）

利用者の身体の状況，栄養状態，生活習慣等を定期的に把握し，これらに基づき，適当な熱量及び栄養素の量を満たす食事の提供に努め，品質管理（提供する食事の量と質について計画を立て，その計画どおりに調理及び提供が行われたか評価を行い，その評価に基づき，食事の品質を改善することをいう。）を行うよう努めること。

(1)　個々人の栄養状態等の評価に応じて食事を提供する必要があることから，定期的に適当な熱量及び栄養素の量を把握するよう努めること。

(2)　個々人の性，年齢，栄養状態及び病状等に基づき，喫食者に与えることが適当な熱量及び栄養素の量（以下「給与栄養量」という。）の目標を設定するよう努めること。なお，給与栄養量の目標は，喫食者の栄養状態等の状況を踏まえ，定期的に見直すよう努めること。

ア　学校，事業所等にあっては，喫食者の性，年齢，生活活動強度別

人員構成に基づき，年齢階級等の別に給与栄養量の目標を設定しても差し支えないこと。

イ　病院等にあっては，喫食者の栄養状態，病状，治療状況等に配慮した給与栄養量の目標を設定し，栄養管理を計画するよう努めること。

(3)　提供した食事とその摂取の実態から，目標の達成度を調べ，その後の目標設定に役立てるよう，品質（提供される食事量，熱量及び栄養素の量，温度，形状等）の管理とその評価に努めること。具体的には，利用者の食事量（盛りつけ量），摂取量又は残食量等を把握し，関連する各項目について総合的に判断すること。

2　食事の献立（規則第2号）

(1)　献立の作成

ア　献立の作成にあたり，喫食者の給与栄養量が確保できるよう，施設における献立作成基準を作成するよう努めること。

イ　食事の内容は，喫食者の身体の状況，栄養状態，生活習慣，病状，治療状況，摂取量，嗜好等を考慮するよう努めること。

ウ　献立の作成は，一定期間（1週間，旬間，1か月）を単位に予定献立を作成するよう努めること。なお，献立実施時に変更が生じた場合には，献立に明示するよう努めること。

エ　献立は，喫食者に魅力ある給食とするため，各料理の組合せのほか，各地域の特色や季節感，行事食等を取り入れ，変化に富んだ献立とするよう努めること。

また，喫食者の病状，食事の摂取量，嗜好等を定期的に調査し，献立に反映するよう努めること。

(2)　複数献立や選択食（カフェテリア方式）のように，喫食者の自主性により料理の選択が行われる場合には，モデル的な料理の組合せを提示するように配慮するよう努めること。

3　栄養に関する情報の提供（規則第3号）

(1)　喫食者に対し献立表の掲示や熱量，たんぱく質，脂質，食塩等の主要栄養成分の表示を行うなど，健康や栄養に関する情報の提供を行うこと。

(2)　給食は，喫食者が正しい食習慣を身につけ，より健康的な生活を送るために必要な知識を習得する良い機会であり，各々の施設に応じ喫食者等に各種の媒体を活用するなどにより知識の普及に努めること。

(3)　食事を提供する前に，あらかじめ，献立を喫食者に示すこと。

4　書類の整備（規則第4号）

(1)　栄養管理関係業務を適切に実施し，その内容を評価するために，上記の業務の内容が確認できるよう，献立表のみならず，喫食者の性，年齢，給与栄養量の目標量，推定栄養摂取量等の帳簿を適宜作成し，当該施設に整備すること。なお，実施献立には，熱量及び栄養素，食品群別重量等を記録し保存するよう努めること。

(2)　委託契約を交わしている場合は，委託契約の内容が確認できるよう委託契約書等を備えること。

5　衛生管理（規則第5号）

給食の運営は，衛生的かつ安全に行われること。具体的には，食品衛生法（昭和22年法律第233号），「大規模食中毒対策等について」（平成9年3月24日衛食第85号生活衛生局長通知）の別添「大量調理施設衛生管理マニュアル」その他関

係法令等の定めるところによること。

病　　院

●医療法
　　　　（昭和23年 7 月30日法律第205号）
（最終改正：令和 3 年 5 月28日法律第49号）
第 1 章　総則
〔目的〕
第 1 条　この法律は，医療を受ける者に
　よる医療に関する適切な選択を支援す
　るために必要な事項，医療の安全を確
　保するために必要な事項，病院，診療
　所及び助産所の開設及び管理に関し必
　要な事項並びにこれらの施設の整備並
　びに医療提供施設相互間の機能の分担
　及び業務の連携を推進するために必要
　な事項を定めること等により，医療を
　受ける者の利益の保護及び良質かつ適
　切な医療を効率的に提供する体制の確
　保を図り，もつて国民の健康の保持に
　寄与することを目的とする。

●入院時食事療養費に係る食事療養及び
　入院時生活療養費に係る生活療養の実
　施上の留意事項について
（平成18年 3 月 6 日保医発第0306009号）
（最終改正：令和 2 年 3 月 5 日保医発
　　　　　　　　　　　　0305第14号）
1 　一般的事項
　(1)　食事は医療の一環として提供され
　　るべきものであり，それぞれ患者の
　　病状に応じて必要とする栄養量が与
　　えられ，食事の質の向上と患者サー
　　ビスの改善をめざして行われるべき
　　ものである。
　　　また，生活療養の温度，照明及び
　　給水に関する療養環境は医療の一環
　　として形成されるべきものであり，
　　それぞれの患者の病状に応じて適切
　　に行われるべきものである。
　(2)　食事の提供に関する業務は保険医
　　療機関自らが行うことが望ましい

が，保険医療機関の管理者が業務遂
行上必要な注意を果たし得るような
体制と契約内容により，食事療養の
質が確保される場合には，保険医療
機関の最終的責任の下で第三者に委
託することができる。なお，業務の
委託にあたっては，医療法（昭和
23年法律第205号）及び医療法施行
規則（昭和23年厚生省令第50号）の
規定によること。食事提供業務の第
三者への一部委託については「医療
法の一部を改正する法律の一部の施
行について」（平成 5 年 2 月15日健
政発第98号厚生省健康政策局長通
知）の第三及び「病院診療所等の業
務委託について」（平成 5 年 2 月15
日指第14号厚生省健康政策局指導課
長通知）に基づき行うこと。
　(3)　患者への食事提供については病棟
　　関連部門と食事療養部門との連絡が
　　十分とられていることが必要であ
　　る。
　(4)　入院患者の栄養補給量は，本来，
　　性，年齢，体位，身体活動レベル，
　　病状等によって個々に適正量が算定
　　されるべき性質のものである。従っ
　　て，一般食を提供している患者の栄
　　養補給量についても，患者個々に算
　　定された医師の食事箋による栄養補
　　給量又は栄養管理計画に基づく栄養
　　補給量を用いることを原則とする
　　が，これらによらない場合には，次
　　により算定するものとする。なお，
　　医師の食事箋とは，医師の署名又は
　　記名・押印がされたものを原則とす
　　るが，オーダリングシステム等によ
　　り，医師本人の指示によるものであ
　　ることが確認できるものについても
　　認めるものとする。
　　ア　一般食患者の推定エネルギー必
　　　要量及び栄養素（脂質，たんぱく
　　　質，ビタミンA，ビタミンB $_1$，

ビタミンB₂，ビタミンC，カルシウム，鉄，ナトリウム（食塩）及び食物繊維）の食事摂取基準については，健康増進法（平成14年法律第103号）第16条の2に基づき定められた食事摂取基準の数値を適切に用いるものとすること。

なお，患者の体位，病状，身体活動レベル等を考慮すること。

また，推定エネルギー必要量は治療方針にそって身体活動レベルや体重の増減等を考慮して適宜増減することが望ましいこと。

イ　アに示した食事摂取基準についてはあくまでも献立作成の目安であるが，食事の提供に際しては，病状，身体活動レベル，アレルギー等個々の患者の特性について十分考慮すること。

(5) 調理方法，味付け，盛り付け，配膳等について患者の嗜好を配慮した食事が提供されており，嗜好品以外の飲食物の摂取（補食）は原則として認められないこと。

なお，果物類，菓子類等病状に影響しない程度の嗜好品を適当量摂取することは差し支えないこと。

(6) 当該保険医療機関における療養の実態，当該地域における日常の生活サイクル，患者の希望等を総合的に勘案し，適切な時刻に食事提供が行われていること。

(7) 適切な温度の食事が提供されていること。

(8) 食事療養に伴う衛生は，医療法及び医療法施行規則の基準並びに食品衛生法（昭和22年法律第233号）に定める基準以上のものであること。

なお，食事の提供に使用する食器等の消毒も適正に行われていること。

(9) 食事療養の内容については，当該

保険医療機関の医師を含む会議において検討が加えられていること。

(10) 入院時食事療養及び入院時生活療養の食事の提供たる療養は1食単位で評価するものであることから，食事提供数は，入院患者ごとに実際に提供された食数を記録していること。

(11) 患者から食事療養標準負担額又は生活療養標準負担額（入院時生活療養の食事の提供たる療養に係るものに限る。以下同じ。）を超える費用を徴収する場合は，あらかじめ食事の内容及び特別の料金が患者に説明され，患者の同意を得て行っていること。

(12) 実際に患者に食事を提供した場合に1食単位で，1日につき3食を限度として算定するものであること。

(13) 1日の必要量を数回に分けて提供した場合は，提供された回数に相当する食数として算定して差し支えないこと（ただし，食事時間外に提供されたおやつを除き，1日に3食を限度とする。）

2 入院時食事療養又は入院時生活療養

入院時食事療養（Ⅰ）又は入院時生活療養（Ⅰ）の届出を行っている保険医療機関においては，下記の点に留意する。

(1) 医師，管理栄養士又は栄養士による検食が毎食行われ，その所見が検食簿に記入されている。

(2) 普通食（常食）患者年齢構成表及び給与栄養目標量については，必要に応じて見直しを行っていること。

(3) 食事の提供に当たっては，喫食調査等を踏まえて，また必要に応じて食事箋，献立表，患者入退院簿及び食料品消費日計表等の食事療養関係帳簿を使用して食事の質の向上に努

めること。

(4)　患者の病状等により，特別食を必要とする患者については，医師の発行する食事箋に基づき，適切な特別食が提供されていること。

(5)　適時の食事の提供に関しては，実際に病棟で患者に夕食が配膳される時間が，原則として午後６時以降とする。ただし，当該保険医療機関の施設構造上，厨房から病棟への配膳に時間を要する場合には，午後６時を中心として各病棟で若干のばらつきを生じることはやむを得ない。この場合においても，最初に病棟において患者に夕食が配膳される時間は午後５時30分より後である必要がある。

(6)　保温食器等を用いた適温の食事の提供については，中央配膳に限らず，病棟において盛り付けを行っている場合であっても差し支えない。

(7)　医師の指示の下，医療の一環として，患者に十分な栄養指導を行うこと。

(8)　「流動食のみを経管栄養法により提供したとき」とは，当該食事療養又は当該食事の提供たる療養として食事の大半を経管栄養法による流動食（市販されているものに限る。以下この項において同じ。）により提供した場合を指すものであり，栄養管理が概ね経管栄養法による流動食によって行われている患者に対し，流動食とは別に又は流動食と混合して，少量の食品又は飲料を提供した場合（経口摂取か経管栄養の別を問わない。）を含むものである。

3　特別食加算

(1)　特別食加算は，入院時食事療養（Ⅰ）又は入院時生活療養（Ⅰ）の届出を行った保険医療機関において，患者の病状等に対応して医師の発行する食事箋に基づき，「入院時食事療養及び入院時生活療養の食事の提供たる療養の基準等」（平成６年厚生省告示第238号）の第２号に示された特別食が提供された場合に，１食単位で１日３食を限度として算定する。ただし，流動食（市販されているものに限る。）のみを経管栄養法により提供したときは，算定しない。なお，当該加算を行う場合は，特別食の献立表が作成されている必要がある。

(2)　加算の対象となる特別食は，疾病治療の直接手段として，医師の発行する食事箋に基づいて提供される患者の年齢，病状等に対応した栄養量及び内容を有する治療食，無菌食及び特別な場合の検査食をいうものであり，治療乳を除く乳児の人工栄養のための調乳，離乳食，幼児食等並びに治療食のうちで単なる流動食及び軟食は除かれる。

(3)　治療食とは，腎臓食，肝臓食，糖尿食，胃潰瘍食，貧血食，膵臓食，脂質異常症食，痛風食，てんかん食，フェニールケトン尿症食，楓糖尿症食，ホモシスチン尿症食，ガラクトース血症食及び治療乳をいうが，胃潰瘍食については流動食を除くものである。また治療乳とは，いわゆる乳児栄養障害（離乳を終らない者の栄養障害）に対する直接調製する治療乳をいい，治療乳既製品（プレミルク等）を用いる場合及び添加含水炭素の選定使用等は含まない。

　ここでは努めて一般的な名称を用いたが，各医療機関での呼称が異なっていてもその実質内容が告示したものと同等である場合は加算の対象となる。ただし，混乱を避けるため，できる限り告示の名称を用いることが望ましい。

⑷　心臓疾患，妊娠高血圧症候群等に対して減塩食療法を行う場合は，腎臓食に準じて取扱うことができるものである。なお，高血圧症に対して減塩食療法を行う場合は，このような取扱いは認められない。

⑸　腎臓食に準じて取り扱うことができる心臓疾患等の減塩食については，食塩相当量が総量（1日量）6g未満の減塩食をいう。ただし，妊娠高血圧症候群の減塩食の場合は，日本高血圧学会，日本妊娠高血圧学会等の基準に準じていること。

⑹　肝臓食とは，肝庇護食，肝炎食，肝硬変食，閉鎖性黄疸食（胆石症及び胆嚢炎による閉鎖性黄疸の場合も含む。）等をいう。

⑺　十二指腸潰瘍の場合も胃潰瘍食として取り扱って差し支えない。手術前後に与える高カロリー食は加算の対象としないが，侵襲の大きな消化管手術の術後において胃潰瘍食に準ずる食事を提供する場合は，特別食の加算が認められる。また，クローン病，潰瘍性大腸炎等により腸管の機能が低下している患者に対する低残渣食については，特別食として取り扱って差し支えない。

⑻　高度肥満症（肥満度が＋70％以上又はBMIが35以上）に対して食事療法を行う場合は，脂質異常症食に準じて取り扱うことができる。

⑼　特別な場合の検査食とは，潜血食をいう。

⑽　大腸X線検査・大腸内視鏡検査のために特に残渣の少ない調理済食品を使用した場合は，「特別な場合の検査食」として取り扱って差し支えない。ただし，外来患者に提供した場合は，保険給付の対象外である。

⑾　てんかん食とは，難治性てんかん（外傷性のものを含む。）の患者に対し，グルコースに代わりケトン体を熱量源として供給することを目的に炭水化物量の制限及び脂質量の増加が厳格に行われた治療食をいう。ただし，グルコーストランスポーター1欠損症又はミトコンドリア脳筋症の患者に対し，治療食として当該食事を提供した場合は，「てんかん食」として取り扱って差し支えない。

⑿　特別食として提供される脂質異常症食の対象となる患者は，空腹時定常状態におけるLDL－コレステロール値が140mg/dL以上である者又はHDL－コレステロール値が40mg/dL未満である者若しくは中性脂肪値が150mg/dL以上である者である。

⒀　特別食として提供される貧血食の対象となる患者は，血中ヘモグロビン濃度が10g/dL以下であり，その原因が鉄分の欠乏に由来する患者である。

⒁　特別食として提供される無菌食の対象となる患者は，無菌治療室管理加算を算定している患者である。

⒂　経管栄養であっても，特別食加算の対象となる食事として提供される場合は，当該特別食に準じて算定することができる。

⒃　薬物療法や食事療法等により，血液検査等の数値が改善された場合でも，医師が疾病治療の直接手段として特別食に係る食事箋の発行の必要性を認めなくなるまで算定することができる。

4　食堂加算

⑴　食堂加算は，入院時食事療養（Ⅰ）又は入院時生活療養（Ⅰ）の届出を行っている保険医療機関であって，⑵の要件を満たす食堂を備えている病棟又は診療所に入院している患者（療養病棟に入院している患者を除

く。）について，食事の提供が行われた時に1日につき，病棟又は診療所単位で算定する。

(2)　他の病棟に入院する患者との共用，談話室等との兼用は差し支えない。ただし，当該加算の算定に該当する食堂の床面積は，内法で当該食堂を利用する病棟又は診療所に係る病床1床当たり0.5平方メートル以上とする。

(3)　診療所療養病床療養環境加算1，精神療養病棟入院料等の食堂の設置が要件の1つとなっている点数を算定している場合は，食堂加算をあわせて算定することはできない。

(4)　食堂加算を算定する病棟を有する保険医療機関は，当該病棟に入院している患者のうち，食堂における食事が可能な患者については，食堂において食事を提供するように努めること。

5　鼻腔栄養との関係

(1)　患者が経口摂取不能のために鼻腔栄養を行った場合は次のとおり算定する。

ア　薬価基準に収載されている高カロリー薬を経鼻経管的に投与した場合は，診療報酬の算定方法（平成20年厚生労働省告示第59号）医科診療報酬点数表区分番号「J120」鼻腔栄養の手技料及び薬剤料を算定し，食事療養に係る費用又は生活療養の食事の提供たる療養に係る費用及び投薬料は別に算定しない。

イ　薬価基準に収載されていない流動食を提供した場合は，区分番号「J120」鼻腔栄養の手技料及び食事療養に係る費用又は生活療養の食事の提供たる療養に係る費用を算定する。

イの場合において，流動食（市販されているものを除く。）が特別食の算定要件を満たしているときは特別食の加算を算定して差し支えない。薬価基準に収載されている高カロリー薬及び薬価基準に収載されていない流動食を併せて投与及び提供した場合は，ア又はイのいずれかのみにより算定する。

(2)　食道癌を手術した後，胃瘻より流動食を点滴注入した場合は，鼻腔栄養に準じて取り扱う。

6　特別料金の支払を受けることによる食事の提供

入院患者に提供される食事に関して多様なニーズがあることに対応して，患者から特別の料金の支払を受ける特別メニューの食事（以下「特別メニューの食事」という。）を別に用意し，提供した場合は，下記の要件を満たした場合に妥当な範囲内の患者の負担は差し支えない。

(1)　特別メニューの食事の提供に際しては，患者への十分な情報提供を行い，患者の自由な選択と同意に基づいて行われる必要があり，患者の意に反して特別メニューの食事が提供されることのないようにしなければならないものであり，患者の同意がない場合は食事療養標準負担額及び生活療養標準負担額の支払を受けることによる食事（以下「標準食」という。）を提供しなければならない。また，あらかじめ提示した金額以上に患者から徴収してはならない。なお，同意書による同意の確認を行う場合の様式は，各医療機関で定めたもので差し支えない。

(2)　患者の選択に資するために，各病棟内等の見やすい場所に特別メニューの食事のメニュー及び料金を掲示するとともに，文書を交付し，

わかりやすく説明するなど，患者が自己の選択に基づき特定の日にあらかじめ特別のメニューの食事を選択できるようにする。

(3)　特別メニューの食事は，通常の入院時食事療養又は入院時生活療養の食事の提供たる療養の費用では提供が困難な高価な材料を使用し特別な調理を行う場合や標準食の材料と同程度の価格であるが，異なる材料を用いるため別途費用が掛かる場合などであって，その内容が入院時食事療養又は入院時生活療養の食事の提供たる療養の費用の額を超える特別の料金の支払を受けるのにふさわしいものでなければならない。また，特別メニューの食事を提供する場合は，当該患者の療養上支障がないことについて，当該患者の診療を担う保険医の確認を得る必要がある。なお，複数メニューの選択については，あらかじめ決められた基本となるメニューと患者の選択により代替可能なメニューのうち，患者が後者を選択した場合に限り，基本メニュー以外のメニューを準備するためにかかる追加的な費用として，1食あたり17円を標準として社会的に妥当な額の支払を受けることができること。この場合においても，入院時食事療養又は入院時生活療養の食事の提供たる療養に当たる部分については，入院時食事療養費及び入院時生活療養費が支給されること。

(4)　当該保険医療機関は，特別メニューの食事を提供することにより，それ以外の食事の内容及び質を損なうことがないように配慮する。

(5)　栄養補給量については，当該保険医療機関においては，患者ごとに栄養記録を作成し，医師との連携の下に管理栄養士又は栄養士により個別的な医学的・栄養学的管理が行われることが望ましい。また，食堂の設置，食器への配慮等食事の提供を行う環境の整備についてもあわせて配慮がなされていることが望ましい。

(6)　特別メニューの食事の提供を行っている保険医療機関は，毎年7月1日現在で，その内容及び料金などを入院時食事療養及び入院時生活療養に関する報告とあわせて地方厚生（支）局長に報告する。

7　掲示

特別のメニューの食事を提供している保険医療機関は，各々次に掲げる事項を病棟内等の患者に見えやすい場所に掲示するものとする。

(1)　当該保険医療機関においては毎日，又は予め定められた日に，予め患者に提示したメニューから，患者の自己負担により特別メニューの食事を患者の希望により選択できること。

(2)　特別メニューの食事の内容及び特別料金

具体的には，例えば1週間分の食事のメニューの一覧表（複数メニューを含む特別のメニューの食事については，基本メニューと区分して，特別料金を示したもの等）。あわせて，文書等を交付しわかりやすく説明すること。

8　その他

(1)　一般病床と療養病床を有する保険医療機関において，一般病床から療養病床に転床した日は，療養病棟入院基本料等を算定し，生活療養を受けることとなることから，転床前の食事も含め，全ての食事について入院時生活療養費（食事の提供たる療養に係るもの）が支給され，食事の提供たる療養に係る生活療養標準負担額（患者負担額）を徴収する。一

方，療養病床から一般病床に転床した日は，転床前の食事も含め，全ての食事について入院時食事療養費が支給され，食事療養標準負担額（患者負担額）を徴収する。

(2) 医療療養病床と介護療養病床を有する保険医療機関において，介護療養病床から医療療養病床へ転床し生活療養を受ける場合においては，転床した日の転床後の食事は，医療保険における入院時生活療養費（食事の提供たる療養に係るもの）が支給され，食事の提供たる療養に係る生活療養標準負担額（患者負担額）を徴収する。一方，医療療養病床から介護療養病床へ転床した場合には，転床した日の転床前の食事は，医療保険における入院時生活療養費（食事の提供たる療養に係るもの）が支給され，食事の提供たる療養に係る生活療養標準負担額（患者負担額）を徴収する。

(3) 転床した場合の入院時生活療養に係る生活療養（温度，照明及び給水に関する適切な療養環境の提供たる療養に係るもの）の支給は次のとおりとする。

　ア　一般病床から療養病床へ転床した日は，療養病棟入院基本料等を算定することとなることから，入院時生活療養に係る生活療養（温度，照明及び給水に関する適切な療養環境の提供たる療養に係るもの）が支給され，温度，照明及び給水に関する適切な療養環境の提供たる療養に係る生活療養標準負担額（患者負担額）を徴収する。

　イ　療養病床から一般病床へ転床した日は，一般病棟入院基本料等を算定することとなることから，入院時生活療養に係る生活療養（温度，照明及び給水に関する適切な

療養環境の提供たる療養に係るもの）は支給されず，温度，照明及び給水に関する適切な療養環境の提供たる療養に係る生活療養標準負担額（患者負担額）は徴収しない。

　ウ　医療療養病床から介護療養病床へ転床した日又は介護療養病床から医療療養病床へ転床した日は，療養病棟入院基本料等を算定することとなることから，入院時生活療養に係る生活療養（温度，照明及び給水に関する適切な療養環境の提供たる療養に係るもの）が支給され，温度，照明及び給水に関する適切な療養環境の提供たる療養に係る生活療養標準負担額（患者負担額）を徴収する。

●病院，診療所等の業務委託について

（平成5年2月15日指第14号）

（最終改正：令和2年8月5日医政地発0805第1号）

第四　患者等の食事の提供の業務について（令第4条の7第3号第2号関係）

1　受託者の業務の一般的な実施方法

(1) 受託責任者

　　備えるべき帳票

　　受託責任者が業務を行う場所に備え，開示できるように整えておくべき帳票は，以下のとおりであること。

　① 業務の標準作業計画書

　② 受託業務従事者名簿及び勤務表

　③ 受託業務日誌

　④ 受託している業務に関して行政による病院への立入検査の際，病院が提出を求められる帳票

　⑤ 調理等の機器の取り扱い要領及び緊急修理案内書

　⑥ 病院からの指示と，その指示への対応結果を示す帳票

(2) 従事者の研修

従事者の研修として実施すべき事項である「食中毒と感染症の予防に関する基礎知識」の中には，HACCPに関する基礎知識も含まれるものであること。

また，「従事者の日常的な健康の自己管理」の中には，A型肝炎，腸管出血性大腸菌等比較的最近見られるようになった食品に起因する疾病の予防方法に関する知識も含まれるものであること。

2 院外調理における衛生管理

(1) 衛生面での安全確保

食事の運搬方式について，原則として，冷蔵（3℃以下）若しくは冷凍（マイナス18℃以下）状態を保つこととされているのは，食中毒等，食品に起因する危害の発生を防止するためであること。したがって，運搬時に限らず，調理時から喫食時まで衛生管理には万全を期すべく努める必要があること。

(2) 調理方式

患者等の食事の提供の業務（以下「患者給食業務」という。）を病院外の調理加工施設を使用して行う場合の調理方式としては，クックチル，クックフリーズ，クックサーブ及び真空調理（真空パック）の四方式があること。

なお，院外調理による患者給食業務を行う場合にあっては，常温（10℃以上，60℃未満）での運搬は衛生面での不安が払拭できないことから，クックチル，クックフリーズ又は真空調理（真空パック）が原則であり，クックサーブを行う場合には，調理加工施設が病院に近接していることが原則であるが，この場合にあってもHACCPの考え方を取り入れた適切な衛生管理が行われている必要があること。

ア クックチル

クックチルとは，食材を加熱調理後，冷水又は冷風により急速冷却（90分以内に中心温度3℃以下まで冷却）を行い，冷蔵（3℃以下）により運搬，保管し，提供時に再加熱（中心温度75℃以上で1分間以上）して提供することを前提とした調理方法又はこれと同等以上の衛生管理の配慮がされた調理方法であること。

イ クックフリーズ

クックフリーズとは，食材を加熱調理後，急速に冷凍し，冷凍（マイナス18℃以下）により運搬，保管のうえ，提供時に再加熱（中心温度75℃以上で1分間以上）して提供することを前提とした調理方法又はこれと同等以上の衛生管理の配慮がなされた調理方法であること。

ウ クックサーブ

クックサーブとは，食材を加熱調理後，冷凍又は冷蔵せずに運搬し，速やかに提供することを前提とした調理方法であること。

エ 真空調理（真空パック）

真空調理（真空パック）とは，食材を真空包装のうえ低温にて加熱調理後，急速に冷却又は冷凍して，冷蔵又は冷凍により運搬，保管し，提供時に再加熱（中心温度75℃以上で1分間以上）して提供することを前提とした調理方法又はこれと同等以上の衛生管理の配慮がなされた調理方法であること。

(3) HACCPの概念に基づく衛生管理

ア HACCP

HACCP（危害要因分析重要管理点）とは，衛生管理を行うための手法であり，事業者自らが食品の製造（調理）工程で衛生上の危害の発生するおそれのあるすべての工程を特定し，必要な安全対策を重点的に講じることをいうものであること。

イ　HACCPによる適切な衛生管理の実施

患者給食業務においては，院外調理に限らず，常に適切な衛生管理が行われている必要があるが，患者給食の特殊性に鑑み，特に大量調理を行う場合については，食中毒の大量発生等を危惧されることから，より厳密な衛生管理が求められるものであること。このため，HACCPの考え方を取り入れた衛生管理の徹底が重要であること。

HACCPの考え方を取り入れた衛生管理を行うに当たっては，「大規模食中毒対策等について」（平成9年3月24日付け衛食第85号生活衛生局長通知）が従来示されているところであり，これに留意する必要があるが，前記通知に定められた重要管理事項以外に，危害要因分析の結果，重要管理点を必要に応じて定め，必要な衛生管理を行うこと。

なお，院外調理に限らず，病院内の給食施設を用いて調理を行う従前の業務形態においても，HACCPの考え方を取り入れた衛生管理を実施する必要があることに留意されたいこと。

ウ　標準作業書

適切な衛生管理の実施を図るためには，標準作業書はHAC

CPの考え方を取り入れて作成されたものであること。

(4)　食事の運搬及び保管方法

ア　食品の保存

運搬及び保管中の食品については，次の①から④の基準により保存すること。

①　生鮮品，解凍品及び調理加工後に冷蔵した食品については，中心温度3℃以下で保存すること。

②　冷凍された食品については，中心温度マイナス18℃以下の均一な温度で保存すること。なお，運搬途中における3℃以内の変動は差し支えないものとすること。

③　調理加工された食品は，冷蔵（3℃以下）又は冷凍（マイナス18℃以下）状態で保存することが原則であるが，中心温度が65℃以上に保たれている場合には，この限りではないこと。ただし，この場合には調理終了後から喫食までの時間が2時間を超えてはならないこと。

④　常温での保存が可能な食品については，製造者はあらかじめ保存すべき温度を定め，その温度で保存すること。

イ　包装

十分に保護するような包装がなされていない限り，食品を汚染させる可能性があるもの又は衛生上影響を与える可能性があるものと共に食品を保管又は運搬してはならないこと。

ウ　容器及び器具

食品の運搬に用いる容器及び器具は清潔なものを用いること。容器の内面は，食品に悪影

響を与えないよう仕上げられて
おり，平滑かつ洗浄消毒が容易
な構造であること。
　　　また，食品を損傷又は汚染す
るおそれのあるものの運搬に使
用した容器及び器具は，十分に
洗浄消毒しない限り用いてはな
らないこと。
　エ　車両
　　　食品の運搬に用いる車両は，
清潔なものであって，運搬中の
全期間を通じて食品ごとに規定
された温度で維持できる設備が
備えられていること。また，冷
却に氷を使用している場合に
あっては，その氷から解けた水
が食品に接触しないよう排水装
置が設けられていること。
3　病院の対応
　(1)　担当者
　　　病院は，患者等の食事の提供が
治療の一環であり，患者の栄養管
理が医学的管理の基礎であること
を踏まえた上で，当該業務の重要
性を認識し，かつ専門技術を備え
た者を担当者に選定し，業務の円
滑な運営のために受託責任者と随
時協議させる必要があること。
　(2)　献立表の確認
　　　献立表の作成を委託する場合に
あっては，病院の担当者は，受託
責任者に献立表作成基準を明示す
るとともに，作成された献立表が
基準を満たしていることを確認す
ること。
4　病院との契約
　(1)　契約書
　　　契約書に記載すべき事項につい
ては，各病院における個別の事情
に応じて，最も適切な内容とする
こととし，全国あるいは都道府県
ごとに一律に契約事項を定める必

要はないことに留意すること。
　(2)　業務案内書の提示
　　　患者給食業務を行う者は業務案
内書を整備し，患者給食業務に関
して，病院に対して，契約を締結
する前に提示するものとするこ
と。

児童福祉施設

●児童福祉法
　　　　（昭和22年12月12日法律第164号）
（最終改正：令和2年6月10日法律第41号）
第1章　総則
第1条　全て児童は，児童の権利に関
する条約の精神にのっとり，適切に養
育されること，その生活を保障される
こと，愛され，保護されること，その
心身の健やかな成長及び発達並びにそ
の自立が図られることその他の福祉を
等しく保障される権利を有する。
第2条　全て国民は，児童が良好な環
境において生まれ，かつ，社会のあら
ゆる分野において，児童の年齢及び発
達の程度に応じて，その意見が尊重さ
れ，その最善の利益が優先して考慮さ
れ，心身ともに健やかに育成されるよ
う努めなければならない。
②　児童の保護者は，児童を心身ともに
健やかに育成することについて第一義
的責任を負う。
③　国及び地方公共団体は，児童の保護
者とともに，児童を心身ともに健やか
に育成する責任を負う。
第2節　定義
〔児童〕
第4条　この法律で，児童とは，満18歳
に満たない者をいい，児童を次のよう
に分ける。
　一　乳児　満1歳に満たない者
　二　幼児　満1歳から，小学校就学の
　　始期に達するまでの者

三　少年　小学校就学の始期から，満18歳に達するまでの者

② この法律で，障害児とは，身体に障害のある児童，知的障害のある児童，精神に障害のある児童（発達障害者支援法（平成16年法律第167号）第2条第2項に規定する発達障害児を含む。）又は治療方法が確立していない疾病その他の特殊の疾病であつて障害者の日常生活及び社会生活を総合的に支援するための法律（平成17年法律第123号）第4条第1項の政令で定めるものによる障害の程度が同項の厚生労働大臣が定める程度である児童をいう。

第7条　この法律で，児童福祉施設とは，助産施設，乳児院，母子生活支援施設，保育所，幼保連携型認定こども園，児童厚生施設，児童養護施設，障害児入所施設，児童発達支援センター，児童心理治療施設，児童自立支援施設及び児童家庭支援センターとする。

② この法律で，障害児入所支援とは，障害児入所施設に入所し，又は指定発達支援医療機関に入院する障害児に対して行われる保護，日常生活の指導及び知識技能の付与並びに障害児入所施設に入所し，又は指定発達支援医療機関に入院する障害児のうち知的障害のある児童，肢体不自由のある児童又は重度の知的障害及び重度の肢体不自由が重複している児童（以下「重症心身障害児」という。）に対し行われる治療をいう。

●児童福祉施設の設備及び運営に関する基準

（昭和23年12月29日厚生省令第63号）
（最終改正：令和3年1月25日厚生労働省令第10号）

第1章　総則
〔最低基準の目的〕
第2条　法第45条第1項の規定により都道府県が条例で定める基準（以下

「最低基準」という。）は，都道府県知事の監督に属する児童福祉施設に入所している者が，明るくて，衛生的な環境において，素養があり，かつ，適切な訓練を受けた職員の指導により，心身ともに健やかにして，社会に適応するように育成されることを保障するものとする。

〔食事〕
第11条　児童福祉施設（助産施設を除く。以下この項において同じ。）において，入所している者に食事を提供するときは，当該児童福祉施設内で調理する方法（第8条の規定により，当該児童福祉施設の調理室を兼ねている他の社会福祉施設の調理室において調理する方法を含む。）により行わなければならない。

2　児童福祉施設において，入所している者に食事を提供するときは，その献立は，できる限り，変化に富み，入所している者の健全な発育に必要な栄養量を含有するものでなければならない。

3　食事は，前項の規定によるほか，食品の種類及び調理方法について栄養並びに入所している者の身体的状況及び嗜好を考慮したものでなければならない。

4　調理は，あらかじめ作成された献立に従つて行わなければならない。ただし，少数の児童を対象として家庭的な環境の下で調理するときは，この限りでない。

5　児童福祉施設は，児童の健康な生活の基本としての食を営む力の育成に努めなければならない。

●保育所における調理業務の委託について

（平成10年2月18日児発第86号）
1　調理業務の委託についての基本的な考え方

保育所における給食については，児童の発育段階や健康状態に応じた離乳食・幼児食やアレルギー・アトピー等への配慮など，安全・衛生面及び栄養面等での質の確保が図られるべきものであり，調理業務について保育所が責任をもって行えるよう施設の職員により行われることが原則であり，望ましいこと。しかしながら，施設の管理者が業務上必要な注意を果たし得るような体制及び契約内容により，施設職員による調理と同様な給食の質が確保される場合には，入所児童の処遇の確保につながるよう十分配慮しつつ，当該業務を第三者に委託することは差し支えないものであること。

2　調理室について

施設内の調理室を使用して調理させること。したがって，施設外で調理し搬入する方法は認められないものであること。

3　栄養面での配慮について

調理業務の委託を行う施設にあっては，保育所や保健所・市町村等の栄養士により献立等について栄養面での指導を受けられるような体制にあるなど栄養士による必要な配慮がなされていること。したがって，こうした体制がとられていない施設にあっては，調理業務の委託を行うことはできないものであること。

4　施設の行う業務について

施設は次に掲げる業務を自ら実施すること。

　ア　受託事業者に対して，1の基本的な考え方の趣旨を踏まえ，保育所における給食の重要性を認識させること。

　イ　入所児童の栄養基準及び献立の作成基準を委託業者に明示するとともに，献立表が当該基準どおり作成されているか事前に確認すること。

　ウ　献立表に示された食事内容の調理等について，必要な事項を現場作業責任者に指示を与えること。

　エ　毎回，検食を行うこと。

　オ　受託業者が実施した給食業務従事者の健康診断及び検便の実施状況並びに結果を確認すること。

　カ　調理業務の衛生的取扱い，購入材料その他契約の履行状況を確認すること。

　キ　随時児童の嗜好調査の実施及び喫食状況の把握を行うとともに，栄養基準を満たしていることを確認すること。

　ク　適正な発育や健康の保持増進の観点から，入所児童及び保護者に対する栄養指導を積極的に進めるよう努めること。

5　受託業者について

受託業者は次に掲げる事項のすべてを満たすものであること。

　ア　保育所における給食の趣旨を十分認識し，適正な給食材料を使用するとともに所要の栄養量が確保される調理を行うものであること。

　イ　調理業務の運営実績や組織形態からみて，当該受託業務を継続的かつ安定的に遂行できる能力を有すると認められるものであること。

　ウ　受託業務に関し，専門的な立場から必要な指導を行う栄養士が確保されているものであること。

　エ　調理業務に従事する者の大半は，当該業務について相当の経験を有するものであること。

　オ　調理業務従事者に対して，定期的に，衛生面及び技術面の教育又は訓練を実施するものであること。

カ　調理業務従事者に対して，定期的に，健康診断及び検便を実施するものであること。

キ　不当廉売行為等健全な商習慣に違反する行為を行わないものであること。

6　業務の委託契約について

施設が調理業務を業者に委託する場合には，その契約内容，施設と受託業者との業務分担及び経費負担を明確にした契約書を取り交すこと。

なお，その契約書には，前記5のア，エ，オ及びカに係る事項並びに次に掲げる事項を明確にすること。

ア　受託業者に対して，施設側から必要な資料の提出を求めることができること。

イ　受託業者が契約書で定めた事項を誠実に履行しないと保育所が認めたとき，その他受託業者が適正な給食を確保する上で支障となる行為を行ったときは，契約期間中であっても保育所側において契約を解除できること。

ウ　受託業者の労働争議その他の事情により，受託業務の遂行が困難となった場合の業務の代行保証に関すること。

エ　受託業者の責任で法定伝染病又は食中毒等の事故が発生した場合及び契約に定める義務を履行しないため保育所に損害を与えた場合は，受託業者は保育所に対し損害賠償を行うこと。

7　その他

(1)　保育所全体の調理業務に対する保健衛生面・栄養面については，従来より保健所等による助言・指導をお願いしているところであるが，今後とも保健所や市町村の栄養士の活用等による指導が十分に行われるよう配慮すること。

(2)　都道府県知事又は指定都市若しくは中核市市長は，適宜，前記2から6までの条件の遵守等につき必要な指導を行うものとすること。

高齢者・介護福祉施設

●老人福祉法

（昭和38年7月11日法律第133号）

（最終改正：令和2年6月12日法律第52号）

第1章　総則

〔目的〕

第1条　この法律は，老人の福祉に関する原理を明らかにするとともに，老人に対し，その心身の健康の保持及び生活の安定のために必要な措置を講じ，もつて老人の福祉を図ることを目的とする。

〔定義〕

第5条の三　この法律において，「老人福祉施設」とは，老人デイサービスセンター，老人短期入所施設，養護老人ホーム，特別養護老人ホーム，軽費老人ホーム，老人福祉センター及び老人介護支援センターをいう。

●高齢者介護施設における感染対策マニュアル改訂版（報告書）

（平成30年度厚生労働省老人保健事業推進費等補助金（老人保健健康増進等事業分）高齢者施設等における感染症対策に関する調査研究事業，平成31年3月）

高齢者の介護施設において，入居者を感染症から守りQOLの向上につながるケアの提供を促進することを目的とし，感染症対策に関する最新の動向や知見を踏まえて「高齢者介護施設における感染対策マニュアル」の改訂を行った。

14

関連法規・報告（抜粋）

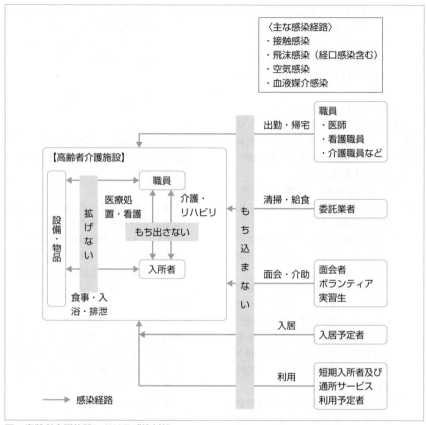

〈主な感染経路〉
・接触感染
・飛沫感染（経口感染含む）
・空気感染
・血液媒介感染

図 高齢者介護施設における感染対策

〔標準予防策（スタンダード・プリコーション）〕

感染症の基本は，①感染させないこと，②感染しても発症させないこと，すなわち，感染制御であり，適切な予防と治療を行うことが必要である。その基本となるのは，標準予防策（スタンダード・プリコーション）と感染経路別予防策である。

1985 年に米国 CDC（国立疾病予防センター）が病院感染対策のガイドラインとして，ユニバーサル・プリコーション（Universal precaution, 一般予防策）を提唱した。これは，患者の血液，体液，分泌物，嘔吐物，排泄物，創傷皮膚，粘膜血液は感染する危険性があるため，その接触をコントロールすることを目的としたものであった。その後，1996 年に，これを拡大し整理した予防策が，スタンダード・プリコーション（standard precaution, 標準予防策）である。「すべての患者の血液，体液，分泌物，嘔吐物，排泄物，創傷皮膚，粘膜等は，感染する危険性があるものとして取り扱わなければならない」という考え方を基本としている。

●特別養護老人ホームの設備及び運営に
　関する基準

　（平成11年 3 月31日厚生省令第46号）
（最終改正：令和 3 年 1 月 25 日厚生労働
　　　　　　　　　　　省令第 9 号）
第 2 章　基本方針並びに人員，設備及び
　　　　運営に関する基準
〔食事〕
第17条　特別養護老人ホームは，栄養並
　びに入所者の心身の状況及び嗜好を考
　慮した食事を，適切な時間に提供しな
　ければならない。
2　特別養護老人ホームは，入所者が可
　能な限り離床して，食堂で食事を摂る
　ことを支援しなければならない。
第 3 章　ユニット型特別養護老人ホーム
　　　　の基本方針並びに設備及び運営に
　　　　関する基準
〔食事〕
第38条　ユニット型特別養護老人ホーム
　は，栄養並びに入居者の心身の状況及
　び嗜好を考慮した食事を提供しなけれ
　ばならない。
2　ユニット型特別養護老人ホームは，
　入居者の心身の状況に応じて，適切な
　方法により，食事の自立について必要
　な支援を行わなければならない。
3　ユニット型特別養護老人ホームは，
　入居者の生活習慣を尊重した適切な時
　間に食事を提供するとともに，入居者
　がその心身の状況に応じてできる限り
　自立して食事を摂ることができるよう
　必要な時間を確保しなければならな
　い。
4　ユニット型特別養護老人ホームは，
　入居者が相互に社会的関係を築くこと
　ができるよう，その意思を尊重しつつ，
　入居者が共同生活室で食事を摂ること
　を支援しなければならない。

●養護老人ホームの設備及び運営に関す
　る基準

　（昭和41年 7 月 1 日厚生省令第19号）
（最終改正：令和 3 年 1 月 25 日厚生労働
　　　　　　　　　　　省令第 9 号）
〔食事〕
第17条　養護老人ホームは，栄養並びに
　入所者の心身の状況及び嗜好を考慮し
　た食事を，適切な時間に提供しなけれ
　ばならない。

●養護老人ホームの設備及び運営に関す
　る基準について

　（平成12年 3 月30日老発第307号）
（最終改正：令和 3 年 3 月19日老発 0319
　　　　　　　　　　　　第 6 号）
第五　処遇に関する事項
　4　食事（基準第17条）
　　　食事の提供は，次の点に留意して
　　行うものとする。
　⑴　食事の提供について
　　　　入所者の心身の状況・嗜好に応
　　　じて適切な栄養量及び内容とする
　　　こと。
　　　　また，入所者の自立の支援に配
　　　慮し，できるだけ離床して食堂で
　　　行われるよう努めなければならな
　　　いこと。
　⑵　調理について
　　　　調理は，あらかじめ作成された
　　　献立に従って行うとともに，その
　　　実施状況を明らかにしておくこ
　　　と。
　　　　また，病弱者に対する献立につ
　　　いては，必要に応じ，医師の指導
　　　を受けること。
　⑶　適時の食事の提供について
　　　　食事時間は適切なものとし，夕
　　　食時間は午後 6 時以降とすること
　　　が望ましいが，早くても午後 5 時
　　　以降とすること。
　⑷　食事の提供に関する業務の委託
　　　について

　　　　食事の提供に関する業務は養護
老人ホーム自らが行うことが望ま
しいが，栄養管理，調理管理，材
料管理，施設等管理，業務管理，
衛生管理，労働衛生管理について
施設自らが行う等，当該施設の施
設長が業務遂行上必要な注意を果
たし得るような体制と契約内容に
より，食事サービスの質が確保さ
れる場合には，当該施設の最終的
責任の下で第三者に委託すること
ができること。

(5) 居室関係部門と食事関係部門と
の連携について

　　　　食事提供については，入所者の
嚥下や咀嚼の状況，食欲などの心
身の状態等を当該入所者の食事に
的確に反映させるために，居室関
係部門と食事関係部門との連絡が
十分とられていることが必要であ
ること。

(6) 栄養食事相談

　　　　入所者に対しては適切な栄養食
事相談を行う必要があること。

(7) 食事内容の検討について

　　　　食事内容については，当該施設
の医師又は栄養士（入所定員が
50人を超えない養護老人ホームで
あって，栄養士を配置していない
施設においては連携を図っている
他の社会福祉施設等の栄養士）を
含む会議において検討が加えられ
なければならないこと。

●軽費老人ホームの設備及び運営に関す
る基準について

（平成20年5月9日厚生労働省令第107号）

（最終改正：令和3年3月19日老発0319
第6号）

第五　サービスの提供に関する事項

5　食事

　　　　食事の提供は，次の点に留意して行
うものとする。

(1) 食事の提供について

　　　　入所者の心身の状況，嗜好に応
じて，適切な栄養量，内容及び時
間に提供すること。

　　　　また，一時的な疾病等により，
食堂において食事をすることが困
難な入所者に対しては，居室にお
いて食事を提供するなど，必要な
配慮を行わなければならないこと。

(2) 調理について

　　　　調理は，あらかじめ作成された
献立に従って行うとともに，その
実施状況を明らかにしておくこと。

　　　　また，病弱者に対する献立につ
いては，必要に応じ，協力医療機
関等の医師の指導を受けること。

(3) 食事の提供に関する業務の委託
について

　　　　食事の提供に関する業務は，軽
費老人ホーム自らが行うことが望
ましいが，栄養管理，調理管理，
材料管理，施設等管理，業務管理，
衛生管理，労働衛生管理について
施設自らが行う等，当該施設の施
設長が業務遂行上必要な注意を果
たし得るような体制と契約内容に
より，食事サービスの質が確保さ
れる場合には，当該施設の最終的
責任の下で第三者に委託すること
ができること。

(4) 居室関係部門と食事関係部門と
の連携について

　　　　食事提供については，入所者の
嚥下や咀嚼の状況，食欲などの心
身の状態等を当該入所者の食事に
的確に反映させるために，居室関
係部門と食事関係部門との連絡が
十分とられていることが必要であ
ること。

(5) 栄養食事相談について

　　　　入所者に対しては，適切な栄養
食事相談を行う必要があること。

第五の二　都市型軽費老人ホーム
　　2　設備の基準
　　　(3)　調理室には，食器，調理器具等
　　　　を消毒する設備，食器，食品等を
　　　　清潔に保管する設備並びに防虫及
　　　　び防鼠の設備を設けること。

●**介護保険法**
　　　　（平成9年12月17日法律第123号）
（最終改正：令和3年6月11日法律第66号）
第1章　総則
〔目的〕
第1条　この法律は，加齢に伴って生ず
　る心身の変化に起因する疾病等により
　要介護状態となり，入浴，排せつ，食
　事等の介護，機能訓練並びに看護及び
　療養上の管理その他の医療を要する者
　等について，これらの者が尊厳を保持
　し，その有する能力に応じ自立した日
　常生活を営むことができるよう，必要
　な保健医療サービス及び福祉サービス
　に係る給付を行うため，国民の共同連
　帯の理念に基づき介護保険制度を設
　け，その行う保険給付等に関して必要
　な事項を定め，もって国民の保健医療
　の向上及び福祉の増進を図ることを目
　的とする。
〔介護保険〕
第2条　介護保険は，被保険者の要介護
　状態又は要支援状態（以下「要介護状
　態等」という。）に関し，必要な保険
　給付を行うものとする。
　2　前項の保険給付は，要介護状態等の
　軽減又は悪化の防止に資するよう行わ
　れるとともに，医療との連携に十分配
　慮して行われなければならない。
　3　第1項の保険給付は，被保険者の心
　身の状況，その置かれている環境等に
　応じて，被保険者の選択に基づき，適
　切な保健医療サービス及び福祉サービ
　スが，多様な事業者又は施設から，総
　合的かつ効率的に提供されるよう配慮
　して行われなければならない。

　4　第1項の保険給付の内容及び水準
　は，被保険者が要介護状態となった場
　合においても，可能な限り，その居宅
　において，その有する能力に応じ自立
　した日常生活を営むことができるよう
　に配慮されなければならない。

その他の福祉施設

●**障害者の日常生活及び社会生活を総合
的に支援するための法律に基づく指定
障害者支援施設の設備及び運営に関す
る基準**
（平成18年9月29日厚生労働省令第172号）
（最終改正：令和3年3月23日厚生労働
省令第55号）

第1章　総則
〔食事〕
第34条　指定障害者支援施設（施設入所
　支援を提供する場合に限る。）は，正当
　な理由がなく，食事の提供を拒んではな
　らない。
　2　指定障害者支援施設は，食事の提供
　を行う場合には，当該食事の提供に当
　たり，あらかじめ，利用者に対しその
　内容及び費用に関して説明を行い，そ
　の同意を得なければならない。
　3　指定障害者支援施設は，食事の提供
　に当たっては，利用者の心身の状況及
　び嗜好を考慮し，適切な時間に食事の
　提供を行うとともに，利用者の年齢及
　び障害の特性に応じた，適切な栄養量
　及び内容の食事の提供を行うため，必
　要な栄養管理を行わなければならな
　い。
　4　調理はあらかじめ作成された献立に
　従って行われなければならない。
　5　指定障害者支援施設は，食事の提供
　を行う場合であって，指定障害者支援
　施設に栄養士を置かないときは，献立
　の内容，栄養価の算定及び調理の方法
　について保健所等の指導を受けるよう

努めなければならない。

●**救護施設，更生施設，授産施設及び宿所提供施設の設備及び運営に関する基準**

（昭和41年７月１日厚生省令第18号）

（最終改正：令和３年３月31日厚生労働省令第80号）

第２章　救護施設

〔給食〕

第13条　給食は，あらかじめ作成された献立に従つて行うこととし，その献立は栄養並びに入所者の身体的状況及び嗜好を考慮したものでなければならない。

学　校

●**学校給食法**

（昭和29年６月３日法律第160号）

（最終改正：平成27年６月24日法律第46号）

第１章　総則

〔この法律の目的〕

第１条　この法律は，学校給食が児童及び生徒の心身の健全な発達に資するものであり，かつ，児童及び生徒の食に関する正しい理解と適切な判断力を養う上で重要な役割を果たすものであることにかんがみ，学校給食及び学校給食を活用した食に関する指導の実施に関し必要な事項を定め，もつて学校給食の普及充実及び学校における食育の推進を図ることを目的とする。

〔学校給食の目標〕

第２条　学校給食を実施するに当たつては，義務教育諸学校における教育の目的を実現するために，次に掲げる目標が達成されるよう努めなければならない。

一　適切な栄養の摂取による健康の保持増進を図ること。

二　日常生活における食事について正しい理解を深め，健全な食生活を営むことができる判断力を培い，及び望ましい食習慣を養うこと。

三　学校生活を豊かにし，明るい社交性及び協同の精神を養うこと。

四　食生活が自然の恩恵の上に成り立つものであることについての理解を深め，生命及び自然を尊重する精神並びに環境の保全に寄与する態度を養うこと。

五　食生活が食にかかわる人々の様々な活動に支えられていることについての理解を深め，勤労を重んずる態度を養うこと。

六　我が国や各地域の優れた伝統的な食文化についての理解を深めること。

七　食料の生産，流通及び消費について，正しい理解に導くこと。

第２章　学校給食の実施に関する基本的な事項

〔学校給食栄養管理者〕

第７条　義務教育諸学校又は共同調理場において学校給食の栄養に関する専門的事項をつかさどる職員（第10条第３項において「学校給食栄養管理者」という。）は，教育職員免許法（昭和24年法律第147号）第４条第２項に規定する栄養教諭の免許状を有する者又は栄養士法（昭和22年法律第245号）第２条第１項の規定による栄養士の免許を有する者で学校給食の実施に必要な知識若しくは経験を有するものでなければならない。

〔学校給食実施基準〕

第８条　文部科学大臣は，児童又は生徒に必要な栄養量その他の学校給食の内容及び学校給食を適切に実施するために必要な事項（次条第１項に規定する事項を除く。）について維持されることが望ましい基準（次項において「学校給食実施基準」という。）を定めるものとする。

２　学校給食を実施する義務教育諸学校の設置者は，学校給食実施基準に照ら

して適切な学校給食の実施に努めるものとする。

〔学校給食衛生管理基準〕

第９条　文部科学大臣は，学校給食の実施に必要な施設及び設備の整備及び管理，調理の過程における衛生管理その他の学校給食の適切な衛生管理を図る上で必要な事項について維持されることが望ましい基準（以下この条において「学校給食衛生管理基準」という。）を定めるものとする。

2　学校給食を実施する義務教育諸学校の設置者は，学校給食衛生管理基準に照らして適切な衛生管理に努めるものとする。

3　義務教育諸学校の校長又は共同調理場の長は，学校給食衛生管理基準に照らし，衛生管理上適正を欠く事項があると認めた場合には，遅滞なく，その改善のために必要な措置を講じ，又は当該措置を講ずることができないときは，当該義務教育諸学校若しくは共同調理場の設置者に対し，その旨を申し出るものとする。

第３章　学校給食を活用した食に関する指導

表A　児童又は生徒１人１回当たりの学校給食摂取基準

	児童 （6～7歳） の場合	児童 （8～9歳） の場合	児童 （10～11歳） の場合	生徒 （12～14歳） の場合
エネルギー（kcal）	530	650	780	830
たんぱく質（%）	学校給食による摂取エネルギー全体の13～20%			
脂　質（%）	学校給食による摂取エネルギー全体の20～30%			
ナトリウム 〔食塩相当量〕（g）	1.5 未満	2 未満	2 未満	2.5 未満
カルシウム（mg）	290	350	360	450
マグネシウム（mg）	40	50	70	120
鉄（mg）	2	3	3.5	4.5
ビタミンA（μgRAE）	160	200	240	300
ビタミンB$_1$（mg）	0.3	0.4	0.5	0.5
ビタミンB$_2$（mg）	0.4	0.4	0.5	0.6
ビタミンC（mg）	20	20	25	35
食物繊維（g）	4 以上	4.5 以上	5 以上	7 以上

注）1．表に掲げるもののほか，次に掲げるものについてもそれぞれ示した摂取について配慮すること。
　　　亜鉛：児童（6～7歳）2mg，児童（8～9歳）2mg，児童（10～11歳）2mg，
　　　生徒（12～14歳）3mg
　　2．この摂取基準は，全国的な平均値を示したものであるから，適用に当たっては，個々の健康及び生活活動等の実態並びに地域の実情等に十分配慮し，弾力的に運用すること。
　　3．献立の作成に当たっては，多様な食品を適切に組み合わせるよう配慮すること。
　資料）文部科学省：学校給食実施基準（告示第61号）の一部改正について（文部科学省告示第10号，令和3年2月12日）

第10条　栄養教諭は，児童又は生徒が健全な食生活を自ら営むことができる知識及び態度を養うため，学校給食において摂取する食品と健康の保持増進との関連性についての指導，食に関して特別の配慮を必要とする児童又は生徒に対する個別的な指導その他の学校給食を活用した食に関する実践的な指導を行うものとする。この場合において，校長は，当該指導が効果的に行われるよう，学校給食と関連付けつつ当該義務教育諸学校における食に関する指導の全体的な計画を作成することその他の必要な措置を講ずるものとする。

2　栄養教諭が前項前段の指導を行うに当たつては，当該義務教育諸学校が所在する地域の産物を学校給食に活用することその他の創意工夫を地域の実情に応じて行い，当該地域の食文化，食に係る産業又は自然環境の恵沢に対する児童又は生徒の理解の増進を図るよう努めるものとする。

3　栄養教諭以外の学校給食栄養管理者は，栄養教諭に準じて，第1項前段の指導を行うよう努めるものとする。この場合においては，同項後段及び前項の規定を準用する。

● 学校給食実施基準

（平成21年3月31日文部省告示第61号）
（最終改正：令和3年2月12日文部科学省告示第10号）

〔学校給食の実施の対象〕

第1条　学校給食（学校給食法第3条第1項に規定する「学校給食」をいう。以下同じ。）は，これを実施する学校においては，当該学校に在学するすべての児童又は生徒に対し実施されるものとする。

〔学校給食の実施回数等〕

第2条　学校給食は，年間を通じ，原則として毎週5回，授業日の昼食時に実施されるものとする。

〔児童生徒の個別の健康状態への配慮〕

第3条　学校給食の実施に当たっては，児童又は生徒の個々の健康及び生活活動等の実態並びに地域の実情等に配慮するものとする。

〔学校給食に供する食物の栄養内容〕

第4条　学校給食に供する食物の栄養内容の基準は，下記の表Aに掲げる児童又は生徒1人1回当たりの学校給食摂取基準とする。

● 学校給食実施基準の一部改正について
（令和3年2月12日2文科初第1684号）

1　学校給食摂取基準の概要

(1)　「学校給食摂取基準」については，別表A（p.254）にそれぞれ掲げる基準によること。

(2)　「学校給食摂取基準」については，厚生労働省が策定した「日本人の食事摂取基準（以下「食事摂取基準」という。）（2020年版）」を参考とし，その考え方を踏まえるとともに，厚生労働科学研究費補助金により行われた循環器疾患・糖尿病等生活習慣病対策総合研究事業「食事摂取基準を用いた食生活改善に資するエビデンスの構築に関する研究」（以下「食事状況調査」という。）及び「食事状況調査」の調査結果より算出した，小学3年生，5年生及び中学2年生が昼食である学校給食において摂取することが期待される栄養量（以下「昼食必要摂取量」という。）等を勘案し，児童又は生徒（以下「児童生徒」という。）の健康の増進及び食育の推進を図るために望ましい栄養量を算出したものである。したがって，本基準は児童生徒の1人1回当たりの全国的な平均値を示したものであるから，適用に当たっては，児童生徒の個々の健康状態及び生活活動等の実態並びに地域の実情等に十分配慮し，弾力的に適用すること。

(3)　「学校給食摂取基準」についての基本的な考え方は，本基準の一部改正に先立ち，文部科学省に設置した，学校給食における児童生徒の食事摂取基準策定に関する調査研究協力者会議がとりまとめた「学校給食摂取基準の策定について（報告）」（令和2年12月）を参照すること。

https://www.mext.go.jp/content/20201228-mxt_kenshoku-100003354_01.pdf

2　学校給食における食品構成について
　食品構成については，「学校給食摂取基準」を踏まえつつ，多様な食品を適切に組み合わせて，児童生徒が各栄養素をバランス良く摂取しつつ，様々な食に触れることができるようにすること。また，これらを活用した食に関する指導や食事内容の充実を図ること。なお，多様な食品とは，食品群であれば，例えば，穀類，野菜類，豆類，果実類，きのこ類，藻類，魚介類，肉類，卵類及び乳類などであり，また，食品名であれば，例えば穀類については，精白米，食パン，コッペパン，うどん，中華めんなどである。また，各地域の実情や家庭における食生活の実態把握の上，日本型食生活の実践，我が国の伝統的な食文化の継承について十分配慮すること。さらに，「食事状況調査」の結果によれば，学校給食のない日はカルシウム不足が顕著であり，カルシウム摂取に効果的である牛乳等についての使用に配慮すること。なお，家庭の食事においてカルシウムの摂取が不足している地域にあっては，積極的に牛乳，調理用牛乳，乳製品，小魚等についての使用に配慮すること。

3　学校給食の食事内容の充実等について
(1)　学校給食の食事内容については，学校における食育の推進を図る観点から，学級担任や教科担任と，栄養教諭等とが連携しつつ，給食時間はもとより，各教科等において，学校給食を活用した食に関する指導を効果的に行えるよう配慮すること。また，食に関する指導の全体計画と各教科等の年間指導計画等とを関連付けながら，指導が行われるよう留意すること。

①献立に使用する食品や献立のねらいを明確にした献立計画を示すこと。

②各教科等の食に関する指導と意図的に関連させた献立作成とすること。

③学校給食に地場産物を使用し，食に関する指導の「生きた教材」として使用することは，児童生徒に地域の自然，文化，産業等に関する理解や生産者の努力，食に関する感謝の念を育む上で重要であるとともに，地産地消の有効な手段であり，食料の輸送に伴う環境負荷の低減等にも資するものであることから，その積極的な使用に努め，農林漁業体験等も含め，地場産物に係る食に関する指導に資するよう配慮すること。

④我が国の伝統的食文化について興味・関心を持って学び，郷土に関心を寄せる心を育むとともに，地域の食文化の継承につながるよう，郷土に伝わる料理を積極的に取り入れ，児童生徒がその歴史，ゆかり，食材などを学ぶ取組に資するよう配慮すること。また，地域の食文化等を学ぶ中で，世界の多様な食文化等の理解も深めることができるよう配慮すること。

⑤児童生徒が学校給食を通して，日常又は将来の食事作りにつなげることができるよう，献立名や食品名が明確な献立作成に努めること。

⑥食物アレルギー等のある児童生徒に対しては，校内において校長，

学級担任，栄養教諭，学校栄養職員，養護教諭，学校医等による指導体制を整備し，保護者や主治医との連携を図りつつ，可能な限り，個々の児童生徒の状況に応じた対応に努めること。なお，実施に当たっては公益財団法人日本学校保健会で取りまとめられた「学校生活管理指導表（アレルギー疾患用）」及び「学校のアレルギー疾患に対する取り組みガイドライン」を参考とすること。

(2)　献立作成に当たっては，常に食品の組合せ，調理方法等の改善を図るとともに，児童生徒のし好の偏りをなくすよう配慮すること。
①魅力あるおいしい給食となるよう，調理技術の向上に努めること。
②食事は調理後できるだけ短時間に適温で提供すること。調理に当たっては，衛生・安全に十分配慮すること。
③家庭における日常の食生活の指標になるように配慮すること。

(3)　学校給食に使用する食品については，食品衛生法（昭和22年法律第233号）第11条第1項に基づく食品中の放射性物質の規格基準に適合していること。

(4)　食器具については，安全性が確保されたものであること。また，児童生徒の望ましい食習慣の形成に資するため，料理形態に即した食器具の使用に配慮するとともに，食文化の継承や地元で生産される食器具の使用に配慮すること。

(5)　喫食の場所については，食事にふさわしいものとなるよう改善工夫を行うこと。

(6)　給食の時間については，給食の準備から片付けを通して，計画的・継続的に指導することが重要であり，そのための必要となる適切な給食時間を確保すること。

(7)　望ましい生活習慣を形成するため，適度な運動，調和のとれた食事，十分な休養・睡眠という生活習慣全体を視野に入れた指導に配慮すること。

4　特別支援学校における食事内容の改善について

(1)　特別支援学校の児童生徒については，障害の種類と程度が多様であり，身体活動レベルも様々であることから，「学校給食摂取基準」の適用に当たっては，個々の児童生徒の健康や生活活動等の実態並びに地域の実情等に十分配慮し，弾力的に運用するとともに次の点に留意すること。
①障害のある児童生徒が無理なく食べられるような献立及び調理について十分配慮すること。
②食に関する指導の教材として，学校給食が障害に応じた効果的な教材となるよう創意工夫に努めること。

(2)　特別支援学校における児童生徒に対する食事の管理については，家庭や寄宿舎における食生活や病院における食事と密接に関連していることから，学級担任，栄養教諭，学校栄養職員，養護教諭，学校医，主治医及び保護者等の関係者が連携し，共通理解を図りながら，児童生徒の生活習慣全体を視野に入れた食事管理に努めること。

事業所，その他

●事業附属寄宿舎規程
（昭和22年10月31日労働省令第7号）
（最終改正：令和2年12月22日労働省令第203号）
第2章　第一種寄宿舎安全衛生基準

第24条　常時30人以上の労働者を寄宿さ
　　せる寄宿舎には，食堂を設けなければ
　　ならない。但し，寄宿舎に近接した位
　　置に労働安全衛生規則（昭和47年労働
　　省令第32号）第629条の規定による事
　　業場の食堂がある場合においては，こ
　　の限りでない。

第25条　食堂又は炊事場を設ける場合に
　　おいては，次の各号による外，常に清
　　潔を保持するため，必要な措置を講じ
　　なければならない。
　一　照明及び換気が十分であること。
　二　食器及び炊事用器具をしばしば消
　　　毒するとともに，これらを清潔に保
　　　管する設備を設けること。
　三　はえその他のこん虫，ねずみ等の
　　　害を防ぐための措置を講ずること。
　四　食堂には，食卓を設け，且つ，ざ
　　　食をする場合以外の場合において
　　　は，いすを設けること。
　五　食堂には，寒冷時に，適当な採暖
　　　の設備を設けること。
　六　炊事場の床は，洗浄及び排水に便
　　　利な構造とすること。
　七　炊事従業員には，炊事専用の清潔
　　　な作業衣を着用させること。
　八　炊事従業員の専用の便所を設ける
　　　こと（昭30労令5・全改）。

第25条の2　飲用水及び炊事用水は，地
　　方公共団体の水道から供給されるもの
　　でなければならない。但し，地方公共
　　団体等の行う水質検査を受け，これに
　　合格した水と同質の水を用いる場合に
　　おいては，この限りでない。
　②　汚水及び汚物は，寝室，食堂及び
　　　炊事場から隔離された一定の場所に
　　　おいて露出しないようにしなければ
　　　ならない。

第26条　1回300食以上の給食を行う場
　　合には，栄養士をおかなければならな
　　い。

大量調理施設衛生管理マニュアル

●大規模食中毒対策等について
　　　　　　　（平成9年3月24日衛食第85号）
　　　　（最終改正：平成29年6月16日生食発
　　　　　　　　　　　　　　　　　　第1号）
大量調理施設衛生管理マニュアル
Ⅰ　趣旨
　　本マニュアルは，集団給食施設等にお
　ける食中毒を予防するために，HACCP
　の概念に基づき，調理過程における重要
　管理事項として，
　　①　原材料受入れ及び下処理段階に
　　　おける管理を徹底すること。
　　②　加熱調理食品については，中心
　　　部まで十分加熱し，食中毒菌等（ウ
　　　イルスを含む。以下同じ。）を死
　　　滅させること。
　　③　加熱調理後の食品及び非加熱調
　　　理食品の二次汚染防止を徹底する
　　　こと。
　　④　食中毒菌が付着した場合に菌の
　　　増殖を防ぐため，原材料及び調理
　　　後の食品の温度管理を徹底するこ
　　　と。
　等を示したものである。
　　集団給食施設等においては，衛生管理
　体制を確立し，これらの重要管理事項に
　ついて，点検・記録を行うとともに，必
　要な改善措置を講じる必要がある。また，
　これを遵守するため，更なる衛生知識の
　普及啓発に努める必要がある。
　　なお，本マニュアルは同一メニューを
　1回300食以上又は1日750食以上を提供
　する調理施設に適用する。
Ⅱ　重要管理事項
　1．原材料の受入れ・下処理段階にお
　　ける管理
　　（1）　原材料については，品名，仕入
　　　元の名称及び所在地，生産者（製
　　　造又は加工者を含む。）の名称及
　　　び所在地，ロットが確認可能な情

報（年月日表示又はロット番号）並びに仕入れ年月日を記録し，1年間保管すること。

(2) 原材料について納入業者が定期的に実施する微生物及び理化学検査の結果を提出させること。その結果については，保健所に相談するなどして，原材料として不適と判断した場合には，納入業者の変更等適切な措置を講じること。検査結果については，1年間保管すること。

(3) 加熱せずに喫食する食品（牛乳，発酵乳，プリン等容器包装に入れられ，かつ，殺菌された食品を除く。）については，乾物や摂取量が少ない食品も含め，製造加工業者の衛生管理の体制について保健所の監視票，食品等事業者の自主管理記録票等により確認するとともに，製造加工業者が従業者の健康状態の確認等ノロウイルス対策を適切に行っているかを確認すること。

(4) 原材料の納入に際しては調理従事者等が必ず立ち合い，検収場で品質，鮮度，品温（納入業者が運搬の際，別添1（10章，p.160）に従い，適切な温度管理を行っていたかどうかを含む。），異物の混入等につき，点検を行い，その結果を記録すること。

(5) 原材料の納入に際しては，缶詰，乾物，調味料等常温保存可能なものを除き，食肉類，魚介類，野菜類等の生鮮食品については1回で使い切る量を調理当日に仕入れるようにすること。

(6) 野菜及び果物を加熱せずに供する場合には，別添2（表B，p.245参照）に従い，流水（食品製造用水[注1]として用いるもの。以下同

じ。）で十分洗浄し，必要に応じて次亜塩素酸ナトリウム等で殺菌[注2]した後，流水で十分すすぎ洗いを行うこと。特に高齢者，若齢者及抵抗力の弱い者を対象とした食事を提供する施設で，加熱せずに供する場合（表皮を除去する場合を除く。）には，殺菌を行うこと。

注1：従前の「飲用適の水」に同じ。（昭和34年厚生省告示第370号）の改正により用語ののみ読み替えたもの。定義については同告示の「第1　食品　B　食品一般の製造，加工及び調理基準」を参照のこと。）

注2：次亜塩素酸ナトリウム溶液又はこれと同等の効果を有する亜塩素酸水（きのこ類を除く。），亜塩素酸ナトリウム溶液（生食用野菜に限る。），過酢酸製剤，次亜塩素酸水並びに食品添加物として使用できる有機酸溶液。これらを使用する場合，食品衛生法で規定する「食品，添加物等の規格基準」を遵守すること。

2．加熱調理食品の加熱温度管理

加熱調理食品は，別添2（表C～E，p.245，246参照）に従い，中心部温度計を用いるなどにより，中心部が75℃で1分間以上（二枚貝等ノロウイルス汚染のおそれのある食品の場合は85～90℃で90秒間以上）又はこれと同等以上まで加熱されていることを確認するとともに，温度と時間の記録を行うこと。

3．二次汚染の防止

(1) 調理従事者等（食品の盛付け・配膳等，食品に接触する可能性のある者及び臨時職員を含む。以下同じ。）は，次に定める場合には，別添2（11章，p.179参照）に従い，必ず流水・石けんによる手洗いによりしっかりと2回（その他の時には丁寧に1回）手指の洗浄及び消毒を行うこと。なお，使い捨て手袋を使用する場合に

表B　原材料等の保管管理マニュアル

野菜・果物注3	①衛生害虫，異物混入，腐敗・異臭等がないか点検する。異常品は返品又は使用禁止とする。 ②各材料ごとに，50g程度ずつ清潔な容器（ビニール袋等）に密封して入れ，−20℃以下で2週間以上保存する（検食用）。 ③専用の清潔な容器に入れ替えるなどして，10℃前後で保存する（冷凍野菜は−15℃以下）。 ④流水で3回以上水洗いする。 ⑤中性洗剤で洗う。 ⑥流水で十分すすぎ洗いする。 ⑦必要に応じて，次亜塩素酸ナトリウム等注4で殺菌注5した後，流水で十分すすぎ洗いする。 ⑧水切りする。 ⑨専用のまな板，包丁でカットする。 ⑩清潔な容器に入れる。 ⑪清潔なシートで覆い（容器がふた付きの場合を除く），調理まで30分以上を要する場合には，10℃以下で冷蔵保存する。
魚介類，食肉類	①衛生害虫，異物混入，腐敗・異臭等がないか点検する。異常品は返品又は使用禁止とする。 ②各材料ごとに，50g程度ずつ清潔な容器（ビニール袋等）に密封して入れ，−20℃以下で2週間以上保存する（検食用）。 ③専用の清潔な容器に入れ替えるなどして，食肉類については10℃以下，魚介類については5℃以下で保存する（冷凍で保存するものは−15℃以下）。 ④専用のまな板，包丁でカットする。 ⑤速やかに調理へ移行させる。

注3：表面の汚れが除去され，分割・細切されずに皮付きで提供されるみかん等の果物にあっては，③から⑧までを省略して差し支えない。

注4：次亜塩素酸ナトリウム溶液（200mg/Lで5分間又は100mg/Lで10分間）又はこれと同等の効果を有する亜塩素酸水（きのこ類を除く。），亜塩素酸ナトリウム溶液（生食用野菜に限る。），過酢酸製剤，次亜塩素酸水並びに食品添加物として使用できる有機酸溶液。これらを使用する場合，食品衛生法で規定する「食品，添加物等の規格基準」を遵守すること。

注5：高齢者，若齢者及び抵抗力の弱い者を対象とした食事を提供する施設で，加熱せずに供する場合（表皮を除去する場合を除く。）には，殺菌を行うこと。

表C　焼き物・蒸し物の中心温度・加熱時間

調理開始時	●調理の開始時間を記録する。
中心温度・加熱時間	●調理の途中で適当な時間を見計らって食品の中心温度を校正された温度計で3点以上測定し，すべての点において75℃以上に達していた場合には，それぞれの中心温度を記録するとともに，その時点からさらに1分以上加熱を続ける（二枚貝等ノロウイルス汚染のおそれのある食品の場合は85～90℃で90秒間以上）。
調理終了時	●最終的な加熱処理時間を記録する。
複数回同一の作業を繰り返す場合	●上記の条件に基づき，加熱処理を行う。この場合，中心温度の測定は，最も熱が通りにくいと考えられる場所の1点のみでもよい。

14

関連法規・報告（抜粋）

表D 煮物・炒め物の中心温度・加熱時間

調理開始時	●食肉類の加熱を優先。 ●食肉類，魚介類，野菜類の冷凍品を使用する場合には，十分解凍してから調理を行う。
中心温度・加熱時間	●調理の途中で適当な時間を見計らって，最も熱が通りにくい具材を選び，食品の中心温度を校正された温度計で3点以上（煮物の場合は1点以上）測定し，すべての点において75℃以上に達していた場合には，それぞれの中心温度を記録するとともに，その時点からさらに1分以上加熱を続ける（二枚貝等ノロウイルス汚染のおそれのある食品の場合は85〜90℃で90秒間以上）。 ＊中心温度を測定できるような具材がない場合：調理釜の中心付近の温度を3点以上（煮物の場合は1点以上）測定する。
複数回同一の作業を繰り返す場合	●上記同様に点検・記録を行う。

表E 揚げ物の中心温度・加熱時間

油温	●設定した温度以上になったことを確認する。
調理開始時	●調理の開始時間を記録する。
中心温度・加熱時間	●調理の途中で適当な時間を見計らって食品の中心温度を校正された温度計で3点以上測定し，すべての点において75℃以上に達していた場合には，それぞれの中心温度を記録するとともに，その時点からさらに1分以上加熱を続ける（二枚貝等ノロウイルス汚染のおそれのある食品の場合は85〜90℃で90秒間以上）。
調理終了時	●最終的な加熱処理時間を記録する。
複数回同一の作業を繰り返す場合	●油温が設定した温度以上であることを確認・記録し，上記の条件に基づき，加熱処理を行う。 ●油温が設定した温度以上に達していない場合には，油温を上昇させるため必要な措置を講ずる。

も，原則として次に定める場合に交換を行うこと。
①作業開始前及び用便後
②汚染作業区域から非汚染作業区域に移動する場合
③食品に直接触れる作業にあたる直前
④生の食肉類，魚介類，卵殻等微生物の汚染源となるおそれのある食品等に触れた後，他の食品や器具等に触れる場合
⑤配膳の前
(2) 原材料は，隔壁等で他の場所から区分された専用の保管場に保管設備を設け，食肉類，魚介類，野菜類等，食材の分類ごとに区分して保管すること。
(3) 下処理は汚染作業区域で確実に行い，非汚染作業区域を汚染しないようにすること。
(4) 包丁，まな板などの器具，容器等は用途別及び食品別（下処理用にあっては，魚介類用，食肉類用，野菜類用の別，調理用にあっては，加熱調理済み食品用，生食野菜用，生食魚介類用の別）にそれぞれ専用の

ものを用意し，混同しないようにして使用すること。

(5)　器具，容器等の使用後は，別添2（11章，p.187）に従い，全面を流水で洗浄し，さらに80℃，5分間以上の加熱又はこれと同等の効果を有する方法[注3]で十分殺菌した後，乾燥させ，清潔な保管庫を用いるなどして衛生的に保管すること。

　なお，調理場内における器具，容器等の使用後の洗浄・殺菌は，原則として全ての食品が調理場から搬出された後に行うこと。

　また，器具，容器等の使用中も必要に応じ，同様の方法で熱湯殺菌を行うなど，衛生的に使用すること。この場合，洗浄水等が飛散しないように行うこと。なお，原材料用に使用した器具，容器等をそのまま調理後の食品用に使用するようなことは，けっして行わないこと。

(6)　まな板，ざる，木製の器具は汚染が残存する可能性が高いので，特に十分な殺菌[注4]に留意すること。なお，木製の器具は極力使用を控えることが望ましい。

(7)　フードカッター，野菜切り機等の調理機械は，最低1日1回以上，分解して洗浄・殺菌[注5]した後，乾燥させること。

(8)　シンクは原則として用途別に相互汚染しないように設置すること。特に，加熱調理用食材，非加熱調理用食材，器具の洗浄等に用いるシンクを必ず別に設置すること。また，二次汚染を防止するため，洗浄・殺菌[注5]し，清潔に保つこと。

(9)　食品並びに移動性の器具及び容器の取り扱いは，床面からの跳ね水等による汚染を防止するため，床面から60cm以上の場所で行うこと。ただし，跳ね水等からの直接汚染が防止できる食缶等で食品を取り扱う場合には，30cm以上の台にのせて行うこと。

(10)　加熱調理後の食品の冷却，非加熱調理食品の下処理後における調理場等での一時保管等は，他からの二次汚染を防止するため，清潔な場所で行うこと。

(11)　調理終了後の食品は衛生的な容器にふたをして保存し，他からの二次汚染を防止すること。

(12)　使用水は食品製造用水を用いること。また，使用水は，色，濁り，におい，異物のほか，貯水槽を設置している場合や井戸水等を殺菌・ろ過して使用する場合には，遊離残留塩素が0.1mg/L以上であることを始業前及び調理作業終了後に毎日検査し，記録すること。

注3：塩素系消毒剤（次亜塩素酸ナトリウム，亜塩素酸水，次亜塩素酸水等）やエタノール系消毒剤には，ノロウイルスに対する不活化効果を期待できるものがある。使用する場合，濃度・方法等，製品の指示を守って使用すること。浸漬により使用することが望ましいが，浸漬が困難な場合にあっては，不織布等に十分浸み込ませて清拭すること。
（参考文献）「平成27年度ノロウイルスの不活化条件に関する調査報告書」(http//www.mhlw.go.jp/File/06-Seisaku jouhou-11130500-Shokuhinanzenbu/0000125854.pdf)

注4：大型のまな板やざる等，十分な洗浄が困難な器具については，亜塩素酸水又は次亜塩素酸ナトリウム等の塩素系消毒剤に浸漬するなどして消毒を行うこと。

注5：80℃で5分間以上の加熱又はこれと同等の効果を有する方法（注3参照）。

4.　原材料及び調理済み食品の温度管理

(1)　原材料は，別添1（10章，p.160）

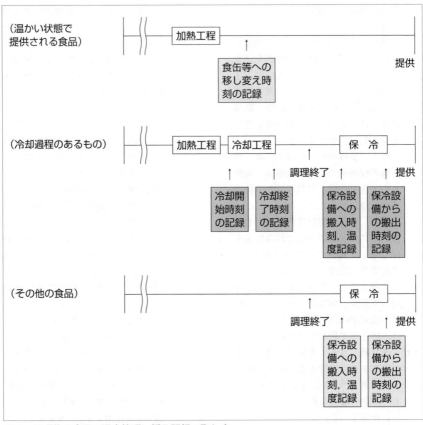

図 A　調理後の食品の温度管理に係る記録の取り方
**　　　（調理終了後提供まで30分以上を要する場合）**

に従い，戸棚，冷凍又は冷蔵設備に
適切な温度で保存すること。また，
原材料搬入時の時刻，室温及び冷凍
又は冷蔵設備内温度を記録するこ
と。
(2)　冷凍又は冷蔵設備から出した原材
料は，速やかに下処理，調理を行う
こと。非加熱で供される食品につい
ては，下処理後速やかに調理に移行
すること。
(3)　調理後直ちに提供される食品以外
の食品は，食中毒菌の増殖を抑制す
るために，10℃以下又は65℃以上で
管理することが必要である（別添３；

図 A，上記参照）。
①加熱調理後，食品を冷却する場
合には，病原菌の発育至適温度
帯（約20℃〜50℃）の時間を
可能な限り短くするため，冷却
機を用いたり，清潔な場所で衛
生的な容器に小分けするなどし
て，30分以内に中心温度を20℃
付近（又は60分以内に中心温度
を10℃付近）まで下げるよう工
夫すること。
　この場合，冷却開始時刻，冷
却終了時刻を記録すること。
②調理が終了した食品は速やかに

提供できるよう工夫すること。

　調理終了後30分以内に提供できるものについては，調理終了時刻を記録すること。また，調理終了後提供まで30分以上を要する場合は次のア及びイによること。

　ア　温かい状態で提供される食品については，調理終了後速やかに保温食缶等に移し保存すること。この場合，食缶等へ移し替えた時刻を記録すること。

　イ　その他の食品については，調理終了後提供まで10℃以下で保存すること。

　　この場合，保冷設備への搬入時刻，保冷設備内温度及び保冷設備からの搬出時刻を記録すること。

③配送過程においては保冷又は保温設備のある運搬車を用いるなど，10℃以下又は65℃以上の適切な温度管理を行い配送し，配送時刻の記録を行うこと。

　また，65℃以上で提供される食品以外の食品については，保冷設備への搬入時刻及び保冷設備内温度の記録を行うこと。

④共同調理施設等で調理された食品を受け入れ，提供する施設においても，温かい状態で提供される食品以外の食品であって，提供まで30分以上を要する場合は提供まで10℃以下で保存すること。

　　この場合，保冷設備への搬入時刻，保冷設備内温度及び保冷設備からの搬出時刻を記録すること。

⑷　調理後の食品は，調理終了後から2時間以内に喫食することが望ましい。

5．その他

⑴　施設設備の構造

①隔壁等により，汚水溜，動物飼育場，廃棄物集積場等不潔な場所から完全に区別されていること。

②施設の出入口及び窓は極力閉めておくとともに，外部に開放される部分には網戸，エアカーテン，自動ドア等を設置し，ねずみやこん虫の侵入を防止すること。

③食品の各調理過程ごとに，汚染作業区域（検収場，原材料の保管場，下処理場），非汚染作業区域（さらに準清潔作業区域（調理場）と清潔作業区域（放冷・調製場，製品の保管場）に区分される。）を明確に区別すること。なお，各区域を固定し，それぞれを壁で区画する，床面を色別する，境界にテープをはる等により明確に区画することが望ましい。

④手洗い設備，履き物の消毒設備（履き物の交換が困難な場合に限る。）は，各作業区域の入り口手前に設置すること。

　　なお，手洗い設備は，感知式の設備等で，コック，ハンドル等を直接手で操作しない構造のものが望ましい。

⑤器具，容器等は，作業動線を考慮し，予め適切な場所に適切な数を配置しておくこと。

⑥床面に水を使用する部分にあっては，適当な勾配（100分の2程度）及び排水溝（100分の2から4程度の勾配を有するもの）を設けるなど排水が容易に行える構造であること。

⑦シンク等の排水口は排水が飛散しない構造であること。

⑧全ての移動性の器具，容器等を

衛生的に保管するため，外部から汚染されない構造の保管設備を設けること。

⑨便所等

ア　便所，休憩室及び更衣室は，隔壁により食品を取り扱う場所と必ず区分されていること。なお，調理場等から3m以上離れた場所に設けられていることが望ましい。

イ　便所には，専用の手洗い設備，専用の履き物が備えられていること。また，便所は，調理従事者等専用のものが設けられていることが望ましい。

⑩その他

施設は，ドライシステム化を積極的に図ることが望ましい。

(2)　施設設備の管理

①施設・設備は必要に応じて補修を行い，施設の床面（排水溝を含む。），内壁のうち床面から1mまでの部分及び手指の触れる場所は1日に1回以上，施設の天井及び内壁のうち床面から1m以上の部分は1月に1回以上清掃し，必要に応じて，洗浄・消毒を行うこと。施設の清掃は全ての食品が調理場内から完全に搬出された後に行うこと。

②施設におけるねずみ，こん虫等の発生状況を1月に1回以上巡回点検するとともに，ねずみ，こん虫の駆除を半年に1回以上（発生を確認した時にはその都度）実施し，その実施記録を1年間保管すること。また，施設及びその周囲は，維持管理を適切に行うことにより，常に良好な状態に保ち，ねずみやこん虫の繁殖場所の排除に努めること。

なお，殺そ剤又は殺虫剤を使用する場合には，食品を汚染しないようその取扱いに十分注意すること。

③施設は，衛生的な管理に努め，みだりに部外者を立ち入らせたり，調理作業に不必要な物品等を置いたりしないこと。

④原材料を配送用包装のまま非汚染作業区域に持ち込まないこと。

⑤施設は十分な換気を行い，高温多湿を避けること。調理場は湿度80％以下，温度は25℃以下に保つことが望ましい。

⑥手洗い設備には，手洗いに適当な石けん，爪ブラシ，ペーパータオル，殺菌液等を定期的に補充し，常に使用できる状態にしておくこと。

⑦水道事業により供給される水以外の井戸水等の水を使用する場合には，公的検査機関，厚生労働大臣の登録検査機関等に依頼して，年2回以上水質検査を行うこと。検査の結果，飲用不適とされた場合は，直ちに保健所長の指示を受け，適切な措置を講じること。なお，検査結果は1年間保管すること。

⑧貯水槽は清潔を保持するため，専門の業者に委託して，年1回以上清掃すること。

なお，清掃した証明書は1年間保管すること。

⑨便所については，業務開始前，業務中及び業務終了後等定期的に清掃及び消毒剤による消毒を行って衛生的に保つこと[注6]。

⑩施設（客席等の飲食施設，ロビー等の共用施設を含む。）において利用者等が嘔吐した場合には，消毒剤を用いて迅速かつ適切に嘔吐物の処理を行うこと[注6]によ

り，利用者及び調理従事者等へのノロウイルス感染及び施設の汚染防止に努めること。

　　注6：「ノロウイルスに関するQ＆A」（厚生労働省）を参照のこと。

(3)　検食の保存

　　検食は，原材料及び調理済み食品を食品ごとに50g程度ずつ清潔な容器（ビニール袋等）に入れ，密封し，−20℃以下で2週間以上保存すること。

　　なお，原材料は，特に，洗浄・殺菌等を行わず，購入した状態で，調理済み食品は配膳後の状態で，調理済み食品は配膳後の状態で，調理済み食品は配膳後の状態で保存すること。

(4)　調理従事者等の衛生管理

　①調理従事者等は，便所及び風呂等における衛生的な生活環境を確保すること。また，ノロウイルスの流行期には十分に加熱された食品を摂取する等により感染防止に努め，徹底した手洗いの励行を行うなど自らが施設や食品の汚染の原因とならないように措置するとともに，体調に留意し，健康な状態を保つように努めること。

　②調理従事者等は，毎日作業開始前に，自らの健康状態を衛生管理者に報告し，衛生管理者はその結果を記録すること。

　③調理従事者等は臨時職員も含め，定期的な健康診断及び月に1回以上の検便を受けること。検便検査注7には，腸管出血性大腸菌の検査を含めることとし，10月から3月までの間には月に1回以上又は必要に応じて注8ノロウイルスの検便検査に努めること。

　④ノロウイルスの無症状病原体保有者であることが判明した調理従事者等は，検便検査においてノロウイルスを保有していないことが確認されるまでの間，食品に直接触れる調理作業を控えるなど適切な措置をとることが望ましいこと。

　⑤調理従事者等は下痢，嘔吐，発熱などの症状があった時，手指等に化膿創があった時は調理作業に従事しないこと。

　⑥下痢又は嘔吐等の症状がある調理従事者等については，直ちに医療機関を受診し，感染性疾患の有無を確認すること。ノロウイルスを原因とする感染性疾患による症状と診断された調理従事者等は，検便検査においてノロウイルスを保有していないことが確認されるまでの間，食品に直接触れる調理作業を控えるなど適切な処置をとることが望ましいこと。

　⑦調理従事者等が着用する帽子，外衣は毎日専用で清潔なものに交換すること。

　⑧下処理場から調理場への移動の際には，外衣，履き物の交換等を行うこと。（履き物の交換が困難な場合には履き物の消毒を必ず行うこと。）

　⑨便所には，調理作業時に着用する外衣，帽子，履き物のまま入らないこと。

　⑩調理，点検に従事しない者が，やむを得ず，調理施設に立ち入る場合には，専用の清潔な帽子，外衣及び履き物を着用させ，手洗い及び手指の消毒を行わせること。

　⑪食中毒が発生した時の原因究明を確実に行うため，原則として，

　　　　調理従事者等は当該施設で調理
　　　された食品を喫食しないこと。
　　　　ただし，原因究明に支障を来
　　　さないための措置が講じられて
　　　いる場合はこの限りでない。(試
　　　食担当者を限定すること等)
　(5)　その他
　　　①加熱調理食品にトッピングする
　　　　非加熱調理食品は，直接喫食す
　　　　る非加熱調理食品と同様の衛生
　　　　管理を行い，トッピングする時
　　　　期は提供までの時間が極力短く
　　　　なるようにすること。
　　　②廃棄物（調理施設内で生じた廃
　　　　棄物及び返却された残渣をい
　　　　う。）の管理は，次のように行
　　　　うこと。
　　　　ア　廃棄物容器は，汚臭，汚液
　　　　　がもれないように管理すると
　　　　　ともに，作業終了後は速やか
　　　　　に清掃し，衛生上支障のない
　　　　　ように保持すること。
　　　　イ　返却された残渣は非汚染作
　　　　　業区域に持ち込まないこと。
　　　　ウ　廃棄物は，適宜集積場に搬
　　　　　出し，作業場に放置しないこと。
　　　　エ　廃棄物集積場は，廃棄物の
　　　　　搬出後清掃するなど，周囲の
　　　　　環境に悪影響を及ぼさないよ
　　　　　う管理すること。
Ⅲ　衛生管理体制
　1．衛生管理体制の確立
　　(1)　調理施設の経営者又は学校長等
　　　施設の運営管理責任者（以下「責
　　　任者」という。）は，施設の衛生
　　　管理に関する責任者（以下「衛生
　　　管理者」という。）を指名すること。
　　　　なお，共同調理施設等で調理さ
　　　れた食品を受け入れ，提供する施
　　　設においても，衛生管理者を指名
　　　すること。
　　(2)　責任者は，日頃から食材の納入

業者についての情報の収集に努
め，品質管理の確かな業者から食
材を購入すること。また，継続的
に購入する場合は，配送中の保存
温度の徹底を指示するほか，納入
業者が定期的に行う原材料の微生
物検査結果等の結果の提示を求め
ること。
　(3)　責任者は，衛生管理者に別紙点
　　検表（10章，p.157，11章，p.176，
　　180〜186参照）に基づく点検作業
　　を行わせるとともに，そのつど点
　　検結果を報告させ，適切に点検が
　　行われたことを確認すること。点
　　検結果については，1年間保管す
　　ること。
　(4)　責任者は，点検の結果，衛生管
　　理者から改善不能な異常の発生の
　　報告を受けた場合，食材の返品，メ
　　ニューの一部削除，調理済み食品
　　の回収等必要な措置を講ずること。
　(5)　責任者は，点検の結果，改善に
　　時間を要する事態が生じた場合，
　　必要な応急処置を講じるととも
　　に，計画的に改善を行うこと。
　(6)　責任者は，衛生管理者及び調理
　　従事者等に対して衛生管理及び食
　　中毒防止に関する研修に参加させ
　　るなど必要な知識・技術の周知徹
　　底を図ること。
　(7)　責任者は，調理従事者等を含め
　　職員の健康管理及び健康状態の確
　　認を組織的・継続的に行い，調理従
　　事者等の感染及び調理従事者等か
　　らの施設汚染の防止に努めること。
　(8)　責任者は，衛生管理者に毎日作
　　業開始前に，各調理従事者等の健
　　康状態を確認させ，その結果を記録
　　させること。
　(9)　責任者は，調理従事者等に定期
　　的な健康診断及び月に1回以上の
　　検便を受けさせること。検便検査

には，腸管出血性大腸菌の検査を含めることとし，10月から3月の間には月に1回以上又は必要に応じてノロウイルスの検便検査を受けさせるよう努めること。

⑽　責任者は，ノロウイルスの無症状病原体保有者であることが判明した調理従事者等を，検便検査においてノロウイルスを保有していないことが確認されるまでの間，食品に直接触れる調理作業を控えさせるなど適切な措置をとることが望ましいこと。

⑾　責任者は，調理従事者等が嘔吐，下痢，発熱などの症状があった時，手指等に化膿創があった時は調理作業に従事させないこと。

⑿　責任者は，下痢又は嘔吐等の症状がある調理従事者等について，直ちに医療機関を受診させ，感染性疾患の有無を確認すること。ノロウイルスを原因とする感染性疾患による症状と診断された調理従事者等は，検便検査においてノロウイルスを保有していないことが確認されるまでの間，食品に直接触れる調理作業を控えさせるなど適切な処置をとることが望ましいこと。

⒀　責任者は，調理従事者等について，ノロウイルスにより発症した調理従事者等と一緒に感染の原因と考えられる食事を喫食するなど，同一の感染機会があった可能性がある調理従事者等について速やかにノロウイルスの検便検査を実施し，検査の結果ノロウイルスを保有していないことが確認されるまでの間，調理に直接従事することを控えさせる等の手段を講じることが望ましいこと。

⒁　献立の作成に当たっては，施設の人員等の能力に余裕を持った献立作成を行うこと。

⒂　献立ごとの調理工程表の作成に当たっては，次の事項に留意すること。

ア　調理従事者等の汚染作業区域から非汚染作業区域への移動を極力行わないようにすること。

イ　調理従事者等の1日ごとの作業の分業化を図ることが望ましいこと。

ウ　調理終了後速やかに喫食されるよう工夫すること。

また，衛生管理者は調理工程表に基づき，調理従事者等と作業分担等について事前に十分な打合せを行うこと。

⒃　施設の衛生管理全般について，専門的な知識を有する者から定期的な指導，助言を受けることが望ましい。また，従事者の健康管理については，労働安全衛生法等関係法令に基づき産業医等から定期的な指導，助言を受けること。

⒄　高齢者や乳幼児が利用する施設等においては，平常時から施設長を責任者とする危機管理体制を整備し，感染拡大防止のための組織対応を文書化するとともに，具体的な対応訓練を行っておくことが望ましいこと。また，従業員あるいは利用者において下痢・嘔吐等の発生を迅速に把握するために，定常的に有症状者数を調査・監視することが望ましいこと。

14

関連法規・報告（抜粋）

配食事業

● 地域高齢者等の健康支援を推進する配食事業の栄養管理に関するガイドライン

（平成29年3月30日健発0330第6号）

第5 地域高齢者等の健康支援を推進する配食事業の栄養管理

（1）献立作成

①対応体制

献立作成は当該技能を十分に有する者が担当する。

ただし，事業規模が一定以上の場合，栄養管理が特に適切に行われる必要があることから，次に掲げる献立作成については，管理栄養士又は栄養士（栄養ケア・ステーション等，外部の管理栄養士又は栄養士を含む。以下同じ。）が担当（監修を含む。）する。

・継続的な（利用者1人につき，おおむね週当たり2食以上の配食を継続して提供しているものをいう。以下同じ。）提供食数がおおむね1回100食以上又は1日250食以上の事業者であって，提供食数の全部又は一部が栄養素等調整食1又は物性等調整食2であるものにおける当該食種の献立作成

なお，継続的な提供食数がおおむね1回100食以上又は1日250食以上の事情者については，栄養素等調整食又は物性等調整食を提供しない場合であっても，管理栄養士又は栄養士が献立作成を担当（監修を含む。）することが望ましい。

1：栄養素調整食とは，在宅療養者等向けの食種として，エネルギー量，たんぱく質量，食塩相当量等を1つ又は複数調整したもの。

2：物性等調整食とは，摂食嚥下機能が低下した者に対する食種として，硬さ，付着性，凝集性等を配慮して調理したもの。

②献立作成の基本手順

献立作成は次の手順を基本とするが，これに限定するものではなく，他の合理的な手順でも差し支えない。

ア 想定される利用者の決定と特性の把握

事業者の個々の配食提供体制を踏まえ，どのような者を対象に配食を行うかを決定し，想定される利用者（以下「対象者」という。）の身体状況（体格指数（body mass index：BMI），身体活動レベル，摂食嚥下機能等を含む。），食の嗜好，食事状況（食事摂取量を含む。）等を把握する。

ただし，配食事業開始前にこれらの把握を行うことは困難な場合が多いため，事業開始前は各種統計資料（国民健康・栄養調査結果など）や文献等を参照するのみでも差し支えないが，事業開始後は利用者の身体状況等の把握にも努め，献立やサービスの見直しに適宜つなげていく。

なお，地域密着型で行う配食事業の場合は，事業圏域の自治体から地域高齢者等の身体状況等に関する統計資料を入手し，参照することも有用と考えられる。

イ 食種及び給与目安量等の決定

アの対象者の身体状況や日本人の食事摂取基準（厚生労働省策定，以下「食事摂取基準」という。）の参照体位等をもとに，エネルギー及び栄養素の給与目安量を設定し，取り扱う食種（1種類でも差し支えない。以下同じ。）を決定する。

ただし，疾患を有していたり，疾患に関する高いリスクを有していたりする者向けの食種を設定するに当たっては，食事摂取基準におけるエネルギー及び栄養素の摂取に関する基本的な考え方を理解した上で，その疾患に関連する治療ガイドライン等の栄養管理指

針を参照する。
　ウ　食品構成の設定
　食種ごとに食品構成を設定する。設定に当たっては，配食以外の食事において不足しがちな食品群のほか，積極的に摂取するのが望ましい食品群をできるだけ取り入れるようにする。
　また，摂食嚥下機能等の身体状況に応じた食品群の選択にも留意する。
　エ　献立作成基準の設定
　栄養価，食品構成，料理構成，調理法，メニューサイクル等の献立作成基準を，食種ごとに設定する。
　なお，食品構成，料理構成，調理法については，対象者の摂食嚥下機能等の身体状況や嗜好等を踏まえたものとすることが重要である。
　オ　献立作成基準の定期的な見直し
　いずれの食種においても，配食の提供開始後に利用者の身体状況と摂取状況の関係について定期的に把握しつつ，PDCAサイクルの要領で献立作成基準の見直しを適宜検討する。
　なお，イの給与目安量及びエの献立作成基準の栄養価は，基本的には最新版の食事摂取基準を参考に決定していくことになるため，食事摂取基準についてよく理解しておくことが重要である。
　ただし，食事摂取基準の対象は，歩行や家事等の身体活動を行っている者（高血圧，脂質異常，高血糖，腎機能低下に関するリスクを有していても自立した日常生活を営んでいる者を含む。）であり，体格（BMI）が標準より著しく外れている者や疾患について保健指導レベルを超えているような者については，食事摂取基準の範囲外である。こうした者を対象とした食種に係る献立作成基準の栄養価については，関連する各種疾患の治療ガイドライン等（例：高血圧については「高血圧治療ガイドライン」（日本高血圧学会）等）の栄養管理指針を参照の上，決

定することになる。
③栄養価のばらつきの管理
　適切に栄養管理された配食は利用者等にとって教材にもなり得る一方，配食については週に数回程度の利用者も少なくなく，そのような利用者も想定して，栄養価のばらつきを一定の範囲内に管理していくことが重要となる。
　こうした観点から，エネルギー，たんぱく質，脂質，炭水化物の量及び食塩相当量については，栄養価計算（日本食品標準成分表又はこれに準じる食品成分データベース等による栄養価の算出をいう。以下同じ。）又は分析により得られた1食当たりの値が，事業者で設定された献立作成基準の栄養価の±20％以内となるように管理する。
　ただし，栄養素等調整食における食塩相当量については，栄養価計算又は分析により得られた1食当たりの値が，事業者で設定した献立作成基準の栄養価を上回らないように管理する（例：1食当たりの食塩相当量を2.0g未満と設定して管理する）。
　なお，特別な日に提供される行事食等に係る栄養価の管理は必ずしも以上の考え方によらなくてもよいが，行事食等を栄養素等調整食の利用者に提供できるかどうかについては，注文時のアセスメント，継続時のフォローアップでの確認事項，当該行事食等の栄養価等を踏まえた，管理栄養士（栄養ケア・ステーション等，外部の管理栄養士を含む。以下同じ。）の判断が必要である。
④メニューサイクルの設定
　利用者の配食利用頻度や利用者の声を踏まえ，飽きの来ないサイクルとする。
　なお，口から食べる楽しみを支援する観点から，できるだけ季節感を踏まえたサイクルとする。
（2）栄養素等調整食への対応
　在宅医療・介護の推進の流れの中，医

療・介護関連施設と住まいをできるだけ切れ目なくつなぐものとして，栄養素等調整食を取り扱う事業者の増加が望まれる。

栄養素等調整食の基本としては，エネルギー量，たんぱく質量，食塩相当量を1つ又は複数調整したものが考えられる。各事業者での実行可能性に鑑み，対応可能なものから順次取扱いを広げていくこととするが，対応可能なもののみ取り扱うことでもよい。

なお，栄養素等調整食におけるエネルギー量やたんぱく質量等の調整については，

ア　主食の量又は種類で調整

イ　主食以外（主菜，副菜等）の量又は種類で調整

ウ　ア及びイを組み合わせた調整等が考えられる。

アのうち，主食の量の調整については，利用者の必要量に応じて何らかの対応ができるようにしておくことが望ましい。なお，主食，主菜，副菜を問わず，量を減らして調整を行う事業者については，その場合でも必須栄養素等の量が不足しないよう，献立作成に当たって工夫が求められる。

（3）物性等調整食への対応

地域高齢者の中には摂食嚥下機能が低下した者もみられるため，これらの者への配食として，物性等調整食の提供が重要となる。各事業者での実行可能性を踏まえ，これらの食種への対応を検討することが望まれる。

物性等調整食については，調理完了から摂取までの保存の状態や時間等の諸条件を踏まえ，万全な衛生管理体制の下で調理・提供を行う必要がある。また，物性等調整食については，医療・介護領域を中心に普及している日本摂食嚥下リハビリテーション学会の嚥下調整食分類（以下「学会分類」という。）のコードに

基づく物性等の管理が望まれるが，健康増進法（平成14年法律第103号）（以下「法」という。）第26条第1項に規定する特別用途表示の許可を受けていない食品について，えん下困難者の用に適する旨の表示や学会分類の該当コード等の表示（広告での記載等を含む。）をした場合，法に抵触する可能性があるため，十分な注意が必要である。

本ガイドラインの公表時点で最新版の学会分類である「嚥下調整食分類2013」の場合，コード2から4までの取扱いがあると望ましい。各事業者の実行可能性に鑑み，対応可能なコードのみ取り扱うことでもよい。なお，コード2についてはミキサーを使ったペースト・ムース食が望ましい。また，コード3及び4については，ソフト食又は「軟菜」の工夫（硬い可食部の除去等）による対応が望ましい。

（4）調理

次に掲げる調理については，事業規模が一定以上の場合，調理，衛生管理等が特に適切に行われる必要があることから，調理師又は専門調理師（給食用特殊料理専門調理師等）が担当することを検討する。

・厨房施設を設けて調理を行う事業者がおおむね1回100食以上又は1日250食以上を継続的に提供し，その食数の全部又は一部が栄養素等調整食又は物性等調整食である場合の調理

なお，厨房施設を設けて調理を行う事業者で以上の食数規模を満たすものについては，栄養素等調整食又は物性等調整食を提供しない場合であっても，調理師又は専門調理師が調理を担当することを検討することが望ましい。

（5）衛生管理

事業者は配達に至るまでの衛生管理について，食品衛生法（昭和22年法律第233号）等の関係法令を遵守するととも

に, 大量調理施設衛生管理マニュアル（平成 9 年 3 月24日付け衛食第85号別添）の趣旨を踏まえ, 衛生管理の徹底を図ることが重要である。

　なお, 厚生労働省では現在, 全ての食品等事業者を対象に, HACCP（ハサップ：Hazard Analysis andCritical Control Point）による衛生管理の導入に向けた検討を行っており, 事業者は今後の動向について留意する必要がある。

　他方, 配食については, 利用者の自宅等に配達されてから摂取に至るまでの, 利用者等における適切な衛生管理も重要となる。

　このため, 事業者は利用者等に対し, 保存の方法, 消費期限内に摂取し終えること等について周知徹底を図る。さらに, 事業者は, 配達された食事を利用者等がどのように保存し, 摂取しているか等について定期的に状況把握し, 利用者側の衛生管理の向上につながる取組を適宜行う。

(6) その他

　事業者は, 食中毒や火災等, 不測の事態により配食を提供できなくなった場合に備えて, 他の食品等事業者と代行保証の契約を結ぶなどしておくことが望ましい。